大夏书系·成尚荣教育文丛

名师基质

成尚荣/著

华东师范大学出版社

全国百佳图书出版单位

· 上海 ·

图书在版编目（CIP）数据

名师基质 / 成尚荣著 . —上海：华东师范大学出版社，2017

ISBN 978 - 7 - 5675 - 6582 - 1

Ⅰ.①名 ...　Ⅱ.①成 ...　Ⅲ.①小学语文课—教学研究—文集　Ⅳ.① G623.202-53

中国版本图书馆 CIP 数据核字（2017）第 152462 号

大夏书系·成尚荣教育文丛

名师基质

著　　者	成尚荣	
策划编辑	李永梅　林茶居	
特约编辑	蒋保华	
审读编辑	张思扬	
封面设计	奇文云海·设计顾问	

出版发行　华东师范大学出版社

社　　址　上海市中山北路 3663 号　邮编　200062

网　　址　www.ecnupress.com.cn

电　　话　021 - 60821666　行政传真　021 - 62572105

客服电话　021 - 62865537

邮购电话　021 - 62869887　地址　上海市中山北路 3663 号华东师范大学校内先锋路口

网　　店　http: //hdsdcbs.tmall.com

印　刷　者　北京季蜂印刷有限公司

开　　本　700×1000　16 开

插　　页　1

印　　张　17

字　　数　260 千字

版　　次　2018 年 2 月第一版

印　　次　2022 年 1 月第五次

印　　数　15 101 - 18 100

书　　号　ISBN 978 - 7 - 5675 - 6582 - 1 / G·10437

定　　价　52.00 元

出版人　王　焰

（如发现本版图书有印订质量问题，请寄回本社市场部调换或电话 021-62865537 联系）

目　录

第一辑　我是教师

第二辑　做个好教师

第三辑　做第一等的研究

第四辑　签一份阅读的契约

第五辑　青春，也向我致敬

在更大的坐标上讲述自己的故事

曾经犹豫很久，不知丛书的自序究竟说些什么，从哪里说起，怎么说。后来，我想到，丛书是对自己人生的第一次小结，而人生好比是个坐标，人生的经历以及小结其实是在坐标上讲述自己的故事。于是自序就定下了这个题目。

与此同时，我又想到故事总是一节一节的，一段一段的，可以分开读，也可以整体地去读。因此，用"一、二、三……"的方式来表达，表达人生的感悟。

一、尚可：对自己发展状态的认知

我的名字是"尚荣"二字。曾记得，原来写的是"上荣"，不知何人、何时，也不知何因改成"尚荣"了。那时，家里人没什么文化，我们又小，改为"尚荣"绝对没有什么文化的考量，但定有些什么不知所云的考虑。

我一直认为"尚荣"这名字很露，不含蓄，也很俗，不喜欢，很不喜欢。不过，现在想想，"尚荣"要比"上荣"好多了，谦逊多了，也好看一点。我对"尚荣"的解读是"尚可"，其含义是，一定要处在"尚可"的认知状态，然后才争取从尚可走向尚荣的理想状态。

这当然是一种自我暗示和要求。我认为，人不能喧闹，不能作秀，更不能炫耀（何况还没有任何可以炫耀的资本）。但人不能没有精神，不能没有思想，我一直要求自己做一个有追求的人，做一个精神灿烂的人。正是"尚可""尚荣"架构起我人生的坐标。尚可，永远使我有种觉醒和警惕，无论有什么进步、成绩，只是"尚可"而已；尚荣，永远有一种想象和追求，无论有什么进展、作为，只不过是"尚荣"而已。这一发展坐标，也许是冥冥之中人生与我的约定以及对我的承诺。我相信名字的积极暗示意义。

二、走这么久了，才知道现在才是开始

我是一只起飞很迟的鸟，不敢说"傍晚起飞的猫头鹰"，也不愿说"夕阳无限好，只是近黄昏"。说起飞很迟，是因为61岁退休后才安下心来，真正地读一点书，写一点小东西，在读书和写作中，生发出一点想法，然后把这些想法整理出来，出几本书，称作"文丛"。在整理书稿时，突然之间有了一点领悟。

第一点领悟：年龄不是问题，走了那么久，才知道，原来现在才是开始。人生坐标上的那个起点，其实是不确定的，任何一个点都可以成为起点；起点也不是固定的某一个，而是一个个起点串联起发展的一条曲线。花甲之年之后，我才开始明晰，又一个起点开始了，真正的起点开始了。这个点，就是退休时，我在心里默默地说的：我不能太落后。因为退休了，不在岗了，人一般会落后，但不能太落后。不能太落后，就必须把过去的办公桌，换成今天家里的那张书桌，书桌告诉我，走了那么久，坐在书桌前，才正是开始。所以，年龄真的不是问题，起点是自己把握的。

第二点领悟：人生是一首回旋曲，总是要回到童年这一人生根据地去。小时候，我的功课学得不错，作文尤其好。那时，我有一个巴望：巴望老师早点发作文本。因为发作文本之前总是读一些好作文，我的作文常常被老师当作范文；也常听说，隔壁班的老师也拿我的作文去读。每当那个激动人心的时刻来临，我会想入非非：总有一天要把作文登在报刊上，尤其是一定要在《新华日报》上刊登一篇文章。童年的憧憬和想象是种潜在的力量。一个人童年时代有没有一点想入非非，今后的发展还是不同的。和过去的学生聚会，他们也逐渐退休了，有的也快70岁了。每每回忆小学生活，总忆起那时候我读他们的作文。文丛出了，我似乎又回到了自己的童年时代。童年，那是我人生的根据地；人总是在回旋中建构自己的历史，建构自己的坐标，总得为自己鸣唱一曲。

第三点领悟：人的发展既可以规划又不能规划，最好的发展是让自己"非连续发展"。最近我很关注德国教育人类学家博尔诺夫的"非连续"教育理论。博尔诺夫说，人是可以塑造的，但塑造的观点即连续性教育理论是不完整的，

应当作重要调整和修正，而非连续性教育倒是对人的发展具有根本的意义。我以为，非连续性教育可以迁移到人的非连续性发展上。所谓非连续性发展，是要淡化目的、淡化规划，是非功利的、非刻意的。我的人生好像用得上非连续发展理论。如果你功利、浮躁、刻意，会让你产生"目的性颤抖"。人的发展应自然一点，"随意"一点，对学生的教育亦应如此，最好能让他们跳出教育的设计，也让名师的发展跳开一点。只有"尚可"，才会在不满足感中再向前跨一点。

三、坐标上的原点：追寻和追赶

文丛实质上是我的一次回望，回望自己人生发展的大概图景，回望自己的坐标，在坐标上讲述自己的故事。回望不是目的，找到那个点才最为重要。我要寻找的是那个坐标上的原点，它是核心，是源泉，是出发点，也是回归点。找到原点，才能架构人生发展的坐标，才会有真故事可讲。

那个点是什么呢？它在哪里呢？

它在对人生意义的追寻中。我一直坚信这样的哲学判断：人是意义的创造者，但人也可以是意义的破坏者。我当然要做意义的创造者。问题是何为意义。我认定的意义是人生的价值，既是个人存在和发展的价值，也是对他人对教育对社会产生的一点影响。而意义有不同的深度，价值也有不同的高度。值得注意的是，人生没有统一的深度和高度，也没有统一的进度和速度，全在自己努力，不管从什么时候开始，你努力了，达到自己的高度才重要，把握自己的进度才合适。而所谓的努力，对我来说就是两个字：追赶。因为我的起点低，基础薄弱，非"补课"不可，非追赶不可。其实，追赶不仅是态度，它本身就是一种意义。

我追赶青春的步伐。路上行走，我常常不自觉地追赶年轻人的脚步，从步幅到步频。开始几分钟，能和年轻人保持一致，慢慢地赶不上了。过了几分钟，我又找年轻人作对象，去追赶他们的脚步，慢慢地，又落后了。追赶不上，我不遗憾，因为我的价值在于追求。这样做，只是对自己的要求，是想回到青年时代去，想再做一回年轻人，也是向年轻人学习，是向青春致敬的一种方式。有了青春的步伐，青春的心态，才会有青春的书写。

我追赶童心。我曾不止一次地引用作家陈祖芬的话：人总是要长大的，但眼睛不能长大；人总是要变老的，但心不能变老。不长大的眼是童眼，不老的心是童心。童心是可以超越年龄的，只要有童心，就会有童年，就会有创造。我自以为自己有颗不老的童心，喜欢和孩子说话，喜欢和年轻人对话，喜欢看绘本，喜欢想象，喜欢天上云彩的千变万化，看到窗前的树叶飘零了，我会有点伤感。追赶童心，让我有时激动不已。

我追赶时代的潮流。我不追求时尚，但是我不反对时尚，而且关注时尚。同时，我更关注时代的潮流，课程的，教学的，教育的，儿童的，教师的；经济的，科技的，社会的，哲学的，文化的。有人请我推荐一本杂志，我毫不犹豫地推荐《新华文摘》，因为它的综合性，让我捕捉到学术发展的前沿信息。每天我要读好几种报纸，报纸以最快的速度传递时代的信息，我会从中触摸时代的走向和潮流。读报并非消遣，而是让其中一则消息触动我的神经。

所有的追赶，都是在寻觅人生的意义。人生坐标，当是意义坐标。意义坐标，让我不要太落后，让我这只迟飞的鸟在夕阳晚霞中飞翔，至于它落在哪个枝头，都无所谓。迟飞，并不意味着飞不高飞不远，只要是有意义的飞翔，都是自己世界中的高度和速度。

四、大胸怀：发展的坐标要大些

人生的坐标，其实是发展的格局，坐标要大，就是格局要大。我家住傅厚岗。傅厚岗曾住过几位大家——徐悲鸿、傅抱石、林散之，还有李宗仁。我常在他们的故居前驻足，见故屋，如见故人。徐悲鸿说，一个人不能有傲气，但一定要有傲骨；傅抱石对小女傅益瑶说，不要做文人，做一个有文化的人，重要的是把自己的胸襟培养起来。徐悲鸿、傅抱石的话对我启发特别大。我的理解是：大格局来自大胸怀，胸怀大是真正的大；大格局不外在于他人，而是内在于人的心灵。而胸怀与视野联系在一起。于是，大视野、大胸怀带来大格局，大格局才会带来大一点的智慧，人才能讲一点更有内涵、更有分量的故事。这是我真正的心愿。

大胸怀下的大格局，是由时间与空间架构成的坐标。用博尔诺夫的观点看，空间常常有个方向：垂直方向、水平方向和点。垂直方向引导我们向上，向天空，向光明；水平方向引导我们向前；点则引导我们要有一个立足点。无论是向上，还是向前，还是选择一个立足点，都需要努力，都需要付出。而时间则是人类发展的空间。时间特别引导人应当有明天性。明天性，即未来性，亦即向前性和向上性。所以，实践与空间构筑了人生的坐标，这样的坐标是大坐标。

五、对未来的慷慨：把一切献给现在

在这样的更大坐标中，需要我们处理好现实与未来的关系。我非常欣赏这样的表述：对未来的慷慨，是把所有的一切都献给现在。其意不难理解：不做好现在哪有什么未来？因此想要在更大的坐标上讲述故事，则要从现在开始，只有着力讲好今天的故事，才有明天的故事。有一点，我做得还是比较好的：不虚度每一天，读书、读报、思考、写作成为一天的主要生活内容，也成了我的生活方式。有老朋友对我的评价是：成尚荣不好玩。意思是，我不会打牌，不会钓鱼，不会喝酒，不喜欢游山玩水。我的确不好玩。但我觉得我还是好玩的。我知道，年纪大了，再不抓紧时间读点书写点什么，真对不起自己，恐怕连"尚可"的水平都达不到。这位老朋友已离世了，我常默默地对他说：请九泉之下，仍继续谅解、宽容我的不好玩吧。真的，好不好玩在于自己的价值认知和追求。

六、首先做个好人，一个有道德的人

讲述的故事不管有多大，有一个十分重要的主题，那就是做个好人。做个好人真不容易。我对好人的定义是：心地善良，有社会良知，谦虚，和气，平等对人，与人为善，多站在对方的位置上想想。我的主要表现是：学会"让"。让，不是软弱，而是不必计较，不在小问题上计较，不在个人问题上计较。所谓好人，说到底是做个有道德的人。参与德育课程标准的研讨，参与道德与法治教材的审查，参与学生发展核心素养的论证，我最大的体会是：道德是照亮人生之路的光源，人生发展坐标首先是道德坐标。我信奉林肯的论述："能力将你带上峰顶，德行将让你永驻那儿。"我还没登上峰顶，但是道德将成为一种攀登的力量和永驻的力量。我也信奉，智慧首先是道德，一如亚里士多德所言，智慧就是就那些对人类有益的或有害的事采取行动的伴随着理性的真实的能力状态。我又信奉，所谓的退、让，实质上是进步，一如插秧歌："手把青秧插满田，低头便见水中天，六根清净方为道，退步原来是向前。"我还信奉，有分寸感就不会贪，有意志力就不怕，有责任心就不懒，有自控力就不乱。而分寸感、意志力、责任心、自控力无不与道德有关。

在更大的坐标上讲述故事，是一个反思、梳理、提升的过程，学者称之为"重撰"中的深加工。文丛试图对以往的观点、看法作个梳理，使之条理化、结构化，得以提升与跃迁。如果作一些概括的话，至少有三点体会。其一，心里有个视角，即"心视角"。心视角，用心去观察问题、分析问题。心视角有多大，坐标就可能有多大；心视角有多高，坐标就可能有多高。于是，我对自己的要求是，对任何观点对任何现象的分析、认识看高不看低，往深处本质上去看，往立意和价值上去看。看高就是一种升华。其二，脑子里有个思想的轮子。思想让人站立起来，让人动起来、活起来，人的全部尊严在于思想。思想是从哪里来的？来自哲学，来自文学，来自经典著作。我当然相信实践出真知，但是实践不与理论相结合，是出不了思想的。思想好比轮子，推着行动走。倘若文章里没有思想，写得再华丽都不是好文章。我常常努力地让思想的轮子转动起来。发展坐标是用思想充实起来、支撑起来的。其三，从这扇门到那扇门，打开一个新的天地。读书时，我常有种想象，我把这种阅读称作"猜想性阅读"。这样的阅读会丰富自己原有的认知框架，甚至可以改变自己原有的认知框架。写作则是从这扇门到那扇门，由此及彼，由表及里，由浅及深，是新的门窗的洞开。

七、把坐标打开：把人、文化，把教育的关注点、研究点标在坐标上

更宽广的视野，更丰富的心视角，必然让坐标向教育、向生活、向世界打开。打开的坐标才可能是更大的坐标。我对专业的理解，不囿于学科，也不囿于课程，而要在人的问题上，在文化的问题上，在教育改革、发展的一些大问题上有些深度的阐释和建构，这样的专业是大专业。由此，对教师的专业发展我曾提出"第一专业"的命题。对教师专业发展如此，对教育科研工作者也应有这样的理解与要求。基于这样的认识，文丛从八个方面梳理、表达我这十多年对有关问题思考、研究的观点：儿童立场、教师发展、道德、课程、教学、语文、教学流派以及核心素养。我心里十分清楚：涉及面多了，研究的专题不聚焦，研究的精力不集中，在深度上、在学术的含量上达不到应有的要求。不过，我又以为，教育科研者视野开阔一点，视点多一点，并不是坏事，倒是让自己在多样性的认知与比较中，对某一个问题发现了不同的侧面，让问题立起来，观察得全

面一些，也深入一些。同时，研究风格的多样化，也体现在研究的方向和价值上。

坐标打开，离不开思维方式和打开方式。我很认同"遮诠法"。遮诠法是佛教思维方式。遮，即质疑、否定；诠，即诠释、说明。遮不是目的，诠才是目的；但是没有遮，便没有深度、独特的诠；反过来，诠让遮有了更充足的理由。由遮到诠是思维方式，也是打开、展开的方式。

遮诠法只是我认同并运用的一种方式，我运用得比较多的是"赏诠法"。所谓赏，是肯定、认同、赞赏。我始终认为，质疑、批评、批判，是认识问题的方式，是指导别人的方式，而肯定、认同、赞赏同样是认识问题的方式，同样是指导别人的方式，因为肯定、认同、赞赏，不仅让别人增强自信，而且知道哪些是认识深刻、把握准确、表达清晰的，需要保持，需要将其放大，争取做得更好。对别人的指导应如此，对自己的学习和研究也应这样。这样的态度是打开的，坐标也是打开的。打开坐标，研究才会有新视野和新格局。

打开，固然可以深入，但真心的深入应是这一句话："根索水而入土，叶追日而上天。"我对自己的要求是：向上飞扬，向下沉潜。要向上，还要向下，首先是"立起身来"。原来，所有的坐标里，都应有个人，这个人是站立起来的。这样的坐标才是更大的坐标。

八、打开感性之眼，开启写作之窗

不少人，包括老师，包括杂志编辑，也包括一些专家学者，认为我的写作是有风格的，有人曾开玩笑地说：这是成氏风格。

风格是人的影子，其意是人的个性使然，其意还在风格任人去评说。我也不知道自己的写作风格究竟是什么，只知道，那些文字是从我的心里流淌出来的，大概真实、自然与诗意，是我的风格。

不管风格不风格，有一点我是认同的，而且也是在努力践行的，那就是相信黑格尔对美的定义：美是用感性表达理念和理性。黑格尔的话与中国文化传统中的"感悟"，以及宗白华《美学散步》中的"直觉把握"是相同的，相通的。所以，我认为，写作首先是打开感性之眼，运用自己的直觉把握。我自觉而又不自觉地坚持了这一点。每次写作，总觉得自己的心灵又敞开了一次，又自由呼吸了一次，似乎是沿着一斜坡向上起飞、飞翔。心灵的自由才是最佳的写作状态，最适宜的写作风格。

当然也有人曾批评我的这一写作风格，认为过于诗意，也"带坏"了一些教师。我没有过多地去想，也没有和别人去辩论。问题出在对"诗意"的理解存在偏差。写作是个性化的创造，不必去过虑别人的议论。我坚持下来了，而且心里很踏实。

九、讲述故事应当有一个丰富的工具箱

工具的使用与创造，让人获得了解放，对工具的使用与创造已成为现代人的核心素养。

讲述故事也需要工具，不只是一种工具，而且要有一个工具箱。我的工具箱里有不少的工具。一是书籍。正如博尔赫斯所说的，书籍是人类创造的伟大工具。书籍这一工具，让我的心灵有了一次又一次腾飞的机会。二是艺术。艺术是哲学的工具。凭借艺术这一工具我走向哲学的阅读和思考。长期以来，我对艺术作品及其表演非常关注。曾记得，读师范时，我有过编写电影作品的欲望，并很冲动。现在回想起来，有点好笑，又非常欣慰。因为我那电影梦，已转向对哲学、伦理学的关注了。三是课程。从目的与手段的关系看，课程是手段、是工具。课程这一透镜，透析、透射出许多深刻的意蕴。四是教科书。我作为审查委员，对教材进行审查时，不是审查教材本身，而是去发现教材深处的人——教材是不是为人服务的。工具箱，提供了操作的工具，而工具的使用，以及使用中生成的想象，常常帮助我去编织和讲述故事。

十、故事让时间人格化，我要继续讲下去

故事可以提供一个可供分享的世界。不过，我的目的，不只在与世界分享，更为重要的是，通过故事让时间人格化，让自己的时间人格化。讲述故事，是对过去的回忆，而回忆时，是在梳理自己的感受，梳理自己人格完善的境脉。相信故事，相信时间，相信自己的人生坐标。

我会去丰富自己的人生坐标，在更大的坐标上，继续讲述自己的故事。

2017 年 1 月 15 日

非连续性发展：教师成长的超越与平衡

随着课程改革和教育改革的深化，我们已坚定了这样的信念：谁赢得今天的教师，谁就赢得明天的课程和教育。由这一观念，不难演绎出这样的共识：赢得今天所有的教师，就赢得明天整个课程和教育；赢得今天优秀的教师，就赢得明天卓越的课程和教育。这样的观念同样应该建构起我们的信念。

与此同时，我们还应达成以下共识：教师发展，尤其名师成长是个十分复杂的过程，至今为止，教师究竟是怎么发展起来的，名师究竟是怎么成长起来的，我们还不是十分清晰，教师发展的规律仍然是若明若暗的，有时，我们处在教师发展的"黑洞"之中。这是一个亟待解决的问题，完全有必要对发展的现状作些较为深刻的反思，对发展的规律作些较为深入的研究，以更加准确地把握教师发展、名师成长的"命脉"。

德国著名教育哲学家 O. F. 博尔诺夫 (Otto Friedrich Bollnow, 1903—1991) 有一部重要的著作《教育人类学》。阅读后，我深切感受到，这部著作对教师发展有诸多的启示，它似乎是为我们思考和研究教师发展开启了另一扇门。

（1）从"非连续性教育"到教师的"非连续性发展"：教师发展理论的想象和迁移。

博尔诺夫吸收存在主义哲学思想中的一些观点，提出了非连续性教育的思想。他说，如果我们回顾一下教育的历史，就会发现有两种典型的教育观点，"人们简称为积极的教育和消极的教育"，前者是"按手工劳动的模式来理解教育的，像手工劳动者根据已有的材料来制造产品一样，教育者也应当按照某种教育目的来造就儿童"，后者则认为"儿童不是可以任意塑造的材料……犹如一种植物是按自身的规律成长那样，如果环境能提供发展的可能性，儿童就能自由地、不受干扰地发展"。他把这两种观点"简单地归结为教育的工艺学观点和教育的器官学观点"，前者称为"连续性教育活动"，而后者称为"非连续性教育形式"。后来，他直接简称为连续性教育和非连续性教育。

接着，博尔诺夫对这两种教育观点作了比较。首先他认为连续性教育活动，即连续性教育"是正确的，它基本上揭示了教育过程的本质"。但紧接着他指出，教育"仅此还不够全面，还需要作一些重要修正"。其主要原因是，连续性教育忽略了对教育的阻碍和干扰的因素，还错误地认为这些障碍和干扰是偶然的，只是来自外部的，而且是可以避免的。博尔诺夫坚定地认为，它们不是偶然的，不只是来自外部的，"而是深深地埋藏于人类存在的本质中"。正是因为这样的观念，才会"使连续性发展的观念趋于破灭或者至少表明有很大的局限性"。而"在人类生命过程中非连续性成分具有根本性的意义"，并且，"由此必然产生与此相应的教育之非连续性形式"。

教育理论应当具有迁移性，我们也应具有理论的想象力：连续性与非连续性教育活动，即连续性教育与非连续性教育也可以用于教师发展和名师成长。因为教师与学生都是"人"，具有同样的最高价值，教师的发展也是一种教育活动，教师发展过程中也一定会"遭遇"到学生教育中类似的障碍和干扰，而且对这样的障碍与干扰也会产生两种完全不同的观点和态度，而不同的观点和态度一定会带来教师发展、名师成长的不同状态和结果。因此，教师连续性发展与非连续性发展的理论命题同样是存在的，同时它又早已是个实实在在的实践性问题。这样的想象和迁移是合理的，也是必要的，我们有必要认真对待。

博尔诺夫曾引用谢林的观点说，"艺术作为'哲学的工具'"，又引用普勒斯纳以此所引发的新观点说，"把各种文化领域理解为哲学人类学的'工具'"。这就是博尔诺夫所提出的"人类学的工具原则"。我认为，博尔诺夫的连续性和非连续性理论也是一种工具，这一工具可以帮助我们撬开教师发展、名师成长的理论之洞，从整体上发现并把握教师发展规律，寻找另一种发展之路。当下，我们尤要关注非连续性发展理论。

（2）超越"打造"的功利和刻意色彩：关注并促进教师的非连续性发展，促进名师的非连续性成长。

无疑，连续性发展理论是正确的，完全可以说它同样揭示了教师发展过程的本质；因此，非连续性理论是具有"根本性的意义"的。非连续性发展的"根本性的意义"究竟在哪里呢？它与连续性发展的"本质"又有什么联系与差异呢？

问题的答案来自多方面。首先来自对教师发展、名师成长现状的反思。"打造"已成为我们使用频率最高，也最为习惯的词语，诸如"打造教师队伍""打造名师"等。不可否认，"打造"是从中国的国情出发的，具有中国教师发展的特色。这一"中国式"的发展方式，具有合理性、必要性、紧迫性和有效性，其成效也是十分明显的，是为大家所公认的。但是"打造"还有另一面，那就是它有明显的缺陷，以及由此带来的弊端。主要表现在以下几方面：外部的推动力过强，而内在发展的需求不足、内驱力偏弱；目的性过强，过于刻意，因而产生"目的性颤抖"，往往导致失败；阶段性过强，要求在规定的时间里实现什么目标，一个阶段一个阶段地连续性发展，显得过于急促过于匆忙，而自然性、自在性过弱，往往带来发展中的一定的浮躁。显然，这样的"打造"实为"塑造"，看起来是积极的，实质上是被动的、消极的。这是一种连续性发展，难免有刻意性发展和功利性发展的色彩，亟须作重要的修正，以防止缺陷的扩大。

答案还来自对教师发展、名师成长的理论思考。其一，对人的本质与价值的思考。苏霍姆林斯基认为，"人是最高价值"；马克思认为，"人是人的最高本质"；康德认为，人永远是目的；老子则认为，人是域中四大之一，而且人承天接地，又归于道。他们的观点都指出，人的发展的根本动力，或曰人存在的根据，应是人的自主性、积极性。我们要基于对人的本质和价值的尊重，让教师更主动地发展起来，这样才能进一步体现人的本质和价值。其二，人在发展过程中充满着不确定性，即不可控性、无法预见性。一如博尔诺夫说的，教师发展中一定会有不同的遭遇，甚至会发生危机，这些遭遇和危机不是外来的，而是存在于人类的本质中；也不是偶然的，而是很正常的。这些障碍或干扰，一定会影响人的发展，使人或停滞，或徘徊，或后退，造成发展的断裂，即连续性中断，这正是一种非连续性。其三，从这点生发开去，人不能总是处在一个高水平发展状态上，往往存在一种"后退现象"。但是，这些"后退"以及导致后退的障碍性、干扰性因素，往往会让人产生一种力图扭转的力量，这是伟大的力量。伟大的力量继续推动发展，尽管是非连续性的。归纳起来，这样的发展是一种非连续性发展，它具有目标的不确定性、阶段的模糊性，以及发展的不可控、不可测性。但是，它最为可贵的是，直抵人的心灵深处，回到了人发展的本源性。自然性、自主性、个性化是非连续性的特征。正因为此，非连续性发展对教师发展、名师成长具有"根本性意义"。我以为，粗看起来，它是无规律可言的，恰恰是一种最为深刻的规律。

答案还来自名师成长的实践体验。曾记否，"文革"刚结束，那时还没有提出培养名师的命题，教师专业发展标准也只是前几年的事，但不争的事实是，一批批名教师如雨后春笋般地涌现出来。其中一个重要原因是，"文革"严重破坏了、阻隔了教师的发展，对教师发展而言这是他们人生中最大的危机，是发展中最严酷的遭遇。正是在被打断发展的连续性后，他们以更加积极的态度对待，在新形势的感召和鼓舞下，自发地、自觉地发展起来。比如李吉林，"文革"刚一结束，她就立即进行教育实验和研究。开始是研究情境教学；接着，从情境教学研究发展到情境教育研究；而无论是教学还是教育，都应有载体，于是她研究了情境课程，而且还建构了情境课程体系；这一切都要指向儿童的学习，坚持以儿童学习为课程、教学的核心，于是自然进入了儿童情境学习研究阶段；当脑科学理论研究有了新成果后，她又从新的理论角度切入研究儿童的学习和发展。是什么力量推动李吉林的发展？固然有外部的力量，尤其是改革开放所营造的良好生态和研究的浓郁文化氛围，但起主导作用的还是她内心的渴求。她把这些概括为：为儿童研究儿童。研究、实验30多年了，看起来一个阶段接着一个阶段，是连续性的、持续的，但究其实质，仍是顺着内心的需求在走，发展的动力来自她内心对儿童真诚的爱。正因为此，她正视外界的一切，以积极的态度化解矛盾。情境教育的理论与实践，获得国家基础教育成果特等奖，她被誉为儿童教育家都是顺乎自然的，而非刻意的，非预期的，即在本质上，从全程来看，她的发展仍是非连续性发展，具有典型性。

至此，我们自然得出一个结论：教师发展、名师成长的非连续性发展是客观存在的；教师发展、名师成长需要非连续性发展，很有可能这样的非连续性发展促使他最终成功。长期以来，我们对非连续性发展没有认识、没有发现，让其沉睡这么久，现在该是认识它、发现它、开发它、利用它的时候了。也许，非连续性发展理论会开辟教师发展、名师成长的新路径，促使教师发展、名师成长进入一个新境界。

（3）教师发展、名师成长的超越：让连续性发展与非连续性发展取得平衡。

当我们给予非连续性发展理论特别关注和高度肯定的时候，认识绝不能走向极端。尽管非连续性发展有其突出的优点、优势，但不可避免，它也有明显的不足和缺陷，那就是对外在推动力的排斥、对发展应有目标的否定、对发展中必有的阶段的漠视。教师发展、名师成长是不可预测的，但又是可以规划的；是不可控的，但又是可以调节的；好似没有阶段，但是阶段存在是客观的。对非连续性发展的肯定，绝不是对连续性发展的否定。一如自然主义教育有其独特的合理性、优势，同时也存在对教育任务、对教师引领使命的淡化一样，对非连续性发展理论也应作重要修正，应从整体上和深度上认识、把握。它需要与连续性发展理论相统一、相配合、相融合，取得新的平衡。

应该充分认识"打造"有其特有的内涵。它首先是一种政策制度的设计，为教师发展、名师成长提供政策制度的保障和支持；其次，它是目标要求的设定，让教师发展有总的方向和愿景的召唤，以及对教师发展积极性的激发；再次，它是平台的搭建和条件的提供，有没有平台，有没有必需的条件，发展的状况和水平当然是不同的，平台让教师走得更高，条件让教师走得更放心更踏实；又次，它为教师提供一次又一次发展的机会，机会往往让教师获得进步和成功。从另一个角度说，人总是有一定的惰性和不良的惯性的，而惰性的克服、惯性的摆脱，主要依靠自身的力量，同时合适的外部力量肯定会发挥重要的作用，"打造"就是这种发展中必不可少的力量。毋庸置疑，"中国式的打造"应该提倡和肯定，连续性发展理论与实践当然也应提倡和坚持。

于是，一个命题自然诞生，即教师发展、名师成长应当将非连续性发展与连续性发展统一起来，通过整合使它们融合起来。这样的统一、整合、融合，新的平衡应体现在以下几个方面。

其一，回到人的本源上去，坚持用价值引领发展。博尔诺夫在论述中，总是不断地、反复地提到人的本性，并且说，"人似乎不可能像对进步的理解那样直线地向前发展的，而发展一经受挫总是重新返回到本源处"。他又指出，"这种本源并不是时间意义上的本源"。他的意思很明显，回到本源不是回到过去，而是回到本质。

人的本源、本质，总是体现人的价值尊严的。我们要追寻人的价值。一是回到人的意义存在上去。人是意义的存在。意义不是别人赋予的，而是自己创造的，因此，人既可能成为意义的创造者，也可能成为意义的破坏者。教师发展、名师成长当然是对意义的存在再追寻再创造。二是回到人的可能性上去。人是一种可能性，而可能性有不同的方向，积极方向下的可能性促使自己开发人生最大能量，体现人的最高价值。三是回到"明天性"上去。人总是有种"明天性"。那就是对未来的憧憬，对美好人生的追求，希冀明天更加精彩和灿烂。意义的存在性、可能性、"明天性"，产生一种崇高的价值。用崇高的价值来引领，就会使连续性发展更自觉，使非连续性发展更积极，价值把它们紧密地联系在一起。

其二，回到人的心理准备上去，用积极的准备转化一些遭遇和挫折。事实的确如此，遭遇、挫折、失败、危机总是存在的，是不可避免的。对待这些遭遇必须有积极的心理准备，保持一定的敏锐性和警惕性，遇到时才不会慌张、害怕、担忧，也不会放弃、逃避；而是在正视的同时，采取措施转化它们，促使它们向积极的方向发展。博尔诺夫是将这些心理状态置于非连续性发展框架内讨论的，其实，连续性发展同样会遇到类似的问题。道理很明白，遭遇不会去识别连续性发展与非连续性发展；无论是连续性发展还是非连续性发展，都得有积极的心理来支撑。这两种发展理论与实践始终会在人的心理上聚会，对人的心理发起挑战，积极的心理准备与价值引领是同等重要的。

其三，回到发展的方式上去，在"打造"与自主发展，亦即在连续性发展与非连续性发展上求得平衡。教师发展、名师成长不能没有目标，但目标要适宜，可作调整，防止目的性过强产生"目的性颤抖"；教师发展、名师成长不能一概否定功利，功利主义固然要反对，但合理的、恰当的功利是必要的，会促使人进步和发展；教师发展、名师成长中阶段性过强，会产生浮躁，让刻意遮蔽了发展的自然状态，但阶段性也是客观存在的，人的发展总是由阶段连缀而成的，我们需要一定的模糊的阶段性。这样，连续性发展和非连续性发展就自然地走到一起了。

"打造"也应当有艺术的方式，那就是"打造"正好"击"中了教师内在的需求，促使他们"燃烧"起来。点燃与燃烧的过程，正是连续性与非连续性发展结合的过程。这样的"打造"是有境界的，当然是有效的。

名师基质

关于名师培养，见诸会议、文件和报刊，使用频率最高的词是"打造"。"打造名师"几乎成了教育领导和管理部门加强教师队伍建设的主要任务和策略。这并不奇怪，因为"打造名师"表达了他们对名师成长的一种急切心情，这种急切心情正是教育使命感和领导责任感的表现，是可贵的。"打造名师"还表达了教师尤其是优秀教师对领导和管理部门的一种渴求和期盼，希冀对他们有更大力度的培养，从而获得更好的条件和更高的平台，让自己更快地成长起来。这也是完全可以理解的，大家完全赞同。

但是，名师果真能"打造"吗？答案肯定是不同的。如果站在管理者的立场，把"打造"当作有目的、有计划地采取各种得力有效的措施的过程，对教师成长规定要求、提供条件、创设机制、搭建平台，这样的"打造名师"不是不可以，甚至无可非议。但是，问题还有另一面，即"打造"毕竟是外部力量的使用和外部作用的发挥，唯物辩证法告诉我们，外因必须通过内因起作用。在教师队伍建设中，轻忽教师自身内在力量的作用，名师是"打造"不出来的。"打造"的结果可能导致急功近利、浮躁甚至弄虚作假，结果"名师"不名。应该说，这是"打造名师"的一个重要缺陷，也是当下名师培养中一个小小的误区。

何谓教师的内在力量？简言之，就是"人在自觉活动中不可缺少的自立性、自为性、自主性、能动性等"（孙迎光《主体教育理论的哲学思考》）。这种力量自主发挥，才是教师发展的根本动力，也是培养名师的关键。它实质上是强大的生命力。生命的能量无可限量，但是常常处在睡眠状态。正如美国奥托所说："长期形成的风俗习惯，'粘住'或'冻僵'了不少的人。提高个人潜力，并不是要推翻所有这些风俗习惯，而是在认识到它的束缚性的基础上，迈出新的一步。……除去其中限制你发展的陈规陋习，让新的经验和信息输入。"（［美］马斯洛《人的潜能和价值》）我们的任务就是要帮助教师从被"粘住"或"冻僵"的状态下解放出来，把能量释放出来，注入新的元素，依靠自身力量来发展自己。

名师成长肯定与个人的经历、经验、文化背景、心智模式有关，具有鲜明的个性特点。名师成长又肯定具有基本的共同特质。这里可以用上托马斯·库恩的"基质"概念："用'基质'一词是因为它由各种各样的有序元素组成……并因而形成一个整体而共同起作用。"（［美］托马斯·库恩《科学革命的结构》）名师基质，是指名师成长中那些最基本、最重要的素质，它具有"基因"的作用，具有整体性和创生性。寻找基质，就有可能破译名师成长的密码，就有可能从中寻找到名师成长的规律。把握这些基本元素，就有可能更有效地推动更多名师更快地成长。别林斯基认为，儿童文学作家应当是生就的，而不是造就的。名师不也是如此吗？我们关注名师的基质，也许是对"打造名师"的一种超越。

名师成长应具备以下基质。

基质之一：对职业价值的执著追求——名师成长的原动力

名师有着共同的人格特征：对事业的执著，对生活意义的探寻，对职业价值的追求。这成了他们成长的原动力，成了他们不断进步、走向成功的力量源泉。这一基质，如一座能量库，不断燃烧着工作的激情，不断喷涌着催人向前的热浪。

杨瑞清就是其中的一个代表。20世纪80年代初，杨瑞清从当年陶行知创办的晓庄师范学校毕业了。作为一个优秀毕业生，他有很多的选择。他最后选择去了农村，当一名乡村小学的教师。他说："我来自农村，看到农村还很落后，很多农民的孩子不能上学，不能上好学。陶行知先生'为一大事来，做一大事去'的伟大精神强烈地感召着我，我决心到最偏僻、最艰苦的地方去办学，为乡村教育的发展，贡献自己的青春和力量。"他把到农村去当教师当作自己人生的大事。这是杨瑞清人生中一次重大的价值选择，表明了他的价值追求。由于工作出色，县委把杨瑞清放到了县团委副书记的位置上，但四个月后，他申请返回了村小。他说："团委不缺我一人，但是农村教师不能再少我一人。"这是杨瑞清面临的第二次价值考验，他再次作出了自己的价值选择。在日后的工作中，他把农村小学教育当作一项伟大的工程来实验、来研究，把教育的理念提升为教育信念，怀揣着教育信念走向教育理想。他的信念和行动是：小学校，大教育，走村小联合、城乡联合和国际联合的大教育之路；小学校，大文化，以爱为核心，实施赏识教育，构建尊重学生生命的大文化；小学校，大事业，办小学，做小事，将小事做好，做到极致，最终成就大事业，以培植民族的未来，创造农村教育的明天。他说："乡村教师完全可以创造崇高的生命价值。"

　　这就是杨瑞清对教师职业生涯的价值认识与价值追求。他以他植根于乡土的教育信念和教育行动告诉我们：名师应当有自己的价值观和价值创造。其一，教师的价值在于对教育事业的执著。爱事业，才能成就事业，对事业的爱有多深，事业的成功率就有多大。一个不爱事业的人，即使有才华、有能力，也不可能成为名师。大凡名师，他们的人格特征上都镌刻着一个大大的"爱"字。这种爱，如斯霞一样，把童心和母爱统一在一起，锻造了教育的大爱。其二，人生的价值在于不断创造。尼采说得好："你们要做个未来的创造者、耕耘者和播种者——真的，要成为一个无价的贵族！因为一切有价的东西都值不了什么。"（［德］尼采《尼采格言集》）是的，"有价"并不一定"有价值"。那么，价值在哪里呢？尼采说，在于新荣耀："你们的荣耀不在于'你们所来自之处'，而在于'你们将要前往的地方'；在于你们的意志，以及不断要求超越自己步伐的期许。这才是你们的新荣耀！"的确，名师的眼光总是向前的——向着前往的地方。名师的姿态总是一种"将要"的姿态——将要向新的目标前行，将要有新的理想，将要有新的创造。尼采后来说得非常透彻："所谓天才——不过是寻找更高的目标，和前往那里之手段的人。"名师总是在给自己竖起一根根标杆，随时准备去跨越。其三，人生的价值在于对"幸福"的理解。名师总是比别人有更多的付出、更多的辛劳，但他们却有比别人更多的幸福体验。他们认为，只有具有无限意义的事情才能成为幸福的源泉，只有具有"做不完"性质的事情才能保持生命的冲动和创造性；孤独的人无法得到幸福，和孩子们在一起才会有真正的幸福；幸福是一种自己能主动控制的心理力量。总之，名师的幸福观建立在对教师生涯的价值体验上，这种价值体验不断提升他们的生命价值，不断推动他们向着更高的目标前行。历史不断证明，对教师生涯价值的认识与追求，在他们心中筑起一块精神高地，引领着他们向高峰攀登。

基质之二：安静与不安分——名师成长的心理特征

名师的心态似乎很矛盾，既安静又不安分。说其安静，是因为他们保持内心的平静，远离社会的浮躁，远离功利的诱惑，以一颗平常心读书、思考和研究。但是这种安静或平静，绝不是一种封闭和停滞，而是像一片湖，湖面上是平静的，而内里却是波涛汹涌，周国平先生称之为"丰富的安静"。的确如此，安静让他们获得了学习和思考的机会，而不安分又使他们处在不断想突破的状态。这种不安分实际上是对现状的不满足，只有不满足，才会力求改变。大画家吴冠中说："我的血液里有颗'不安宁'的种子，像含羞草，一碰就哆嗦。"英国哲学家约翰·穆勒说得好："不满足的人比满足的猪快乐，不满足的苏格拉底比满足的傻瓜快乐。每个人的天性里都有一个不满足的苏格拉底。"

李吉林的内心深处就长住着一个"不满足的苏格拉底"。即使在"文革"中，她也没忘掉自己的理想，内心涌动着创造的激情。她说："记得在那些惶恐不安的日子里，在那些没有星星和月亮的晚上，我常常默默地在灯下读着鲁迅先生的杂文，并常常念着这三句话：第一句是普希金说的，'心憧憬着未来'；第二句是高尔基讲的，'我从小就是在和周围的环境不断斗争中长大的'；第三句就是毛泽东说的，'人是应该有点精神的'。……我没有低头，我没有抛弃自我，我警惕着女人的脆弱和碌碌无为。"事实正是这样，"文革"一结束，她立即投入教学改革实验，使情境教学形成框架。概括出基本要素之后，她想的是：情境教学不仅属于小学语文教学，它同样属于整个小学教育，因为儿童的发展需要它。于是在情境教学起步的12年后，她又开始了情境教育的探索，从空间、心理距离、主体、目标这四个方面比较科学地构建了情境教育的基本模式，在各科教学中进行着以情激情、以智启智的实验。教育是离不开课程的，情境教育必须有与其理念相适应、相匹配的课程来支撑，于是李吉林又开始了情境课程的探索，期望通过情境课程使情境教育具体化、大众化，便于更多的教师操作。在 20 多年积累的基础上，她终于构建了情境课程的范式。如今，她想得更多的是，教学、教育的核心问题是学生的学习，于是又开始了新一轮的研究：儿童的情境学习……这一段又一段的旅程，用李吉林的话来说，就是"我深感激情和想象也让自己变得聪明了。不断鼓足创新的风帆，才能驶向金色的彼岸"。

教师的工作特点之一是重复性，日复一日、年复一年，面对着大体如此的课程、教材和学生，渐渐地形成了制度化的工作习惯。重复可以使教师日渐成熟，形成可贵的经验，也可以使人走向成功，但绝不会使人有更大的发展。据说冬天雪地里的野兔出来觅食，非要踩着自己走路留下来的脚印，一旦发现脚印消失便会躲进洞里。猎人在兔子留下来的脚印下安上陷阱，野兔踩着脚印向前，不知道陷阱正在前面等着它，终被猎人捕获。经验是可贵的，但又是危险的。李吉林说："我的工作看起来是重复的，但我从来没有重复的感觉。"这是为什么？因为每天她都有新的想法、新的设计、新的创造。名师的内心安静与不安分并不矛盾，而是一种创新与成功的心理特征。安静是一种心境，安静是一种修养，安静也是一种状态，潜心读书、悉心研究、安心实验，绝不意味着甘于平淡、惯于平庸；安静也是一种蓄势待发，是创造的前奏，是为了厚积薄发。不安分，则是一种创造的欲望、突围的渴求，是一种汇集的激情、想象与冲动。它要冲破已有的认知平衡，形成新的认知结构，求得新的平衡，再回复到平静的状态。安静是为了创造和突破，不安分是为了寻求新的安静。名师就是在安静与不安分的状态与交替中，不断地向前向上，求得一次又一次的成功。有追求的教师应不断地向自己提问：我心中有"不安分"的感觉吗？有一个"不满足的苏格拉底"吗？

基质之三：文化底蕴与才情——名师成长的能量与优势

教师专业发展的课题，还有不少值得探讨的空间。有三份材料常常触发我的思考。一是《钱伟长六十余年的报国路》。有人说，钱伟长太全面了，他在科学、政治、教育每个领域取得的成就都是常人无法企及的。当有人问钱伟长的专业究竟是什么时，他总是强调他不变的那句话："我没有专业，国家需要就是我的专业。"二是《章培恒以"人性"修文学》。章培恒的洋洋 170 万言的三卷本《中国文学史新著》，引起学界和读者的极大关注，被誉为"石破天惊"之作。他曾回忆自己求学和学术生涯中老师对他的教诲。其中，蒋天枢先生教他怎样打基础：学文学不能光学文学，应该对文学周边的一些学科也好好地下功夫，甚至开始的几年，根本不要读文学，而要读语言文字和历史。三是南京师范大学附属中学的校史馆里，一张20世纪30年代教师进修课程表。学校规定，教师每年都得到大学里进修，进修的课程顺序是，首先选修与所教学科不同的学科，其次选修与任教学科相邻的学科，最后才选修自己所任教的学科。以上三份材料，不约而同地提出了一个十分重要的问题：教师的专业发展，究竟应在哪里着眼，应在何处着力。钱伟长不是没有自己的专业，章培恒的文学史专业肯定很有功力，当年的南京师大附中老师的学科专业肯定也相当出色，为什么却说"没有专业"，抑或先选修其他的专业或学科？这既说明专业之间不是割裂的，而是相互联系、相辅相成的，更说明，专业的发展应当有一个更广阔的背景和更深厚的基础。如果说学科专业是一株绿苗的话，那么它只有在丰富的文化土壤里才能生长得茁壮。名师成长亦概莫能外。一个文化背景单薄、知识结构单一的教师，视野不可能开阔，底气不可能很足，专业也不可能很强，当然离名师的距离不会很小。

与文化底蕴联系在一起的是才情。且不说朱自清、李叔同、丰子恺、辜鸿铭那些大师，才华横溢、情趣高雅，就说当下的中小学教师，大凡有创造性的、有魅力的、受老师和学生喜欢的名师，都有丰富的情感，无不透出才气。名师培养、名师成长不必回避个人的才情问题。才情恰是名师成长的一个重要基质。

这里应该说到于永正。大家说于永正有演员的素质、诗人的气质、画家的眼力，当然，更有教师的智慧。他的课寓庄于谐、妙趣横生，一股子的灵气，举手投足都是"戏"，一切又那么自然和真实。这一切，离不开于永正的学习以及他的艺术才华。他这么评价自己成功的原因："如果说，我对教材的理解比较深，教学设计比较新，教学的情志比较充沛，思维比较活跃，想象力比较丰富，那么，应该说，是得益于艺术对我的熏陶，尤其是音乐对我的熏陶。毫不夸张地说，我是首先步入艺术的殿堂，而后才步入了教学的殿堂，当然仅仅是'步入'而已。"在他家客厅里，你会看到他自己画的一幅幅京剧脸谱，构图讲究，色彩绚丽，气韵生动；在教研活动中，你会听到他那大嗓小嗓都有的京剧唱段，清丽、委婉、悠长，他的一笑一颦、一招一式，具有无穷的韵味；在他的书房里，迎面向你扑来的当然是那一排又一排的书。是的，才情总是和艺术联系在一起。贝多芬说："音乐能使人类的精神爆发出火花，音乐比一切智慧、一切哲学都具有更高的启示。"把尼采的那句话"如果没有音乐，生活就是一个错误"再演绎一下，就是如果没有音乐、没有艺术、没有才情，教育教学将会是一个错误——因为这样的教育教学拨动不了学生心灵的琴弦，刺激不了学生的情感神经。名师不是艺术家，但艺术才情可以成就一个名师。

当然，我们关注教师的才情，绝不是刻意追求所谓的情致和才华，也不是矫情和作秀。才情应是文化田野里自然盛开的鲜花，是丰富的心智里流淌出来的灵气。当文化铺就了名师厚重的底色，才情则会是那底色里跳跃着的亮丽的色块。

基质之四：敏锐、灵感与独特的见解——名师的思维特质

名师的思维呈现着一些特点。他们都很敏感，常常对周围的事物有较强的反应，把有用的信息纳入自己的知识框架，不断丰富，不断调整，不断概括。他们常常有灵感的火花迸发，脑海中总是跳跃着各种各样的想法，点点滴滴，有的转瞬即逝，有的则会时隐时现，虽互不相联，却总是在一起碰撞。忽然有一天，这些想法串联到一起，于是一种新的想法产生了。他们常常对事物有独特的看法，在众多的议论中总有自己的见解，在虚心倾听中有一种坚守，在长期的思考中形成自己的主张。他们既很感性，又很理性，往往在深层次上思索，对经验进行梳理和提升，因而活跃中不乏严谨，感性的表达中不乏深刻。

我们以孙双金为例。自从获得全国阅读教学一等奖以后，孙双金一直苦苦探索着语文教学的真谛，总想概括出一堂好的语文课的标准与特征。20世纪90年代中期，他萌生了自己的好课观："书声琅琅，议论纷纷。高潮迭起，写写练练"，一堂课下来，学生要把课文读得有滋有味，有情有趣，有声有色。世纪之交，他提出了一堂好课应让学生"小脸通红，小眼放光，小手直举，小嘴常开"，一堂课下来，学生感到兴奋、激动，有主人的感觉。后来，他在登山时，突发奇想：上课不就好比是登山吗？在教师引领下，学生怀着好奇和热情，选择山路，选择工具，选择方式，从出发点开始，时快时慢，驻足观赏，攀越障碍，登上顶峰……但是，他总觉得这些都是事物的表象，虽然形象生动，却

缺少理论思辨。在梳理过程中，两个关键词总在他脑海里跳跃：情感、智慧。2003年他到南京市北京东路小学任校长。一天，他走到楼梯口，一眼就看到柳斌给学校的题词："含爱生情怀，有育人智慧"。一情一智，和他原来的想法不谋而合，但又自然地进行了整合。就这样，情智教育、情智语文的命题应运而生了。这一命题看起来是一蹴而就的，其实是经历了教育现象、问题、本质等丰富的深刻的思考以后形成的一种主张。

的确，名师常有灵感。灵感是一种思维过程，是一种独特的思维方式，表现出思维者的即兴智慧。它常常带来突然之间的发现、突破、超越与升腾。冯骥才说，灵感"是上天对艺术家的心灵之吻，是对一切生命创造的发端与启动"。那么我们只有束手等待它吗？当然不是。"它不一定在你规定的时间和地点到来。……只要我守住自己的信仰与追求及其所爱，灵感会不时来吻一吻我的脑门。"（冯骥才《灵感忽至》）这种"守住"表现为对灵感的邀请。正如柴可夫斯基所说，灵感在你的再三邀请下才会来你家做客。"一再邀请"正是持之以恒的努力，"做客"才是灵感的不期而至。一如余光中所说，"灵感不会拜访懒人"，只有"保持对生命和对语言的敏感"才会有"突发而至"的"心灵之吻"。

名师的成长经历及经历中的故事竟如此真实地与冯骥才等人的论述自然吻合。不难看出，名师与大师总是心灵相通的，总是依循共同的规律。其实，名师的灵感往往是一种感悟思维。感与悟都与心相连，以心为本的思想是它的精神文化本原和特质。感悟思维乃是中国智慧和智慧能力的传统优势所在，其优势就在于，它介于感性和理性之间，是感性与理性的中介，是理论与材料之间的桥梁，材料靠悟性来点醒，理论靠悟性而灵动而入化境。中小学教师不是专门的科研工作者，他们总是生活在实践中，每天都有许多鲜活的案例、经验悄悄爬上他们的心头，感悟思维的材料和机遇最丰富。正是感悟思维锻炼了各种名师的思维品质，提升了思维水平，形成了思维特点。如果我们的胸腔里永远跳跃着那颗敏感的心，如果我们的脑海里永远活跃着感悟思维，那么，教育灵感与智慧将会常常来拜访我们。

名师的基质还可以作更深入的剖析，寻找出新的元素，而且名师更具个性，可以寻找出不同名师的独特之元素。这永远是一个研究和分析的过程。不过，我还是想作一个小结：名师的基质实质是反映了名师的心智。名师的心智是丰富的，总在不断的修炼和完善中。我与年轻的特级教师周益民保持着联系，每次交谈，他总是给我送来新的信息、新的想法。我总觉得在电话的那头，是一个沉潜在儿童阅读、儿童文化中的一位读书者、思考者、研究者，我总觉得他的心灵像是一泓清澈的湖水，碧波荡漾，有永远不会停歇的涌流。这样的心智，定会孕育名师新的基质，名师又在新基质的推动下，把心灵向未来敞开，时刻听从"教育家办学"的召唤。

第一辑　我是教师

我们应当在重视教师专业发展的同时，更重视教师发展，从教师专业发展走向教师发展。应当让教师发展有大情怀、大视野、大格局，因而有大智慧、大发展。好教师是「大教师」。

教师专业发展应有大视野与大格局

教师专业发展已成为教育改革的核心话题。其一，教师是兴教之源；其二，专业发展是教师的本质特性和教师发展的根本任务；其三，教师专业发展永远是个过程。

专业发展让教师对教育规律有了更深刻的认知和更准确的把握，让教师拥有了专业价值和专业尊严。然而，我们也发现，教师专业发展在取得可喜进展的同时，还存在一些不可小视的问题。从总体上看，当下中国的教师专业发展还缺少一种大视野和大格局，限制了教师的深发展和高提升。教师专业发展被局限在一些"形而下"问题的纠缠上，缺少"形而上"的引领。

如果我们不研究、不改进这些问题，那么这些问题就很有可能成为教师专业发展的障碍；反之，正视并研究这些问题，我们则很有可能从中寻找到教师专业发展的生长点，再一次站到新的起点上去，开始新的出发。

一、对教师专业发展的反思与检讨

佐藤学对教师有一个新定义：教师是"反思型的实践家"。之所以是实践家而非实践者，是因为他具有反思的品质。我们也应对教师专业发展进行反思与检讨。

（一）教师专业发展与全面素养提升的失衡

毋庸置疑，教师专业发展对于教师整体素养的提升起着很大的作用，我们完全可以把专业发展当作突破口，进一步提升教师的整体素养；同时，我们也注意到，在教师专业发展的标准框架中，除了专业知识、专业能力两个坐标体系外，还有一个教育理念和师德水平的坐标体系，这些都关乎教师的全面发展，影响教师整体素养的提升。

不言而喻，专业素养与整体素养是一个整体，不可人为地分割。但是，当下大家都把兴奋点和重点放在了专业发展上，无形中把专业发展从整体素养中分离出来，就专业发展谈专业发展，导致教师整体素养的提升被淡化、被边缘化，甚至被遗忘。专业发展绝不能取代也不能等同于教师的全面发展。教师全面发展、整体素养应当是教师专业发展之源、之根基，教师全面发展了，定会影响专业发展的水平和境界。

（二）发展的外部动力与内部动力的失重

教师的发展，既需要外部动力，也需要内部动力，两种动力相结合才会建构一个完整的教师发展的动力机制。两种动力的形态及其对于教师发展的价值、意义及促进方式是不同的。外在动力着重于推动，帮助教师克服人惯有的惰性，摆脱由教师职业特点带来的重复生存的陈旧感。内在动力在于激发教师内在的生命活力，开发教师的创造性，促使教师自主生长。

相比之下，内在动力比外在动力更重要、更关键。孟德斯鸠说过：任何他人的建议或意见都无法代替自己内心强烈的呼唤。但当下教师的外部动力很强，内在动力却不足，一些教师常处在"被发展"的状态，久而久之，"被发展"不仅是未发展，还有可能倒退。这种状态不改变，教师的专业发展与全面发展就很难突破和跃升，自我超越的状态就难以出现。行政部门、教研部门、培训部门，对此应当给予足够的重视。

（三）对专业理解和把握的失偏

说到专业发展，很多人首先想到的是学科专业发展。这很自然，也很必要。但教师的专业发展是一个内涵丰富的概念，它不仅包括学科，还包括学科以外的有关教书育人的专业，而且这种超越学科专业的专业，在教师专业发展中的作用更大，立意更高，也更重要。获得 2012 年普利兹克建筑奖（Pritzker Architecture Prize，被称为建筑学界的诺贝尔奖）的中国建筑学家王澍说："我首先是个文人，然后才是一个建筑学家。"钢琴家傅聪说："我首先是个真正的人，然后才是艺术家，然后才是音乐家，最后才是钢琴家。"欧洲许多足球教练都告诫运动员："在足球以外有个更大的世界。"教育更是这样，在学科世界之外还有一个更大的世界。教师如果局限在学科专业内，没有宏大的知识背景和较为丰厚的文化底蕴，要有更大的发展是十分困难的。这是早就为无数案例所证明的。当下，对专业理解和把握的褊狭是普遍存在的，但其局限性还未引起大家的更多关注。

（四）理念价值与技术价值取向上的失序

当下教师有一个普遍的看法，认为我们不缺理念，缺的是技术；确立、拥有理念较为容易，而把握上课的技术很难；把握技术比确立理念更重要，也更紧迫。这样的看法和要求有其合理性。但实际上，确立、拥有理念至少需要三个环节或要义：转变——从陈旧理念转到现代理念上来；转化——理念转化为教学行为；内化——理念内化为信念，内化为教师的人格特征，这一过程是十分艰难的。同时，技术的第一个特征是文化问题，许多技术问题、行为问题的背后其实是理念问题。理念的真正确立，可以促进教师改变技术、创造方法。过于重视、追求技术，可能造成理念价值的失落，造成价值体系的失序，这一问题尤其要引起我们的警觉。

教师全面素养的提升、发展动力的把握、基于学科专业的超越以及理念取向的端正，相对于专业发展、外在动力、学科专业以及技术价值取向，应当是一个更高位的问题。处理好这些关系，从"形而上"的角度进一步审视，可以使教师发展有一个更大的视野，形成一个更大的格局。同时，把"形而上"与"形而下"结合起来，教师专业发展会进入一个更高的境界。

二、大格局视野下的教师发展

我们反思、检讨的目的，是寻找解决问题的对策。对此我们不应采取"一对一"的方式来分开讨论，而应从整体上予以系统思考，寻找一些根本性问题的解决之道。这种整体性的思考、根本性策略的寻找，可以聚焦于"教师"这一定义，在关于"我是谁"的讨论中，进一步建构起教师发展的坐标。这样的思考和建构会让教师的未来发展有一种大视野、大格局。

（一）教师首先应当是真正的知识分子

自 20 世纪 80 年代以来，世界上许多地方的学者都在讨论一个问题：什么是知识分子？知识分子在世界的迅猛发展中已经成为一个新的社会力量，没有现代意义上的知识分子，就没有真正的现代社会。学者们认为，虽然对知识分子的定义依据的常常是他们的职业，但是，"定义知识分子的，不是他们做什么工作，而是他们的行为方式，他们看待自己的方式，以及他们所维护的价值"，"'成为知识分子'这句话所意味的，是要超越对自己职业或艺术流派的偏爱和专注，专注真理、正义和时代趣味这些全球性问题"；衡量知识分子的主要标准绝不在于知识的多少，也不在于与职业相关的专业能力，而在于对自己职业的超越，在于崇高的理想、自由的意志、社会的良知、批判的精神和能力、追求和维护的价值，等等。

知识分子是崇高的。教师应当是知识分子吗？这似乎是站在专业边界的"专业考问"。其实，教师首先应当是知识分子，而且这应该是教师非常重要的身份。但是，"应当是"是一种应然判断，应然判断让我们有理想、有标杆、有追求。不过，"应当是"并不是"已经是"，从"应当是"到"已经是"是个过程，从应然状态到实然状态中一定有个"正在是"的过程状态。教师的专业发展恰应在"正在是"的过程中，唯此，教师才能真正成为知识分子。

作为知识分子的教师，其崇高的理想、自由的意志、社会的良知、批判的精神和能力等应集中体现在哪里呢？我深以为是坚定不移地实施素质教育。素质教育应是教师的"最大专业""最高专业"。在作为知识分子的教师心目中，办让人民满意的教育，首先是办对人民负责的教育，办对民族未来负责的教育。因此，教师应当坚信不疑地认为，成长比成功重要，比成绩重要，先成人后成才。值得注意的是，知识分子的文化生活正在平庸化，知识分子正在弱智化，知识分子正在贬值！对此，作为知识分子的教师应当有一种警惕。当大家高声呼唤"知识分子在哪里"的时候，我们应当豪迈地回应："我们，我们教师，是真正的知识分子！"

（二）教师应当是儿童研究者

教师要把儿童研究作为自己的"第一专业"。亚里士多德曾提出过"第一哲学"的概念。他认为，"这个学问具有为所有其他哲学部门准备基本概念和基本规律的功能，其成果是所有具体哲学部门的预设性前提。因此，它应当是'在先的'——最先的，所以被称为'第一哲学'"。概念可以迁移。我认为，既然有"第一哲学"，就可以有"第一专业"，而且还可以借用亚里士多德的解释来解释"第一专业"。这个"第一专业"是超越具体专业，具有前提性、统领性的专业，因而一定是"在先的"。假若找到、明确教师专业发展中的"第一专业"，那么教师的专业发展一定会更有方向感，有更高的立意、更大的动力，可以从根本上给教师专业发展解困、解惑。

在阅读、思考的基础上，我提出：儿童研究是教师的"第一专业"。第一，儿童是教育的主题，儿童发展是教育的主旨。教育的基本立场应当是儿童立场。儿童以及儿童的研究，应当是教师首先要建构的专业，当然应成为所有教育的"预设性前提"。第二，儿童学问是大学问、深学问、难学问。卢梭在《爱弥儿》里说："在所有一切有益人类的事业中，首要的一件，即教育人的事业，却被人忽视了。"在教育世界中，儿童学问是最重要的，又是最不完备的。我们必须研究它、把握它、运用它，否则，就会在关于儿童的教育事业中，恰恰把儿童忽视了。也正因为此，儿童学问可以为教育准备基本概念和基本规律，它必然是"在先的"。第三，教学即儿童研究。这是教育改革的一个重要走向，亦是教育成功的重要标志。美国哈佛大学的达克沃斯就持这样的观点。儿童研究与教学不是"两张皮"，而是"一张皮"，是一回事。儿童研究不仅仅是教学顺利开展的保证，而且其本身就是教学过程。教学与儿童研究融为一体，更要把儿童研究置于更高的层位去认识。

面对儿童研究这个"第一专业"，教师该怎样去面对、怎么去发展？我们可以把思考和建构集中在两个方面：爱的能力与研究儿童的能力。爱不一定是教育，但教育一定需要爱，一定要让爱走在教育的前头。爱是一种能力，包括爱的开发能力、给予爱的能力、接受爱的能力。学会爱，的确是教师最重要的专业。研究儿童的主线应当是不断认识儿童和不断发现儿童，其主题是促进儿童的发展。如何观察儿童、研究不同背景的儿童，采用什么策略和方法，让每一个儿童都能发展，这种能力应当是教师最为重要的专业能力。当爱的能力与研究儿童的能力相遇的时候，教育就会更神圣、更精彩，教师专业发展就会达到一个很高的境界。

（三）教师应当是课程的领导者

教师专业发展的大视野、大格局在课程与教学领域的体现，使教师逐步成为课程的领导者、课程的主人。教师将有以下一些转变。

从学科走向课程。长期以来，教师只有学科概念而少课程概念，只有学科意识而少课程意识，因而，往往把学科等同于课程，眼中只有所任教的学科，而且唯此为大，唯此为一。这样的视野必定是狭窄的，不会考虑学科在课程结构中的地位和功能，不会让自己所任教的学科与其他课程发生必要的联系。课程是个更大、更丰富的世界，站在这样的世界里，才可能学会观察、学会审视、学会联系。有了一双观察课程世界的眼睛，才会有大视野，培育大胸怀，生长大智慧，也才会有大手笔。

从教学目标走向课程标准。长期以来，由于课程意识的淡薄，教师在教学工作中，关注的、研究的往往只是依据教材中一个个具体的教学内容而设定的教学目标，缺少对课程标准的整体观照。教学目标的确定往往是随意的，因而往往是碎片化的，其结果很难达到课程标准的要求。从教学目标走向课程标准，教师的专业视角被扩大，专业面被拓宽，对目标的审视才会更全面、更有深度。

从教科书走向课程资源。教科书是课程资源的一种形态，而非课程资源的全部。倘若把教科书作为唯一的课程资源来对待，忽视其他课程资源的开发，教师就会把教科书当作圣经来对待，教学一定是单一、枯燥的。教师要在丰富多彩的课程资源的发现、开发、创造和使用中，丰富专业知识、生长课程能力。

从课程实施者走向课程领导者。课程领导是一个团体的概念，校长可以成为课程的领导者，教师也可以、也应该成为课程领导者。课程领导者的特征及其权利、义务，在于参与课程决策，在于进行课程开发，在于创造课程和教材。这是一个重大的转向，既是课程管理的转向，也是教师身份的转向。在这种转向中，教师的专业视野、专业能力定会发生更积极的变化。

以上的"从某某走向某某"，不是对前者的否定，而是在基于前者的同时，更强调后者的重要。这种种转向，使得教师专业发展在获得极好机会的同时，也面临着一次又一次的挑战。教师专业发展在机会与挑战中会有一个新的跃升。

三、学校应成为教师专业发展的文化栖息地

教师专业发展的大视野、大格局，不仅是对教师的"专业考问"，更是对学校管理理念、制度和能力的"专业考问"。教师专业发展是有"生态取向"的，不仅仅依赖于自身力量，还依赖于其身处的环境。具有健康生态特点的环境，说到底是文化的氛围和力量，是"文化场"。恩格斯说过，文化上的每一次进步都让我们向自由迈进一步。文化是一种发展的力量，文化进步的本身就是一种发展。面对文化大视野、大格局下的教师专业发展，学校最重要、最积极的应答应当是：学校要成为教师专业发展的文化栖息地。

文化栖息地的含义丰富而深刻。其一，给教师文化上的保护。尊重教师，信任教师，对不同风格教师的宽容、谅解、支持，会让教师有安全感。其二，给教师以文化的影响。用学校的优秀传统文化、先进的教育理念引领和鼓励教师，确立起共同的理想，让教师有发展感。其三，为教师发展和创造提供保证。搭建平台，创造机会，提供支撑，让教师有幸福感。其四，最终让教师诗意地栖息在校园里。"人被允许抽身而出，透过艰辛，仰望神明"，又"将人带回大地，使人属于大地，并因此使他安居"，这是一种自由的境界。文化栖息地让教师有神圣的诗意。

创造文化栖息地，对学校最严峻的挑战是进行管理理念的转变和制度的创新，用文化的方式建设学校文化，从管理走向领导。较之管理，领导更倡导宏观、战略的思考与谋划，更注重自下而上的改革路径，更主张决策民主、科学，更追求专业化，把教师当作最有创造活力的"草根力量"。所以，从管理走向领导，不只是词语的变换，而且是从形式到本质，都有重要的转变。

文化的方式，用软实力的倡导者约瑟夫·奈的观点来说，就是吸引人的方式，而不是强制的方式。文化的方式，首先表现为对人的尊重，是人与人之间平等交往、对话的方式；其次表现为对人发展的影响和引领，让他们充满信心地去追求；再次表现为方式的生动活泼，让人愉悦，在快乐的体验中接受、发展。文化的方式与教师的专业发展的特点是相契合的，以这样的方式，会更好地激发教师发展的自主性、积极性、创造性，在这样的过程中，

教师才会感受到文化的力量，也才会在文化的引领下，获得文化上的更大进步。

（一）要引领教师从内部"打破"自己，过自主的生活

李嘉诚先生曾用鸡蛋作比，他认为，从外部打破，鸡蛋就成了别人口中的食物；自己"打破"自己，就诞生了一条新的生命。人生亦然，一直用外力打破，你永远是别人口中的食物；坚持从内部"打破"自己，就会获得一次又一次生命的重生。从内部"打破"，就是自我唤醒生命活力，就是不断地自我超越，只有超越自己，才会超越别人；而超越别人不是目的，自我超越才是目的，才会获得可持续的发展。这是真正意义上的自主生活。

（二）要引领教师过道德生活

德国教育家赫尔巴特在《普通教育学》里多次谈到道德问题。他认为：一个人必须用道德的眼光来观察他在世上的全部态度。道德生活的要义是"必须用道德的眼光来观察"，是让生活"有道德的秩序"。教师过道德生活，就是对生活进行道德判断，提升生活的道德意义，规范生活的道德秩序。在道德生活中，教师的发展才会有真正的道德，才会有大爱，也才会有意义、有境界。

（三）要引领教师过专业生活

教师的生活，尤其是职场内的生活，本应是一种专业生活。但是社会的浮躁、功利，"应试教育"的干扰等，使原来的专业生活被淡化，甚至被异化。引领教师过专业生活是对教师职场生活的重新认知和再次确证。专业生活应当以课程、教材、教学为中心，学习、思考、研究、实践，形成教师的专业生活方式，培植专业品质，提升生活的文化品位，让教师享受专业的尊严和幸福。专业生活，必定让教师专业发展走向大格局、大智慧。

（四）要引领教师过阅读生活

加拿大的阿尔维托·曼古埃尔在《阅读史》中，开篇就引用福楼拜的话："阅读是为了活着。"接着他自己这么说："阅读，几乎就如同呼吸一般，是

我们的基本功能。""我的生活中或许可以没有书写，但是不可以没有阅读。"阅读是教师专业生活的重要内容、方式和标志，我将其从专业生活的范畴中分离出来，是为了突出它的特殊价值。当然，这是一种大阅读，大阅读才会促使教师获得大视野，建构大格局。阅读生活将会支撑起教师的整个生活大厦，使其形成开阔的、完善的知识结构。在这样的知识结构中，教师的发展有了可靠的根基，也有了丰富的源泉。

超越学科：教师专业发展的最高境界

教师职业从经验化、随意化到专业化，经历了一个较长的发展过程。20世纪80年代以来，教师专业化形成了世界性的潮流。社会所需求的高水平的教师不仅是有知识、有学问的人，而且是有道德、有理想、有专业追求的人；不仅是高起点的人，而且是终身学习、不断自我更新的人；不仅是教学行家，而且是教育专家。因此，我们要加快推进教师专业化发展，构建符合时代要求的教师教育的知识体系和技能要求，建立健全教师教育制度，提高教师的专业水平。

学科是教师的重要专业，是教师安身立命之本，失掉学科专业，教师可能会丢失专业发展的根基。但当下教师的学科专业还存在一些问题，这主要是"先天不足"和"后天不力"。所谓"先天不足"，是指在学校时，专业学得不扎实，有的学科专业基础薄弱，导致在教学中常露出破绽，有时还会闹出笑话。所谓"后天不力"，是指工作后对学科新知识学习得不够，对学科发展的走向也了解、把握得不够，常落后于学科的发展。因此，任何时候都不能轻视教师专业发展，更不能丢弃学科专业的发展，否则，不可能成为一个优秀的教师。

一、案例的启示：专业发展应当超越学科

一是钱伟长对专业的理解和追求。钱伟长是物理学家，学科专业（理论物理）很鲜明，很优秀。不过，他既是物理学家，又是社会活动家，还是大学校长。当记者问他，他的专业究竟是什么时，钱伟长的回答是：我没有专业，如果说我有专业，那就是服从祖国需要。这绝不是钱伟长的戏说。明明

有专业，为什么说没有？因为专业是可以超越学科的。为什么说专业就是服从祖国需要？因为有比学科更"大"的专业。这使我们需要不断地追问自己：我有像钱先生那样对专业宽阔的认知和把握吗？

二是章培恒教授对专业的理解和追求。章培恒是复旦大学教授，我国著名的文史专家。他和骆玉明教师合著的《中国文学发展简史》，因以"文学的发展伴随着人性的进步"的观点，构造了中国文学的发展历史，引起学界的关注和赞誉。他读博士时，导师要求他一开始不要读文学史的书，甚至不要读文学方面的书。开始他还不理解，后来回过头来看才明白，为了文学史，必须跳出文学史。推而言之，为了某专业有时必须跳出这一专业，最后再回到专业上来。看来，专业的成功，不只是得力于学科本身，相反，可能得益于其他专业。

三是南京师大附中对专业的理解和追求。南师大附中的校史馆里有一份珍贵的资料，是20世纪二三十年代关于教师到当时的中央大学进修时选修课程的规定。该规定有三条：首先，选修与自己所教学科无关的课程；其次，选修与自己所教学科靠近的课程；最后，选修自己所教的学科课程。这是对专业的一种深度理解，即各学科之间的知识是相互融通、相互影响、共生共长的。如果把学科专业孤立起来，无形之中便斩断了与其他学科的联系，必然会失去本学科专业的支撑。因此，任何学科都不能"独善其身"，尤其是在当下。

以上三个案例说明了一个道理，即教师专业发展，必须确立超越的理念——超越学科，超越单一的知识结构。如果局限于学科，教师的专业发展很难有新的突破。

二、知识的视角：教师要有较完整的知识结构

我们不能否认知识对教师专业发展的重要价值。知识就是力量，其本意不在知识本身，而在知识传播的过程。但问题是我们需要什么样的知识观，需要什么样的知识。教师的知识结构包括以下四个方面。

第一，学科知识。教师需要以学科专业知识为基础，缺乏学科知识，教师就不可能具备学科身份，更不可能成为一个优秀的教师。学科知识涉及学

科的各方面，拿语文来说，有文学知识、文体知识、语言逻辑知识，甚至还应有文学批评、文艺评论的知识，等等。

第二，学科教学知识。学科教学知识是把钥匙，它可以帮助自己打开学科之门，以最有效的方式，把学科知识传授给学生。单有学科知识，而缺乏学科教学知识，教师只能是个书生，而不可能是教学能手。学科教学知识是实践性知识，必须在实践中建构形成；学科教学知识是个体性知识，必须在实践中建构形成自己的经验和自我认识；学科教学知识是情境性知识，必须在情境中体验、领悟、提炼。

第三，条件性知识。条件性知识主要指基本的教育理论知识，如教育学、心理学、教育社会学等。它的获得和拥有，一靠读书，二靠运用，三靠总结、提炼。这些知识就存活于自己的教学实践和教学案例中，关键是要靠自己去反思和感悟。

第四，文化性知识。从表面看，文化性知识与学科教学无关，但实际上，它与教学有着本质的联系。它需要教师在大量阅读与丰富多彩的文化活动中不断提高自己，逐步形成自己的文化人格，然后自然地渗透在教学过程中。

以上四种知识不是孤立的，而是相互联系、相互渗透、相辅相成的。它们各有各的作用，各有各的特点。当下教师专业知识存在的重要问题是，知识结构还未完全形成，即教师的专业知识还不完整；各类知识的学习都需要加强，而学科知识略显单薄，学科教学知识尚显陈旧，条件性知识与教学实践脱节，文化性知识较为狭窄；各类知识是如何联系、如何影响的，其间的关系还不清楚等。鉴于此，教师的专业知识结构亟待完善，也亟待研究。

从诸多的实践经验看，建构与完善教师的知识结构，其基本的途径和重要的方式是阅读和实践。但当下教师的阅读状况是阅读量过少，阅读面过窄，阅读还未真正成为教师的学习方式、工作方式和生活方式。同时，缺少经典的阅读，只是满足于时尚刊物和社会新闻的阅读，缺少深度。至于实践，主要指阅读后对知识的实践运用，有目的有计划地试验，并在实践中领悟、反思、改进，而这样的实践，教师还应该进一步加强。

三、哲学的论点：应把儿童研究当作第一专业

美国哈佛大学现代教学论专业达克沃斯有一个十分重要的观点：教学即儿童研究。她认为，教学与儿童研究不是两回事，而是一回事。这意思非常明确，即要进行教学就必须对儿童进行研究，而且教学本身就是儿童研究，就是儿童研究过程。我以为，这是新的教学观，它对教师专业发展有着重大启示：儿童研究是教师的专业，而且超越所有学科，是教师的第一专业、第一必需功课。事实证明，优秀的教师，无论是哪个学科的，他首先要走进儿童、了解儿童、研究儿童。若在儿童研究上不下功夫，或者下的功夫不够，那专业发展的深度和高度肯定是不够的；或者说，他也许学科教学很好，但最终成不了优秀教师，甚至有可能只是一个教书匠而已。

卢梭曾经说过，关于人的学问是世界上最重要而又最不完备的学问。那么，可以说，教育上最重要而又最不完备的学问就是关于儿童的学问。首先，儿童研究是一种学问，而不是一种技艺，此学问理所当然是教师共同的专业。其次，虽然我们天天和儿童打交道，但未必了解儿童并具备这样的学问，因而必须钻研。最后，长期以来，教师们轻慢、忽略了关于儿童的学问，必须补上这一课。由此可见，儿童研究这第一专业发展是很艰难的。

儿童研究这第一专业内涵十分丰富，那就是认识儿童、发现儿童、发展儿童。所谓认识儿童，是说我们对儿童还相当陌生，因为儿童世界与成人世界是两个完全不同的世界，儿童与成人对同一个事物的认知是不同的，甚至是迥异的。所谓发现儿童，是要发现儿童的"可能性"，即生成性和创造性。发现儿童的可能性是对儿童最重要的发现，教师的使命与智慧应汇集在这一点上。所谓发展儿童，就是要使所有的儿童都能发展，这种发展最重要的是要让儿童有变化、有进步，即在原来的基础上有新的提高。同时，发展儿童也包含着对儿童规范、严格的要求，绝不是任其发展，更不是向消极的方向发展。

我们在研究儿童时，一定要把握最基本的方式，即观察方式。研究儿童要从观察儿童开始，观察不只是一种技术，最有效的观察是要走进儿童的生活，走进儿童的心灵世界，去倾听、关怀、理解他们。深度的观察是蕴含在

教师与儿童的生活、对话和发生的故事中的。我对教师与儿童的关系有一个比喻，即教师是上帝派到儿童世界去的文化使者。他应该以尊重、平等、协商的方式去了解儿童。说到底，文化使者就是儿童研究者，也是儿童发展的引领者。他在对儿童的观察、研究中，使自己的第一专业得到了发展。

四、理想的境界：成为一个智慧教师

智慧是一个人综合素质的表现，可以说，教师的专业发展最终集中体现在教育智慧上，教师的理想境界是成为一个智慧的教师。

孔子曰："知者乐水，仁者乐山。知者动，仁者静。知者乐，仁者寿。"在儒家文化中，在中华民族文化的视野里，仁与智是评价人格最重要的标准，是人格完美的体现。智慧教师不只有智慧，而且有仁者的情怀，有道德之心。我们也应当把仁与智当作评判智慧教师和教师人格的重要标准。所以，做智慧教师是教师专业发展的最高境界。

事实上，有智慧教师，也有"愚蠢"教师，当然更多的教师还处在向智慧教师努力迈进的过程中。智慧教师可以让儿童有一个幸福的童年，而且会为其持续发展、未来幸福打下良好的基础；反之，"愚蠢"的教师有可能在无意之中给学生的童年留下"伤口"。台湾的两位女作家三毛和席慕蓉不同的命运，和她们童年时代不同教师对她们的影响有关。三毛永远抹不掉数学老师在她眼睛周围画黑眼圈带给她的阴影，以至童年的"伤口"最终发作，让这位才华横溢的女作家用自杀的行为过早地结束了自己宝贵的生命。席慕蓉则不同，她永远忘不了数学老师辅导她做数学题时的目光，那目光中有慈祥、信任、鼓励和期待。她说，至今写作时，那目光还在她眼前闪烁。显然，席慕蓉的数学老师是个智慧的教师，至少她的这一教育行为是智慧的。

因此，做一个智慧教师是多么重要，他的一言一行、一举一动是否恰当，有可能影响学生今后的前途和命运。我认为，做个智慧教师要具备一些核心的要素。其中之一，就是有良好的综合素养，进而形成"智慧人格"。"智慧人格"是我通过实践感悟出来的，还需要深入、具体地讨论，以便明晰其边界和内涵。我初步认为，教师的智慧人格有四个特征，即有"四心"。一是爱心。真心爱所有的学生，就像湖北省武汉市新东方的桂宁老师每天要问自己的三个问题一样：我今天爱学生了吗？我会爱学生吗？学生感受到我的爱了吗？爱是一种智慧，爱能生成智慧。爱心是智慧人格的核心和基础。二是童心。蒙台梭利说自己是作为教师的儿童，陈鹤琴说重新做一回儿童，李吉林说自己是一个长大的儿童，他们都保持了可贵的童心。童心就是真诚之心、赤子之心、创造之心。智慧教师是最具有创造性的。三是平等心。平等心就是公平地对待每一个学生，对教育对象绝无选择、绝无歧视、绝无淘汰，每一个学生都重要，每一个学生都优秀。这样的教育是公平、民主的教育，这样的教师是智慧的。四是平常心。教育有规律，学生成长有规律，这是一个渐进的过程，需要"按部就班"，需要等待，不能拔苗助长，不能急功近利，不能盲目前进。教师的智慧人格需要文化的濡养，需要文化的自觉，需要在实践中锤炼。

智慧教师不仅要有智慧人格，也需要改进教育策略和方法，需要教育的技术和艺术。唯有如此，教师的专业发展才能逐步达到最高境界。

总之，教师专业发展不应局限于学科的发展，它涉及方方面面；教师专业发展道路的选择始终是一个个性化的问题，这是教师实现有效教学的根本。

第一动力·第一品质·第一专业

一、围绕教学主张，应当追寻关于"第一"的关键因素

从优秀走向卓越，不仅是名师成长中一个绕不开的问题，也是教师在专业发展中应当正视且应有突破的问题。因为所谓优秀，所谓卓越，都是相对的，对所有教师来说，都应基于自己的实际起点，从优秀走向卓越。唯有这样，教师的专业发展才有可能形成整体向上提升的大格局；也正因为此，才可能在众多的合唱声中有领唱者的独特旋律的诞生，那领唱者渐渐地成为名师。

从优秀走向卓越，是一种突破和超越。引发并不断实现这种突破和超越，需要各种力量的引领和支撑，在各种引领和支撑力量中，追求并形成教学主张无疑是一个关键因素。其实，教学主张不是一个孤立的、封闭的概念和系统，而是一个由许多因素相互协调、和谐统一在一起的、开放的系统，抑或说，由教学主张发端，以教学主张为核心，可以牵引和调动其他因素，形成合力，突破从优秀走向卓越的瓶颈，引发更多教师有更强的信心、更合适的方式、更好的发展。

在学习和思考中，我以为围绕教学主张，教师专业发展的关键因素可以分解成三个"第一"：第一动力、第一品质、第一专业。这三个"第一"分别是三个不同的维度和领域，进而可以形成三个不同的系统，共同支撑和促进名师成长和教师专业发展。

所谓"第一"，言其根基性、关键性和重要性。中华传统文化中的"世间数百年旧家无非积德，天下第一件好事还是读书"中的"第一件好事"，复旦大学哲学教授所说的"第一动机：永远追求真理"中的"第一动机"，

亚里士多德所主张的"第一哲学",等等,都是强调"第一"在全局或整体中的地位。如亚里士多德所言:"第一哲学"要为其他具体哲学提供基本概念和基本规律,它是前提,因而具有"在先性"。所以,"第一"不是"唯一",而是排序中的"在先",是事物关键之关键。不难理解,把握了"第一",事物发展才有可能突破,也才有可能有新的超越。名师的成长,以至整个教师的专业发展都应去追寻"第一",在"第一"的引领下,获得更好更快的发展。

二、教师专业发展应当坚持开发"第一动力"

心理学告诉我们,动机是激励并维持一个人的活动,以达到一定目的的内在动力。由"第一动机"提出"第一动力",无论是在实践中还是在学理上都是成立的。

教师专业发展需要动力,既需要外部动力,也需要内部动力。当下的状况是,外部动力很强,而内部动力相比较而言显得很弱。外部动力在于激发和推动,而内部动力则在生长和创造。李嘉诚先生用打破鸡蛋作比:用外部力量、外部方式来打破,鸡蛋成了一种食物;反之,用内部力量、内部方式来打破,则诞生了一条新的生命。人亦然,从外部打破,永远成为别人口中的食物,从内部打破,在人生旅途中就是一次又一次的重生。法国法学家孟德斯鸠也说:任何他人的意见或建议都无法代替自己内心强烈的呼唤。无需多加论证,内部动力是教师发展的"第一动力"。外部动力真正起作用,也应体现在它击中、激发了内部动力。教师们都坦陈:我们发展的欲望不强,内在动力不足。因此,现在无论怎么强调"第一动力"都是不过分的。

问题是究竟怎么激发这内在的"第一动力"。我坚定地认为,名师成长,包括教师专业发展都应有崇高的追求,换句话说,教师的发展应当"再圣化",即从根本上激发教师发展的内部动力,促使他们更加积极地自主发展。因为人是一种意义的存在,但意义不是别人赋予的,意义是人自己创造的。不过,人既可以创造意义,也可以破坏意义。当教师在自己创造意义的时候,才可能真正体验到意义的"意义",因而才可能生发出前行、突破、超越的动力,因而才会向着更高境界发展。李吉林认为自己是个"竞走运动员"——永远向前不停步，永远不会离开大地，踏踏实实地一步一个脚印地走。"竞走运动员"的内心永远有创造意义的追求。应该记取尼采的忠告：我们新的荣耀不是在所来之处，而在将要前往的那个地方。

现今不少年轻人生了"初老症"——还没有老就说自己老了：男教师一过四十，就略带感叹地说：我"奔五"了；女教师在为人母以后，就很伤感地说：我老了。这种对未来的忐忑，多多少少折射出"就此停步"的想法和心态。应该明白，就在说自己老的时候，自己已经在破坏意义了。意义的消退以至被破坏，当然是发展动力的衰退，所谓职业倦怠也就悄然产生。

说人生的意义，久违了。但是，我们需要再一次地讨论崇高，再一次地形成一种氛围：追求意义的崇高。这就是"第一动力"，这就是教师"再圣化"的过程，这就是走向卓越的过程。正是在"第一动力"引发的"再圣化"中，从优秀走向卓越，教师专业得以发展，名师得以成长。

三、教师专业发展需要培植"第一品质"

名师是具有品质的名师，所有教师都应当培植自己的专业品质。品质既是优秀教师的特征，又是教师进一步提升的动力。教师需要多方面的优秀品质，多种优秀品质汇集在一起，"造就"了优秀教师，且促使他们从优秀走向卓越。在诸多品质中，有没有一种品质是至关重要的？应当有。这种品质具有触发性、"点爆性"，即触发、点爆其他品质的形成，这样的品质应该成为发展的前提，它需要走在前面。在作了一些梳理以后，我将反思作为教师发展的"第一品质"。

叶澜先生认为，一个教师教了几十年的书可能成不了名师，如果坚持几年写教学笔记，包括反思性的教学后记，则很有可能成为名师。这是很有见地又极具理性的判断：反思是教师发展极为重要的品质。佐藤学曾对教师下过定义：教师是反思性的实践家。他说的不是实践者，而是实践家，实践家具有教育专家、教育家的特征，用佐藤学的观点来说，此时的教师不是"中间人"，而是"介入者"。是什么让教师从实践者走向实践家？是反思。可见，反思既是实践家的本质性特征，又是走向实践家的重要原因。强调反思，强调的是理性，尤其是实践理性；强调反思，强调的是教师必须对观点、意见或结论提供证据。因此，让教师走向理性，意味着走向对事物的澄明，走向质疑和批判，走向系统化，从经验走向科学。将反思作为教师的"第一品质"是恰当的，它会带动其他专业品质的锻造。

作为"第一品质"的反思，是在哪里形成、提升的？当下，我们应当反思什么？要反思的很多，反思应当渗透在我们的专业生活中。不过，我以为最需迫切反思的是如何突破自己已有的经验框架。经验固然可贵，但是，如果经验不改造、不优化、不与时俱进，也可能会导致失败，这样的经验当然是可怕的。遗憾的是，现实中不少教师满足于自己已有的经验，缺乏创造新经验的激情，由此而停滞不前。如果永保反思的品质和方式，那么，教育教学中的陌生感会永远在眼前和心头闪现，而由心带动出来的一定是创造感。此外，反思教学的核心和重点也显得特别重要。在风生水起的教学改革热浪下，在诸多的热闹表象下，是不是隐藏着一些什么危机呢？依我的观察与思考，教学改革应当回到一些基本问题上去。基本问题是基于教学基本关系而形成的基本规定性，这些基本规定性揭示了教学的基本规律。如果教学改革只是为了创新，那么创新就很有可能成为"花样翻新"，偏离了教学的基本规定性，偏离了教学的基本规律。此外，倘若我们有善于反思的品质和方式，即使面对改革的新概念，诸如翻转课堂等，也会保持清醒的头脑，从实际出发，并加以理解分析，作出正确判断和选择，而不是照搬照用。以教学的基本问题为研究对象，以教学的基本规定性为依据，不仅反思自身的教学经验，也以反思的品质和方式，考察外来的经验和做法，教学改革才会真正为学生发展服务，也才真正为自己的专业成长提供具有发展性的平台，成为反思性的实践家。

四、教师专业发展需要建构"第一专业"

教师离不开自己的学科专业。具有自己的学科专业，形成自己的学科专业优势，才能站稳讲台，成长为优秀教师。一个不具有学科专业背景和优势的教师，要从合格走向优秀是困难的，从优秀走向卓越更是困难的。值得重视的是，当今的教师，在学科专业发展方面还有很大空间，有不少问题还没处理好，可以说，教师的学科专业发展永远是个过程，不会有终点，不过，其间定会有一个又一个新的起点。

特级教师、教育专家、教育家成长的经历，不止一次地告诉我们，从优秀走向卓越，只以学科专业为背景，囿于自己的学科是走不远走不高的。教师的专业成长既要立足于学科专业，又要超越学科，需要有大视野，形成大格局，生长大智慧，这样，才有可能突破学科专业的局限，突破"优秀"的制约，走向卓越。从知识的角度讨论，教师的专业知识不仅需要学科知识和学科教学知识，还需要条件性知识和文化性知识。只有健全良好的知识结构，才会让教师有大视野。同时，知识越来越走向综合，跨界研究已经成为一个重要走向，知识的综合和跨界研究，将会为教师专业发展和名师成长打开一条新的通道。寻找并建构自己发展的更大专业，我把这更大的专业称作"第一专业"，言其对学科专业的超越，言其对教师专业发展和名师成长的重要性。

正如对"第一哲学"有不同的认定，对"第一专业"也有不同的界定，不过，我认为儿童研究应当是教师发展的"第一专业"。卢梭曾说过：世界上有一门学问最重要又最不完备，这门学问就是关于人的学问。同理，在教育世界中有一门学问最重要又最不完备，这门学问就是关于儿童的学问。儿童学问是真学问、大学问，也是难学问、深学问，把握这门学问的人，是大学问家，是名师、教育专家、教育家，名师、教育专家、教育家首先是最为优秀的儿童研究者。

儿童研究的内涵十分丰富，其主题应是不断地认识儿童、发现儿童；其宗旨是让儿童得到最优发展，成为最好的自己；其基本途径是：回到儿童原来的意义上去——回复儿童自由、探究的本义；回到儿童完整的生活世界去——回复儿童丰富多彩的生活，克服生活的单一、狭窄和封闭；回到儿童的最伟大之处去——从关注现实性，到更关注儿童的可能性，让可能性成为一种可能；回到儿童生活、学习的方式上去——让游戏永远伴随儿童成长，让游戏精神促进儿童的创造性发展。其实，诸多的回到，有一个重要的走势，那就是教学和儿童研究一体化，要把教学研究和儿童研究统一起来，成为一个完整的过程。总之，回到，绝不是回到原来的地方去，而是在回归的路上，不断寻觅儿童发展的规律，把自己的专业成长与儿童发展自然地紧密地统一在一起，共同进步，共同成长。

回到书桌

对于读书我还是有一点体会的，但究竟该怎么读书，我自己有时也比较恍惚。如果说我在读书中有一个转折点的话，那是在 2002 年。那一年我退休了，在退休的时候我对自己说：我不要太落后。怎么才能让自己不落后呢？我又对自己提出一个要求：回到我的书桌前去。

一、回到书桌前去

当我在任江苏省教科所所长时，其实我是远离书桌的，眼中只有一张办公桌。退休后我要回到真正的书桌，要真正地回到书桌，于是，真正开始了自己的阅读人生。

书桌到底意味着什么？季羡林先生的得意弟子卞毓方先生曾这样论述书桌的意义，他说：我有一张书桌，我要把这张书桌摆放在七个地方。第一，把它放在天安门的城楼上，让学习和阅读与祖国的事业连在一起，这时阅读就有了民族的使命感和责任感；第二，把它放在太平洋的一座孤岛上，让自己安静下来读书，读书就是要让自己的心灵安顿下来，不成为精神上的漂泊者；第三，把它放在南极，通过阅读开发人生最大的能量；第四，把它放在帝国大厦顶端上，书桌比摩天大楼还要高，这正是所谓的"山高人为峰"，让阅读垫高我们的脚跟；第五，把它放在巴黎圣母院里，让阅读更纯洁而高尚，阅读的过程其实是一个再圣化的过程；第六，把它放在俄罗斯的庄园里，让阅读与大师为邻；第七，把它放在故乡的大地上，只有在故乡的大地上读书的时候，你才会获得一种乡愁，乡愁也承载着乡情。当你身处远方，你才能知道你的"故乡"在哪里。"故乡"绝不仅仅是地理学的概念，也是社会学、文化学的概念，这是学术研究中的改变。

学会改变，改变自己的力量往往就来自阅读。卞毓方先生说要把书桌放在七个地方，其实是一种隐喻，是在说为什么读书和怎么读书的问题。回到书桌前，就是要回到对问题的理解上去。阅读的过程是一个思考的过程，也是一个写作的过程。我非常欣赏昆曲《班昭》里的一段唱词，即"最难耐的是寂寞，最难抛的是荣华。从来学问欺富贵，真文章在孤灯下"。现在人耐不住寂寞，也就坐不得冷板凳。美国作家迈克尔·桑德尔在《金钱不能买到什么》中说，这个社会是金钱能买到的社会，当越来越多的东西能用金钱买到的时候，还有什么道德、学术可言；学问和富贵常常发生冲突，如果你要潜心做学问，可能你的生活就会很清贫，当然你的精神是富贵的，那些真正的学问就在青灯古卷之中。

二、回到人生的意义

回到人生的意义，这是一个久违的话题，现在和很多年轻的教师谈人生的意义，他们是不理解的。就像 2015 年冬天，网上流传一个故事，某 90 后职员向主管提出辞职信，辞职信上写的是："天气太冷了，我起不来了，我要冬眠了。"他的主管在他的辞职书上写了两个字："懂你。"公司的副总经理写了一段话："90 后的年轻人太不负责任了，我无语，只好同意。"再往上，到了最高领导的时候批了两个字："呵呵！"这个故事里的 90 后，就是这么理解自己的人生意义。

（一）让人不断超越自己

人活着，的确是一个寻找意义的过程，卢梭曾经说过："我们可以说是两次出生于这个世界。第一次是为了存在，第二次是为了活着。"存在和活着是不同的。何谓意义？法国结构语义学的倡导者 A. J. 格雷马斯在《论意义》一书中说："要谈论意义并读出点有意义的东西来简直比登天还难。谈论意义唯一合适的方式就是建构一种不表达任何意义的语言：只有这样我们才能拥有一段客观化距离，可以用不带意义的话语来谈论有意义的话语。"要回到人生的意义上来，就要和它保持一定的距离。这个距离在什么地方，主要还是通过阅读找到并缩短这个距离。在我的阅读思考中，客观化的距离是可以克服和缩短的，由此，我开始关注有关人生意义的书籍，如美国社会学家、人类学家赫舍尔的《人是谁》，他在书中说："讨论人绝不要提'人是什么'，而要提'人是谁'。"讨论人是什么，一定要作比较，首先，把人和动物作比较，人和动物的区别就在于人有丰富的内心世界，人就有由这种非常丰富的内心世界所产生的创造的潜能，这种潜能动物是没有的。从这个意义上讲，人是一种可能性，可能性是人最伟大的力量。然后，赫舍尔把人和"存在"作比较，这个世界上还有很多存在，这个桌子是存在的，这个房子是存在的，你的课本是存在的，这些存在物和人的区别在哪里？也在于人是有丰富的内心世界的，他是能改造世界的。所以，赫舍尔说人生是一个谜，但是人生之谜是有谜底的，其谜底不在于你现在是什么，而在于将来能够成为什么。这就是人的梦想，这个梦想的实现需要两个条件：第一，要有时间的等待；第二，要让梦想自由。因此，人生之谜的谜底的意义，绝不能急功近利，绝不能目光短浅。教师要学会规划管理自己的未来，这是非常重要的一种核心素养。是的，人生意义，在于通过阅读找到自己的未来。

人是谁，其实是对人生意义的一个追问。人是谁呢？不同的人有不同的回答。黎巴嫩诗人纪伯伦就曾说："生命是一支队伍。迟慢的人发现队伍走得太快了，他就走出队伍。快步的人发现队伍走得太慢了，他也走出了队伍。"嫌队伍走得快的人是一个落伍者；嫌队伍走得慢的人是领跑者。名师应该是领跑者，但是他走了一段时间后要回到队伍里来，然后再走到前面去，这就是不断地出发，不断地回归，所有的教师都应该拥有这样的态度，这就是人生的意义，也是对名师的一种阐释。尼采也曾说："人类的伟大之处，在于他是一座桥梁而不是一个目的。人类的可爱之处，在于他是一个过程和一个终结。"人是一座桥梁，人的一生就是在不断走过这座桥梁，不断跨越自己。教师能不断跨越一座又一座桥梁，就会在自己的人生道路上走得越来越远。接着尼采又说："我们现在的荣耀，不在我们来时的地方，而在我们将要前往的地方。"自己要不断超越，使自己不会板结化。

（二）让人追寻幸福

人的意义，我通过阅读又把它聚焦。我首先把它聚焦到幸福上。如果你们读过内尔·诺丁斯的《幸福与教育》，就会知道教育的核心目的是让学生和教师获得幸福。我们讨论幸福往往从心理学的角度切入，但随着社会的发展和进步，所有学术都在交叉，单一的讨论就显得不合时宜。如果只从心理学切入，你的幸福和我的幸福是不一样的，你的幸福观和我的幸福观是不一样的，于是幸福就掉入了一个泥坑，这个泥坑叫作"幸福的相对主义"。幸福的相对主义丧失了价值的判断标准，尤其丧失了道德的价值判断标志。还记得江苏卫视的《非诚勿扰》节目中某个女士的话：我宁愿坐在宝马车里哭，也不愿意坐在自行车上笑。她把幸福定义为财富，于是这种对金钱的认知让幸福发生了扭曲。但她不知道，金钱在此岸，幸福在彼岸。从金钱的此岸驶向幸福的彼岸中间有很多环节，如果其中有一个环节被抬高了，金钱就永远走不到幸福的彼岸。

我们处在一个消费时代，但不能过分地强调享受和娱乐。有人说，现在社会上有两粒毒药不能吃，第一粒是娱乐化生存，美国著名的媒体文化研究者尼尔·波兹曼在《娱乐至死》中说，让人类消亡的恰恰是你最喜欢的东西，你喜欢享受，你喜欢娱乐，于是它们消灭你。现在很多教师喜欢把看电视的方式应用到课堂教学中来，儿童本身应该有美好的童年，天真、活泼、爱幻想，儿童正是因为这些特性为人们所喜爱。但现在我们很难看到这样的儿童，儿童在电视的影响下过早地进入了成人世界，电视信息环境正在让儿童"消逝"。第二粒就是成功学，所谓的"成功学"实际是"急功近利学"。关于成功，有一个共同话题，即借口问题。有人对"借口"有很精彩的阐述。居里夫人："世上只有两种人，一种是成功者，永远找办法；一种是失败者，永远找借口。"比尔·盖茨："找借口是容易的，把借口掩饰得十分巧妙也很容易，但你只是个懦弱者！"美国西点军校的士兵，永远是左手夹书，右手随时准备遇到军官就敬礼，回上三句话："长官，您好！""长官，您讲的，我清楚了！""长官，我去做，没有任何借口！"因此，成功切不可急功近利。

（三）让人保持青春

关于青春的问题，心理学家早就说过青春不只是人生道路上的一个年龄阶段。其实青春不是年轻人的专利，所有人都应该有青春，真正的青春应该是他的心理状态，他的精神状况，他的专业追求。青春问题，还包括小时代的青春和大时代的青春。致即将逝去的青春，那是现代年轻人的青春，在我看来，是那一批 80 后作者强调"小时代"的青春，小时代的青春是什么？在他们的描述中，青春是一场远行，我们回不去了；青春是一次伤痛，我们忘不掉了。于是，小时代中年轻人的青春更多的是伤感、怀旧，还有对未来的各种忐忑。

但教师要建构一种大时代的青春，回想 1953 年王蒙先生写的《青春万岁》序诗："所有的日子，所有的日子都来吧，让我编织你们，用青春的金线，和幸福的璎珞，编织你们……所有的日子都去吧，都去吧，在生活中我快乐地向前，多沉重的担子我不会发软，多严峻的战斗我不会丢脸；有一天，擦完了枪，擦完了机器，擦完了汗，我想念你们，招呼你们，并且怀着骄傲，注视你们。"我们的教师也要抱有这样的心态，去拥有真正的青春。

此外，阅读的人生意义还表现在机遇上。有人说，机遇总是垂青于有准备的人，我却更愿意将这句话解读为：机遇是自己创造的，只要刻苦、努力、勤奋，就会有机遇。不要等机会来，而是要去创造机会。由此，我想到，人是一个意义的存在，这个意义不是别人赋予或给予你的，而是自己创造的。人可以是意义的创造者，也可以是意义的破坏者，今天谈阅读与回到，其实我们是在创造意义。

三、回到好教师

阅读，如果不和人生意义结合在一起，读书的境界就不高。教师的发展要有大视野、大格局，课程改革、教学改革等也要有大视野和大格局。通过阅读，还要回到好教师，让自己拥有面对改革的视野。

回到好教师，先从一个好教师做起吧，慢慢地才能走向卓越。有人研究世界 500 强企业后得出一个结论，即优秀是卓越的敌人。当经验束缚住你手脚的时候，你是不能走向卓越的。好教师是谁？我们不必对好教师下定义。美国著名课程专家小威廉·多尔说：逻辑很重要，但隐喻更重要。这也印证了黑格尔的名言，"用感性的方式表达理性"，这是最美的方式。于是，我就用这种方式来解释好教师。

（一）好教师是先生

好教师首先是先生，在当今的中国语文教学界，有三位大师，他们是于漪、李吉林、洪宗礼。2015年镇江市教育局邀请三位到镇江参加一个语文教育的研讨会，那次座谈会由我主持，我说这次座谈会有个主题——先生回来。"先生回来"，不仅因为三位的故乡都是镇江，而且更重要的是为师之道、为师之德回来了。

于漪老师说："我做了一辈子教师，我一辈子学做教师。"一辈子做教师，更多的是情怀、态度、价值取向；而一辈子学做教师，则是求真、求善、求美的过程。她在教学中以情激智，用情感教育来激发学生的智慧。李吉林老师说："我是一个竞走运动员，又是一个跳高运动员。"竞走运动员，要坚韧不拔地前行，但永远不离大地，永远追逐地平线；而跳高运动员，则要不断提升目标，追求更高的境界，仰望星空，逐向山峰之巅。由此她形成了"情境教育"的教学主张，为儿童研究儿童。洪宗礼老师说："我把工作当作学问来做，我要站在讲台上，又要站在书架上。"把工作当作学问来做，更多的是要做学问、做研究，教学即研究，教师不是教书匠；而站在讲台上和书架上，更多的是要读书、学习，教师永远是读书人，永远在书的海洋里徜徉，他自己也变成了一本书，他的语文教学被命名为"洪氏语文"。

（二）先生的本质是知识分子

当年季羡林先生被评为感动中国人物，组委会的颁奖词是这么写的：心有良知璞玉，笔下道德文章。一介布衣，言有物，行有格，贫贱不移，宠辱不惊。他用自己的学问，铺成了大地美丽的风景，把文化汇入传统，把自己的心留给东方。季羡林是一介布衣，但他是一个知识分子，因为心有良知如璞玉，笔下道德文章均佳。这时我就想到：先生的实质是知识分子。何为知识分子？在我的阅读视野中，捕捉到这样的信息：当年，一批有知识的俄国人，茶余饭后在酒吧、咖啡馆聊天，聊的不是私事，而是当前的社会和民生，是俄罗斯的今天与明天，后来这批人被称为知识分子。此外，在法国，左拉和卢梭曾为一个普通的小战士辩护，因为政府判小战士犯了叛国罪。这是天大的冤屈，可谁敢和强大的政府对抗？那就是左拉、卢梭这批有知识的人。小战士被无罪释放的时候，一些政府官员酸溜溜地说，左拉、卢梭他们是知识分子。我还看到弗兰克·弗里迪的《知识分子都到哪里去了？》，他说："定义知识分子的，不是他们做什么工作，而是他们的行为方式、他们看待自己的方式，以及他们所维护的价值。"可见，知识分子是超越职业的。依我看，所谓知识分子：第一，要有强烈的社会责任感，有社会的良知，家国情怀、民族认同永远在心中；第二，关注真理、正义和时代趣味这些全球性问题；第三，追求独立和自由的生活；第四，要为思想而活，而不是靠思想生活；第五，总是处在创造性的紧张状态，做到以上几点，我们才可成为知识分子。好教师、名师是先生，先生的本质是知识分子，知识分子应该用以上几个特点来支撑自己。

（三）好教师是道德教师

好教师、名师还要做一个道德教师。人无德不立，国无德不兴。德国教育家赫尔巴特在《普通教育学》中阐述道，从普遍意义上说，道德是人类的最高目的，当然也是教育的最高目的。此外，好教师应该是反思型实践家，还应该是一个有自己风格的"领唱者"。

回到书中，就是回到对人生意义的追寻；回到书中，就是回到对名师成长的理解和解释；回到书中，还应该回到课程、回到教学、回到学生、回到儿童。这一切，都是在阅读中慢慢思考摸索出来的。但是，回到绝不是一个简单的过程，真正的回到之过程总是充满想象，充满新的创造，所以，回到，其实是一个创造的过程，是一个创新的过程。

最好，其实是一种选择

教师专业发展实质上是一个教师如何存在的问题，而存在是一种选择。这种选择用作为"世界性人"的作家米兰·昆德拉的话来说，我们到底选择什么呢？是重，还是轻？我以为，假若过于强调专业发展，过于功利，似乎除了专业发展，就没有其他什么了，可能是选择了重；相反，一旦摆脱了专业发展，就会成为一种无意义的虚空，可能是选择了轻。过重，产生"目标颤抖"；过轻，则成为无目标的飘荡，而轻是另一种形式的重。我们究竟应该选择什么呢？"江苏教育"提出的是：选择自己最好的发展。

最好，实质上是最适合；最好的发展，实质上是最适合自己的发展。最好的发展，具有本体性、自主性以及鲜明的个性。过重与过轻都不是最好的，都不是最适合的。当然，这里所说的"适合自己"的"自己"，不只是指个人，也包括学校以至地区。我们不能忽略地区，因为不同的地区形成不同的区域文化，不同的区域文化影响人的文化性格。哲人黑格尔早就说过，历史的演进有一个重要的基础，这个基础就是地理，民族精神的许多可能性从中滋生、蔓延出来。最好的发展，让所有地区、所有学校、所有教师都得到最适合自己的发展，这样的存在状态肯定是最好的。这同样需要选择。

从自己的实际出发，绝不意味着教师专业发展就没有共同的规定性，共同的规定性既包括专业标准，也包括专业发展中共同的话题。共同的规定性让教师发展有方向、有要求、有规律可探寻。其实，教师发展达到了共同的规定性，就会从中找寻到教师发展的个性，因而，教师专业的最好发展就形成了一种文化气象。对规定性同样还有一个选择问题。

选择之一：不要以为专业发展是自然的，有追求才会有发展

发展是一种自然的状态，但发展不是自然的，没有追求就没有最好的发展，甚至就不发展。追求是一种激情，激情可以成就一个教师。马克思认为，情感是人发展的本性力量。激情让教师不满足于现状，常让教师去瞭望远方的地平线。当我们向地平线迈进两步的时候，地平线就会向后倒退两步，再向它迈进十步，它又向后倒退十步，地平线是永远到达不了的。但是有激情的人总是向地平线逼近，因为他知道，地平线存在的最高价值就是让人们向前，向前，再向前。其实，地平线不在遥远的天涯，而在自己的心中。心中有条地平线，就会不断地超越自我，一个不自我超越的人，怎么可能超越他人？自我超越才会有真正的自主发展，自我超越就是自主发展。

有激情，有向往，有追求，渐渐地形成生活和工作中的兴奋点。兴奋点表现了他的最想、最爱和最近的追求，表达了他生活中天秤中的倾斜点，不同的兴奋点也传达了人对生活、对工作的不同认识、不同态度。女教师的生活兴奋点决不能只在对时尚的讨论和向往上，男教师的生活兴奋点也决不能只在娱乐化的游戏上。对兴奋点的转移与提升，是教师专业发展动力机制建构与完善的重要内容，既实在，又充满着意义的转换。有激情，有追求，最终在一个又一个兴奋点的基础上，凝聚成教师的精神状态和生活状态，在教师的生活中构筑一块精神高地，站在精神高地上可以瞭望远方，瞭望未来，也可以凝视自己的心灵。于是，可以达到"衣带渐宽终不悔"的境界，在蓦然回首间，发现我们的追求正在"灯火阑珊处"。

选择之二：不要总是依赖外力，要明白鸡蛋从内部打破才可能诞生新的生命

打破鸡蛋有两种不同的方式，一是从外部，二是从内部。从外打破是压力，从内打破是成长，如果你等待别人从外打破你，那么你注定成为别人的食物，如果靠自己从内打破，那么你会发现自己的成长相当于一次重生。这是一个隐喻，告诉我们，教师的专业发展，抑或是教师最好的专业发展应当是自己打破自己。从内部打破，必然寻找内部的力量，任何人都有自己打破自己的内部力量，因为这是人的规定性。

15世纪，意大利作家皮科在《论人的尊严》一书中，以一种欢乐的语调道出了新颖独特的观点："人类具有独特的尊严，不是由于人类身上具有某种多于世上其他物种的东西，而恰好是因为人类身上缺少某种其他造物的东西。"人，比其他存在物少了什么？他说："世间的一切事物都不得不成为它们本来应该成为的那样……所有事物，所有事先被安排于某个固定位置的存在物……除了人类。"原来，人"少"了其他存在物的确定性。而不确定性恰恰是人优于其他存在物的地方，即人的创造性。在皮科看来，最高造物者将整个宇宙都有条不紊地安排好之后，就对第一个人这样说："哦，亚当！我们没有给你任何固定的位置，也没有给你任何固定的形象和特定的职业，你若想拥有自己想要的位置、形象和职业，这些你都可以按照自己的决定和选择去拥有……你要成为什么样子，完全可以根据我们赋予你的自由意志来自己决定。我们将你置于世界的中心，是为了让你能够更自如地环顾四周，看清世上存在的一切事物。"自由意志，多么神圣！自由意志源自生命的创造力，开发人的生命创造潜能，才拥有自由意志。从内部打破，是自主发展的动力，也是自主发展的方式。教师专业发展，认识到这一发展的奥秘了吗？可以这么说，从内打破，是教师专业发展的又一新生命的诞生——让我们努力吧。

选择之三：不要止于优秀，优秀是卓越的敌人，教师专业发展要从优秀走向卓越

经济学家柯林斯曾在商学院大学生的协助下，用了30年对世界500强企业进行跟踪调查与分析，无疑，这些企业都十分优秀，可是研究的结果是，在众多的著名企业中最终只有12家保持着强大的发展态势，而且还可以一飞冲天，其结论是：优秀是卓越的敌人。优秀之所以成为卓越的敌人，是因为优秀成了继续发展的包袱。如果满足，不认识自己，不认识别人，止于优秀，必然退步，必然成了卓越的敌人。

教师工作与生活有一个重要特征：重复生存。重复生存，积累了许多经

验，偌多的经验，让教师驾轻就熟，让教师成熟，走向成功，完全可能使自己成为优秀教师。经验是可贵的，但是经验不与时俱进会导致失败，不可能走向卓越。教师应当永远有陌生感、新鲜感，从中生长起创新的欲望，生长起创造感。值得注意的是，止于优秀的教师，满足于经验的现象，还是比较常见的。从另外一个角度看，不少名师，之所以成为名师，之所以成为教育专家，是因为他们摆脱了优秀的束缚。罗曼·罗兰在《米开朗基罗传》的序里最后说：伟大的人总有伟大的胸魄，不怕风雨的吹荡，不怕云雾的包围。当然不能要求所有人都有伟大的胸魄，但每一个普通人，每年至少要有一次登上高山之巅，在那里，肺中的呼吸被换了，脉管中的血流也被换了。回到大地上的时候，他才会有迫近永恒的力量。这是高峰体验。高峰体验产生崇高感，崇高感让人走向卓越。

选择之四：不要以为读书—实践—思考—总结，就一定能成功，要把握规律，形成自觉

的确，教师专业发展、名师成长是有规律可循的，那就是：读书—实践—思考—总结，如此循环，在循环中提升。大多数教师对此都明白，也都认可，可为什么往往效果不同，差异很大呢？我们清楚，产生差异的原因是复杂的，不过，不可忽略的是，对待这条规律的态度是重要原因之一。一是有不少教师还没有形成习惯，读书、思考、总结等是偶尔为之的，缺少坚持，浅尝辄止，当然不会有好的效果。二是有更多的教师还没有形成"链条"，常有断裂现象，或是重读书而少思考，或是重思考而少实践，或是重实践，但不善于总结。链条的断裂造成教师发展的不完整性。三是有的教师读书还处于浅阅读、轻阅读阶段，没有超越学科、超越已有的阅读经验，因而显得较为肤浅。四是总结经验、提升经验这一环节还没有突破，因而在发展中还没有产生跃迁和飞升。

我们要真正把握这一规律，形成"规律自觉"，真正成为生活在规律中的主人。实事求是地说，克服这一现象也没有什么灵丹妙药，关键是自己严格要求自己，有目标、有计划，自我检查，自我评判，自我调整与改进。久而久之，成为习惯了，成为乐趣了，成为生活中的一部分了，规律就会进入

你的生活，而且成为你最真诚的伙伴，伴随着你，提醒着你，触动你，推动你。海涅曾写过一首诗："太空中的星辰，几千年来毫无更动，它们彼此面面相觑，怀着爱情的悲痛。它们说着一种语言，十分丰富而美丽，可是任何语言学家，对这种语言都茫然无知。我倒曾把它钻研，而且铭记不忘；我所依据的文法，就是我爱人的面庞。"也许开头所说的规律几千年来毫无更动，我们钻研，解读它的"文法"，就是把它当作爱人的面庞。我们去把握这一"文法"吧。

教师专业发展、教师最好的发展还有不少问题，然而，我深以为，以上四点尤为重要，让我们从中选择吧。它们不重，也不轻，成了自己生命的部分，就是"最好"的。

名师应当是优秀的儿童研究者

一、对"教师专业"的再理解

教师是专业工作者。《教育法》《教师法》确立了教师的专业地位，让教师从专业价值的确认与提升中，获得了专业尊严。"教师专业标准"的研制，教师专业发展的命题及行动，无疑都是巨大的进步。问题的讨论似乎还应更深入：究竟怎么理解教师专业的内涵与特质？名师应当是什么样的教师？

说到教师专业，首先想到的是教师的学科专业。自然，不少人一提到教师的专业发展，就是指学科专业发展，渐渐地，教师专业发展就演变为学科专业发展。的确，教师专业发展须臾都离不开学科专业，一个语文教师离开语文学科及语文教育怎能称他是合格的语文教师呢？他的学生怎能提高自己的语文素养呢？语文教师如此，其他学科教师也如此。学科专业在教师专业发展框架中应占有重要地位。况且，当下教师的学科专业水平还有待进一步提升，因为学科专业既有相对稳定性，又具有发展性，学科的新知识仍在不断产生，新理念、新视野在不断拓展。无数事实都在证明，学科专业发展之于教师专业发展具有基石作用。但是，无数事实又在证明，只有学科专业，只注重学科专业发展是远远不够的。

斯霞，江苏省首批特级教师，全国著名的语文教育家，她的语文学科专业造诣是相当深的。我听学校老师讲过她的故事。"文革"结束，斯霞老师所在的南师大附小来了许多外宾。一天，斯老师教三年级的孩子以此为内容练习写作。一位学生在作文里说：今天学校来了许多外国客人，其中一位法国女阿姨特别漂亮……办公室的老师说：这是病句，阿姨一定是女的，"女阿姨"应当修改。斯老师说：是的，这句子有毛病，但我暂时不想改，因为这是小孩子的视角，是小孩子的表达方式。是斯老师的学科专业不行吗？当然不是。斯老师的故事启发我们思考一个问题：教师的专业发展不能囿于学科专业，而应当有超越理念，即应当超越学科专业，应当对教师专业再理解，再定位。名师应当是优秀的儿童研究者。

我以为，教师专业应当至少包含三个层面：学科专业；幼儿教育、小学教育、中学教育专业；儿童研究专业。学科专业，不言而喻；幼儿教育、小学教育、中学教育本身是专业，是比学科专业大的专业；儿童研究，是对幼儿教育、小学教育、中学教育专业特质和核心主题的揭示与表达。不难理解，教师专业发展在重视学科专业发展的同时，更应把儿童研究当作比学科专业更高、更大的专业，因为后者具有专业发展的根源性、统领性。因此，我将儿童研究当作"第一专业"。所谓"第一"，体现的是儿童研究的价值优先。名师就是具有"第一专业"的教师。

二、儿童，是教师熟悉的陌生者

儿童既是教育的对象，更是教育的主体；既是教育的出发点，又是教育的旨归。显然，不研究儿童，不认识儿童，教育的旨归无法实现，教师也不可能成为名师。既如此，我们必须重新认识儿童，准确地把握儿童发展的规律和特点，从他们的发展需求出发。问题是，我们对儿童真正认识吗？答案一定是：儿童是熟悉的陌生者。具体地说，对有的儿童认识，对有的儿童陌生；有时候熟悉，有时候陌生；看起来熟悉，实际上很陌生；更为严重的是，常常以熟悉遮蔽陌生，以陌生代替熟悉。从实际上说，儿童、儿童发展是教育上的一个黑洞。

卢梭说，世界上有一门学问最重要又最不完备，这门学问就是关于人的学问。将这句话演绎一下：教育世界里有一门学问最重要又最不完备，这门学问就是关于儿童的学问。举一个例子，在一个视频里，主持人找了25个大人和25个小孩，问他们同一个问题："如果能改变身体的一部分，你最想改变什么？"大人的回答是——"我想变成瓜子脸。""我的皮肤太差，我想换掉，我多么渴望有一身人人都梦想拥有的小麦色啊！"……孩子们是怎么回答的呢？——一个胖胖的小女孩说："我对自己的身体很满意，如果有条美人鱼尾巴更好。"一个黑人小男孩说："想要一个鲨鱼嘴巴，这样可以多吃点。"一个在做游戏的小男孩说："我希望自己像乌龟一样，全身长满厚厚的盔甲，这样就不怕子弹了。"……同一个问题，大人和儿童的回答截然不同：孩子们要的是一个能让自己满意的自我，充满童心、童趣，而大人们要的是一个能让别人满意的自我。成人与儿童处于两个不同的世界，有着不同的价值取向和喜好。

的确，儿童是我们熟悉的陌生者，关于儿童的学问是大学问、真学问、深学问、难做的学问，儿童研究应当是教师的大专业、高专业、难度很大的专业，名师在这专业方面有很高的水平。可是，长期以来，对这一专业我们重视不够，思考不深，落实不到位，因而影响了教师专业发展，这一问题应当切实解决。

三、儿童研究的基本思路

儿童研究的主题是：认识儿童，发现问题，促进儿童发展。研究的方法是比较丰富的，我以为，与此同时，还应在研究的思路上进一步思考和开拓。

（1）"四个回到"是儿童研究的基本路径。

其一，回到儿童原来的意义上去。在拉丁文中，"儿童"意味着自由。自由是儿童存在的本质和天性，自由也是儿童创造的保姆和田野。同时，儿童是天生的探究者。蒙台梭利说，儿童是上帝派来的密探；苏霍姆林斯基认定，在心性上，儿童是探究者。而探究的天性，产生对周围世界的惊异，因而儿童是哲学家。此外，儿童是天生的游戏者，游戏是儿童的又一天性，是儿童学习、工作、生活的方式，游戏里生长起的是游戏精神，游戏所产生的"心流"现象亦会让儿童进入创新状态。名师善于回到儿童原来的意义上，因此他们才会从本义上、本质上去认识和发现儿童。

其二，回到儿童完整的生活世界中去。儿童的生活是整合的，互相融通，互相支撑。他们至少生活在三个世界中：现实世界、理想世界、虚拟世界。这是儿童完整的生活世界。可是，我们过多地关注甚至只是关注现实世界，无形中将儿童的生活世界割裂了，使生活单一了，不完整了。同时，三个生活世界的价值取向是不一样的，往往发生冲突，儿童常处在价值困惑中。真正认识与发展儿童，应关注他们整个世界，并进行价值澄清和引领。离开生活世界，便离开了儿童；割裂了生活世界，便割裂了儿童发展的整体性；忽略了价值引领，便忽略了儿童价值意义的生长。名师善于把握儿童完整的生活世界。

其三，回到儿童的最伟大之处去。可能性是儿童的最伟大之处。可能性是生命创造的潜力，可能性是未来性，可能性具有多样性。真正认识和发现儿童，应当帮助儿童认识和发现自己发展的可能性，选择最适合自己发展的可能性，成为最好的自己。未来性"潜伏"在现实性中。名师的教育目光、研究的重点善于从儿童的现实性中发现可能性，引领教育从现实性走向未来性。

其四，回到儿童的学习、工作、生活方式上去。哪里存在游戏，儿童就在哪里成长；游戏在哪里结束，儿童的发展就在哪里止步；尊重游戏方式，就是尊重儿童的生命；维护游戏机会，就是维护儿童的权利；引导游戏活动，就是引领儿童成长；研究游戏的过程，就是研究儿童发展的规律。名师不仅善于组织指导儿童游戏，而且其本身就是出色的游戏者。

（2）认识和发现真实的儿童。

人们对儿童的认识与发现，常常发生脱节以至成为教育的悖论：现实生活中，教师更多地关注儿童的问题、缺点，因而常处在教育的焦虑中；在理论研究中，研究者们更多地关注儿童的天性、特点和伟大，常将儿童理想化。实践与理论如何互相走近，互相关照，产生积极有效的互动，如何在其中发现儿童的真实性，发现真实的儿童，这是对教师专业水平的挑战与考验。名师就是在这样的挑战与考验中提升自己的专业水平。

（3）研究儿童是怎么学习的。

儿童的学习也是教育中的一个黑洞。儿童研究的使命与智慧使这一黑洞敞亮、澄明。当儿童在学习的时候，他才会进入学习状态；当儿童真学习的时候，他才会经历真实的过程，才会有真实的自我存在；当儿童会学习的时候，他才会在学习中享受和成长；当儿童创造性学习的时候，他才会萌发创意，成为有个性、有创新精神的人。在学习、真学习、会学习、创造性学习应当是名师进行儿童研究的重点。

儿童研究是教师的"第一专业"，在儿童研究中，名师才会在专业发展中走得更远更高。

第二辑 做个好教师

人不仅有发展的内部力量，而且应当有一种『发展自觉』。教师手里应举着一盏灯，是点灯人，用明灯指明学生发展的方向。教师手里应拿着一把梯子，用梯子帮助学生攀高。

做个好教师

一、坚守教师发展的主题：做个好教师

这是个需要名师、教育家的时代，也是个能诞生名师、教育家的时代。但何为名师、教育家？名师、教育家究竟是怎么诞生、发展的？答案可能很多，不过，其中一个答案必须引起我们更多关注并付诸实践，这就是名师、教育家首先是个好教师，名师、教育家是从好教师中发展起来的，因此，教师们首先要做个好教师；教师发展的主题应当是：大家做个好教师。

"做个好教师"这一主题诠释了以下三个方面的问题：其一，做个好教师是面向所有教师的。教师专业发展的主题假若定位于少之又少的名师、特级教师的培养上，必然只顾及少数教师，忽略甚至放弃了全体教师发展，而忽略、放弃了全体教师发展，必然使名师、教育家的成长丢失了基础，更为严重的是影响了教育质量的整体和全面提升。只有召唤所有教师都发展，都争取做个好教师，才能构造名师、教育家成长最丰厚的土壤。其二，教育需要高地，也需要高峰，没有高峰的引领，高地显得平庸，这就叫"好的平庸"。但倘若没有高地，高峰也耸立不起来，即使有所谓的高峰，那也一定是虚空的。高峰与高地相互依存、相互支撑、相互影响，高地才是真正的高地，高峰才是真正的高峰。好教师的群体好比是高地，在瞻仰高峰的时候千万不要忘了深情地凝视那一片高地。其三，好教师是基本要求、普遍要求，但基本要求并不低，达到基本要求绝非易事；普遍要求并不普遍，面向所有教师，内在地包含着鼓励教师个性发展、更好地发展。正是基本的、普遍的要求为教师的个性发展、更好的发展奠定了良好的基础，提供多元发展的可能。

从以上初步分析，不难得出一个结论：教师专业发展的主题是大家做个好教师，而非名师、教育家。值得注意的是，当下的名师发展、教育家成长口号过响、热度过高，无论是口号还是实际的行动，名师、教育家成长成了重点、焦点、兴奋点，这就有意无意地遮蔽了做个好教师的要求，大部分教师的积极性势必受到影响。具体表现为：建立特级教师工作室、名师发展共同体，成为学校发展的重点战略；所谓新教师、青年教师的培养规划，其目的实际上也是从中选苗子，把目标指向了名师。由此不难看出，名师培养、发展成了教师队伍建设的轴心，成了主题。此外，对学校的评价、考核，重要指标是名师的数量、名师发展的梯度等，把名师培养的权重提到不合适的地位。显然，这对一般教师形成了不合理的压力，在很大程度上不仅没有起到鼓励作用，而且很可能让他们感到压抑。因此，对当前教师专业发展我们应当多一份理性，多些反思，准确把握教师专业发展的主题，让大家做个好教师的声音再次响起来。

二、好教师好比一滴清水，其内涵相当丰富，有更生动的表达

杨绛先生曾经说过这样的话：我是一滴水，是清水，不是肥皂水。这是她的自谦之词，也生动而深刻地描述和阐释了她自己的定位，道出了一个理念，描绘了一种形象：好教师好比一滴清水。

是一滴水，很微小，但不渺小，它折射出的是阳光，也会映照土地。清水，更难能可贵的是，它的清纯、明亮、美丽，而肥皂水则不然。肥皂水虽然五彩斑斓，却会瞬间消失殆尽，虽到处飞扬飘荡，却显得浮躁、浮华，甚至浮夸。正是这一滴水，让她从容地走到人生边上，又从容地坐在人生边上，从容中低调，低调中积极，积极中丰盈。也正是这一滴清水，让大家记住她、怀念她、崇敬她、学习她。教师好比一滴清水，是说好教师平常、普通，却自信、自豪，还有伟大。有人曾这样论述过伟大：不是显得伟大，而是因为伟大。"显得"伟大那是在"秀"，而"因为"伟大那是在"干"。好教师就应该是这样的伟大，就应该这么去追求伟大。看来，名师、教育家是伟大的，好教师也是伟大的，从某种角度说，好教师的伟大更可贵、更重要，因而更伟大。

不必回避伟大。帕克·帕尔默在《教学勇气——漫步教师心灵》里说："伟大在哪里？伟大不是那些对象、工具，而是事物的本身，即主体，亦即自己，这叫伟大的事物。"帕克·帕尔默实际上是在阐释：当你作为主体的时候，当你在不断追求和塑造自己心灵的时候，你已经开始成为伟大了，也许这才是教师最伟大的教学勇气。帕克·帕尔默的观点已被中国好教师证明、演绎了，中国好教师正用自己的话语来表达伟大。

于漪老师说："我做了一辈子教师，我一辈子学做教师。"多简单、平实，内涵却丰厚、深邃。一辈子做教师，是对教师事业的热爱、忠诚、执著、不离不弃、发自内心深处的喜欢；一辈子学做教师，正是这一个"学"字，道出了做教师永远是个学习的过程，不断学习、不断领悟、不断改进，是个终身学习者。好教师之好，就好在"一辈子"和"一辈子学"上。谁不赞扬于漪老师是个好教师？她永远被人尊敬。

李吉林老师说："我是一个竞走运动员，又是一个跳高运动员。"运动员的特征是"运动"，是实践，是行动。竞走运动员走得又好又快，永不停步，永远前行，向着明亮的那方，可是他的脚永远不离开大地，脚踏实地，一步一个脚印。那根杆子是根标尺，是目标，是高度，跳高运动员就是不断提高那标尺，不断提升高度，去跨越、超越。其实，李吉林跨越、超越的是人生的高度。从情境教学到情境教育，再到情境课程，再到情境学习，不断攀登、突破。李吉林是个好教师。好教师之好，好在自我超越。

洪宗礼老师说："我把工作当作学问来做，我要站在讲台上，又要站在书架上。"工作即研究，研究即学问，研究就在日常平凡、繁琐的工作中，学问就在即时性的研究中；站在书架上，时时在读书，自己就成了一本书。从书架上再回到讲台前，他把脉管里的血液换了一遍，呼吸也变得更自然，这就迫近了永恒。好教师之好，就好在商量、研究、学问、专业，这样的好就是一种崇高。

好教师是伟大的，我们应当做个好教师。教师专业发展这一主题永远在教师生涯中熠熠闪光。

三、从教师专业发展到教师发展：教师应当有大格局

教师专业发展这一命题的提出，是中国教育一大进步。教育是专业，是有边界的；教师是专业工作者，具有不可替性。这就赋予教师这一职业以专业认可，体现了专业价值，获得了专业尊严。当前的课程改革、教学改革，乃至整个教育改革，专业水平亟待提高，距离用专业的方式做专业的事，尚有不小的差距。所谓专业，实质是把握从事工作的本质、特质，遵循其规律、特点，所做的一切要"踩在点子"上。从这一要求出发，认真反思，实事求是地判断，我们确实做得还很不够，专业发展是永远的重点。

具体专业是什么？对教师来说，首先是他的学科专业，比如语文教师的专业是语文和语文教育，数学教师的专业是数学和数学教育，如此等等。毋庸置疑，学科专业是教师的身份和标志，一个学科专业水平不高的教师，是成不了好教师的。应当关注的是，无论是总体还是个体，教师的学科专业发展既存在着"先天不足"——在大专院校里还不是学得非常扎实的，又存在着"后天不够"——后续学习、拓展、掘深没有跟上，因此，学科专业发展不能有任何的懈怠。其次是课程。随着课改的深入，课程已进入教师专业发展范畴，课程意识、课程理念、课程体系、课程评价等是现代教师必备的专业。这方面我们已有了长足的进步，进展的步子在加大。但是，课程的意识还比较薄弱，有的还很脆弱，理论上还不清晰，实践上还不自觉，有时理论与实践脱节，甚至发生冲突，二者形成对立。课程专业发展同样不可松懈。

与此同时，我们还应有新的追问：在学科专业、课程专业以外、之上，还有更大的专业吗？其实，这一追问的另一种解读是：究竟如何解读专业？我以为，教师专业发展，既有狭义的，又应有广义的，狭义的专业是学科专业，也包括课程专业，而广义的专业则内涵更广更深。以上对追问的两种解释，带来的思考是：如何更准确地命名，是教师专业发展，还是教师发展？我的主张是：教师发展。教师发展包含着教师专业发展，应当在重视专业发展的同时，更重视教师发展，从教师专业发展走向教师发展。这就是教师专业发展的大格局。发展的格局影响、决定着教师发展的视野、规格、品味和水平。当下教师发展的问题就是：格局不大。我们的任务是，确立超越的理

念，让教师发展有大情怀、大视野、大格局，因而有大智慧、大发展。这样的要求体现在以下几个方面。

教师首先是人生意义的追索者和创造者。这是教师发展的根本动力，我称之为"第一动力"。人是意义的存在，而人的意义不是别人赋予的，而是自己创造的。不过，人既可以是意义的创造者，又可以是人生意义的破坏者。教师当然要做人生意义的创造者。这对于教师发展来说，似乎太远、太空，过于形而上、不接地气。我认为，教师发展固然要接"地气"，还要接"天气"。所谓"天气"，就是人生意义、理想、精神、思想，这是形而上的。只有"地气"与"天气"同时接通的时候，即形而上与形而下相结合的时候，教师的发展才从根本上、完整性上得到保证。教师发展应有较高的价值立意和价值追求，这就是教师发展的核心要义，也可视作教师发展的核心素养。

教师首先是道德教师。道德教师超越了学科，即所有学科教师首先是道德教师。道理并不难理解：教育首先是道德事业；道德是人发展进程中的光源；国无德不兴，人无德不立。道德教师的内涵是：教师有道德；教师对道德的价值有深刻的认知；以道德的方式展开教学；根据学科的特质、特点有机融入道德教育。显然，这对教师的道德修养及其水准提出了更高的要求。唯此，立德树人的根本任务的落实才有保证；也唯此，教师发展才更具道德方向感。

教师是课程领导者。领导与管理比较，领导是个复数，校长可以是课程领导者，教师也可以是课程领导者。这是理念上的一大转变：从教师是课程的忠诚执行者到课程开发者，再到课程领导者，其间都贯穿着课程研究与创造。作为课程领导者的教师，要关心自己所任教的学科，还要关心整个学校课程，不仅关心、关注，还要参与课程的决策与规划，参与课程体系的整体建构。这是其一。教师还应自己开发课程，有学校将其称为教师课程。从开发主体和课程领导者的理论来看，这一概念是成立的，其实践也是可行的。所谓教师课程，是指教师从实际需要出发，根据自己的理念和追求，开发学生个性发展的课程。这是其二。教师还应帮助、指导学生自己开发课程，让课程真正成为儿童自己的课程。这是其三。说到底，所有课程，教师都在进行创造性的整合和开发。

教师应是优秀的儿童研究者。教学离不开儿童，教学研究与儿童研究不是两张皮，"教学即儿童研究"已成为当前教学改革的一大趋势。名师、教育家成长的历程都在印证这一个信条：优秀教师应是优秀的儿童研究者，对儿童的认识有多深，对儿童的发现有多准，教学的成功就有多大。认识发现儿童是儿童研究的主线，也是教师发展的核心素养。问题的另一面，儿童对你有多爱，儿童对你所教的课程有多少惊喜感，你的成就感就会有多大。"教学即儿童研究"将教师专业发展推向深处。

好教师是反思型的实践家。不是一般的实践者，而是实践家。实践家不同于实践者在于前者有理论支撑、理性思考、研究方法等。而这些要求往往聚焦在反思上，学会反思，就是学会批判、学会改变。反思是好教师的重要特征，也是成为好教师的关键。

以上对好教师的定义，是超越学科专业的，有的也超越了课程专业。这是一种大情怀、大视野、大格局，好教师是"大教师"。

教师教育应从"被发展"走向"自主发展"

教师是教育改革与发展的关键，是学校走向成功、不断提升的核心。把教师发展当作教育发展、学校发展的制高点，并不为过。谁赢得了今天的教师，谁就赢得了明天的教育，也是一个不争的事实。因此，加强教师队伍建设，深入开展教师教育、加快名师培养，并将此作为重点工程来对待和安排，是理所当然的。

当下扫描——繁荣背后有多少"被发展"

放眼望去，各地有关教师教育的政策设计、制度安排，以及各种活动的组织所展现的生动情景，使我们深受鼓舞。教师发展的急切态势，也令我们格外欣喜。可以说，教师教育、名师培养呈现出繁荣的景象。

但是，值得注意的是，在一些繁荣景象的背后，却隐藏着令人忧虑的问题，那就是教师的"被发展"。这绝不是追求时尚的表达，恰恰是对当下教师发展真实情况及深层原因的逼真描述和揭示。

毋庸置疑，教师发展的主体是教师，发展本应是教师自己的追求和实践，具有显著的主体性，具体表现为教师发展的自觉性，呈现为一种积极主动的状态。而当下，不少教师的发展更多的却是"被"的状态："被读书""被写作""被规划""被研究""被展示""被汇报"，等等。这样的发展是被动的、应付式的，表现为教师的消极，以及发展活动的形式主义。

教师的"被发展"，淡化了教师的主体意识，消解了教师的进取心态，搁置了教师崇高价值的追求和实现。这种现象，往深处说，就是失去了教师发展的主动性，"被发展"的实质就是"不发展"，更为严重的是，它可能会阻碍教师的发展。这种状态和现象，不仅达不到预期的目标，而且会产生负面影响。令人忧虑之处还在于，这种现象和倾向并未引起重视，仍在延续和强化。它冲击着教师教育，影响着名师培养的健康发展。

对此，我们应当警觉起来，透过教师发展中表面的繁荣，看到其中存在的问题，在剖析的基础上，对现有的政策、度作适当调整，在方向和重点上作些校正，促使教师从"被发展"真正走向自主发展。

追根究底——校正教师培养方向与重点

追究教师"被发展"的原因，既有主观的也有客观的。比如，教师的工作量大，事琐，还有不少额外的"作业"和负担。来自不同机构、组织、报刊带有自己利益、名目繁多的赛课、论文评比、沙龙，以及各种汇报性、展示性、表演性活动，牵扯了教师的精力，分散了教师的兴奋点。教师忙于应付，急于出"成果"，不仅质量不能保证，而且悄悄地滋长浮躁、功利的心态，改变着教师健康的工作、学习乃至生活方式。

可见，责任不全在教师身上，还在于领导、管理的理念和方式上。为了加强教师队伍建设，政府及有关部门和学校提出了一些具有召唤力、冲击力的口号，"打造教师队伍""打造名师"就是其中流行的口号。

的确，教师队伍、名师需要打造。"打造"，表达了行政部门、领导部门的信念、决心和一种急切的期待，更多地体现为政策的设计、规划的制订、环境的营造、平台的搭建、条件的提供等。无疑，这都十分重要。尤其在我们国家，教师队伍建设是百年大计之根本，政府及各有关行政部门的重视和领导，对教师的专业发展、名师的培养起着关键作用。

此外，人总是有惰性的，而且传统习惯所形成的"势力"也会裹挟教师，甚至"粘住"教师。人的惰性的克服，传统习惯的打破，固然需要教师自身的努力挣脱，但也需要外力的帮助与支持。所以，教师队伍需要"打造"。与此同时，有关部门和众多教师要珍惜机遇、抓住机遇。因为很多骨干教师、优秀教师、特级教师等名师，正是在"打造"中迅速成长起来的。

不过，必须清醒地认识到，"打造"只是一种外力，是教师发展的外部因素。事实一次又一次地证明，只有外部力量，而无内部动力，抑或说只是内部动力的弱化，都不能使人真正成功，也不能使教师真正发展。著名特级教师李吉林、于漪，还有顾泠沅、李希贵等专家们，哪个是完全依赖"打造"的呢？从某种角度说，教师的"被发展"与过度的"打造"、一味的"打造"是分不开的。

所以，科学的、合理的"打造"，或曰有效的"打造"，应当是在教师发展的方向和关键方面起作用，其中一个重要的方面应当是激发教师发展的内驱力，开发他们的潜能。用席勒在《审美教育书简》里的重要概念来说，就是让他们"冲动"起来。当教师处于激情燃烧的状态中，他们一定会不放弃、不抛弃地去追求自己发展的目标和价值。只有外部动力与内部动力形成合力，才会形成教师发展最大的动力，教师才能从"被发展"走向自主发展。

优先策略——激发教师于建构中成就自己

根据经验观察与分析，教师在发展过程中存在几个关键时期。

从年龄分布来看，专科毕业的教师一般15年左右就能获取中学高级教师职称，大学本科毕业的教师一般在12年左右。因此38岁左右的年龄，往往成为教师专业发展的瓶颈年段，如能在这一年龄阶段有所突破，就有可能形成新的发展与提升。

从女教师专业发展情况来看，结婚生子，往往成了女教师专业发展的一道坎，若能跨过，则会获得新的进展和进步，否则可能就此消沉下去。

从教师的经济状况来看，在经济发达地区，家庭经济富裕的教师，有可能把兴奋点转移到金钱、财富上去，对教书育人、专业发展则会淡漠，工作热情渐退。

从教师的职业特点来看，教师的教学具有很强的重复性。重复，让教师熟能生巧、熟而生智，但熟也能生懒、生笨。对于因重复性而形成的经验，既要珍惜，又要保持一份警惕——警惕因满足经验"原地旋转"而不能向前，警惕因职业倦怠而轻慢自己的追求。

面对以上种种情况，教师教育和名师培养应该把工作的重点放到激发教师的内在需求和发展动力上去，促使教师分析现状，在发展坐标上找到自己现有的位置以及发展的方向，进而自我突破、自我超越，真正成为自己，造就自我。

教师专业发展和名师成长的过程，其实质就是文化意义建构的过程，是自我价值认同和追求的过程。因此，教师的自我突破和超越，首先是意义、价值认识与追求方面的突破和超越。价值是理想中的事实。价值建构离不开事实，离不开具体的行为，离不开扎扎实实的实践。但是这些事实、行为、实践应在理想的关照下，在认同与追求的过程中，建构起积极的意义。严格说来，教师专业发展和名师培养不应完全是"形而下"的，更不完全是技术性的，决不能让教师工具化，更应该有"形而上"的"道"，有更高的根本性的"专业"，那就是建构起教学生活中积极的意义。

教师发展中的意义建构，首先要关注对人的意义、理想的意义和幸福的意义的建构。人应当有崇高感，对人的意义的建构应当认识到，伟大的人物有伟大的心魄，犹如高山峻岭，尽管不是每个普通人都有伟大的心魄，但每个人每年至少要有一次登上高山峻岭的体验，只有这样，再次回到大地上，才会更有力量，会迫近永恒。对理想意义的建构，则要求教师要瞭望远处的地平线。地平线似乎虚无，却很真实；似乎模糊，却很清晰。地平线似乎永远够不着，似乎永远到达不了，但有追求的人，永远向着地平线逼近。因为他们知道，地平线存在的价值就是让人不断向前，应把这条地平线看作是教育的理想和理想的教育。对幸福意义的建构，是要教师认识到，幸福是一种有德行的实现活动。所以，对教育道德价值的认同，会让教师增强责任感，更富有使命感，在创造活动中体验到幸福的意义，由此而去发展自己、超越自己。

教师发展中的意义建构，还有很多，比如关于课程的、教学的，关于审美的、学生的，等等。只有在一系列的意义建构中，教师才会真正成为自己，成就自我，走向优秀，走向卓越，走向名师。

离开队伍领跑：名师成长的行为特征与方式

我常常思考名师成长问题：究竟什么是名师成长的核心因素？

我把思考的结果聚焦在名师"行走"的方式与速度上。于是，脑海里冒出黎巴嫩著名诗人纪伯伦的：人是一支队伍。

是的，人是一支队伍，人总是在整个队伍里行走，队伍会给你向前奔赴的勇气和力量，会让你获得集体行走的节律感，还会让你感受到磅礴的气势。名师，正是队伍中的一员。他会在这队伍潮流中磨砺自己的意志，调整自己的步伐。当然，名师的脚步声在队伍行走的节律中更加铿锵。

不过，一直在队伍里行走，不一定就是最优秀者，因为人总是要离开队伍的。有的人因为队伍走得过快，脚步跟不上，离开了队伍；有的人则因为队伍走得慢，要超越，也离开了队伍。显然，离开队伍的原因不同，其身份也就不同，比如，前者是落伍者，而后者则是领跑者。

名师当然应当是领跑者——因为队伍走得慢而离开。其实，离开队伍，为的是自己走得快些，这不仅是名师的行为特征和行为方式，也是名师之所以为名师的行为动因与动力。其一，你首先要有感觉，要作出准确判断，而不是对队伍现状浑浑噩噩，茫然、木然以至木讷。名师应当敏感、敏锐。其二，你应当对这种慢的现状不满足，不安分。应像吴冠中一样，"我的血液里有颗'不安宁'的种子，像含羞草，一碰就哆嗦"。还应像英国哲学家所言："不满足的苏格拉底比满足的傻瓜快乐"。其三，你应当有被追逐的感觉。有了这种感觉，你才会走得更快。是谁在追逐你呢？也许是别人，但说到底应当是自己，只有自己才能超越自己。其四，你应当有领跑的能力和方式。离开队伍，不是一个孤独者的独行，离开队伍不应是你的目的，领跑才是你的境界。这种领跑的能力与方式，实质上是你人格魅力的体现，是你的智慧，是你所积蓄的能量。

当下的教育改革需要领跑者，也能诞生领跑者。在行进的队伍里，我们曾经看到李吉林、李庾南、邱学华、于永正……；如今，我们看到了孙双金、薛法根、周益民、徐斌……；今后，我们还会看到更多更年轻更优秀的领跑者。

人是一支队伍，名师是领跑者。这正是我所要寻找的名师成长的核心因素。

对名师、教育家培养的质疑

有三个概念总在头脑里盘旋：好教师、名师、教育家。不言而喻，三个概念的层级性是分明的，找到了三个概念在教师发展坐标体系中应有的位置也不难。我知道这三个概念其实是在教师面前竖起了标杆，鼓励教师有更高的目标，引导教师不断追求、不断进步。对此，我不但不纠结，反而十分赞同。我脑海里盘旋的不是这些，而是这三个概念在当下的实际位置和状态。

事实越来越清楚地告诉我们，目前这三者的关系并没有被真正搞清楚，位置也不准确，因此，发展的战略重心与策略是有失偏颇的，一个科学的合理的教师发展格局至今并未真正形成。一个必须承认的事实是，我们恰恰对这些现象的关注、重视很不够，如不加以调整，这些现象很有可能演变为不良倾向，将会严重影响教师发展，影响教师队伍建设。这绝不是言过其实，更非危言耸听。我对这些现象作了一个初步概括。

其一，过热。所谓过热，是指名师成长、教育家培养过热。我们当然需要名师，需要教育家。习近平总书记说得非常明确，"一个有希望的民族不能没有英雄，一个有前途的国家不能没有先锋"，唯此，才能形成"天地英雄气，千秋尚凛然"的壮丽气象。当今，名师不是多了，而是远远不够；教育家不是多了，而是太少了，加大名师、教育家培养的力度理所当然，无可非议。但是，我们常常缺少一种"复杂性思维范式"的思考：名师、教育家是从哪里成长起来的？答案毋庸置疑：没有一大批好教师，名师、教育家的培养必定是无源之水、无本之木，成为空中楼阁。可惜这一基本问题被我们忽略了，甚至被误解了，我们把关系搞颠倒了，总想以名师、教育家来引领、带动教师发展，而有意或无意把对好教师的培养搁置了。如今名师、教育家成了炙手可热的词。过热的另一端肯定是热度不足，亦可能过冷。一些名师工作室、教育家培养工程风生水起，冠之以名师、教育家名义的展示会、研讨会、高峰论坛处处可见，而相比之下，好教师的培养从区域层面来看，声息很小、很弱，大都还止于规划，"躺"在文本中，这种过热、过冷的现象必须警惕。

2014年教师节习近平总书记的讲话值得我们关注。他对教师的希望用四句话来表述，每一句的开头都是"做好教师"：做好教师，要有理想信念；做好教师，要有道德情操；做好教师，要有扎实学识；做好教师，要有仁爱之心。2015年教师节习近平总书记给"国培计划"（2014）北京师范大学贵州研修班参训教师的回信中，勉励教师"努力做教育改革的奋进者、教育扶贫的先行者、学生成长的引导者"。中央总是把目光紧紧地投向"大教师"，聚焦在做"好教师"上。这绝不是对名师成长、教育家培养的否定，而是引导我们要更关注和深入思考另外一个问题：做好教师更重要，名师、教育家还是要从做个好教师开始。试想：当所有教师都成了好教师时，还怕没有名师的成长，没有教育家的诞生？相反，当大家把兴奋点都置于名师、教育家时，广大教师很有可能处在边缘地带，此时，还有什么名师、教育家可言？两种价值取向都是正确的，但战略重点不同。当前教师队伍建设的重点是否应当调适呢？是否应把兴奋点转移到"做个好教师"上呢？是否应让"做个好教师"热起来呢？我们深以为，这是完全应该的，而且事不宜迟。

其二，过急。所谓过急，是指对名师、教育家成长要求过急，而名师、教育家的培养对象本身也显得过急。以下的话语我们并不少见：一年入轨、三年合格、五年成骨干；三年或五年要有自己的教学主张，形成教学风格，要出属于自己的专著，而且形成自己的操作体系。这样的要求往往有"协议"之类的承诺，给培养对象的压力可想而知。因此，不少培养对象慢慢形成一种意识：快快成长，快快出成果，快快成名成家。在这种要求和意识的背后是"一举成名"的念头与心态。其实，这是违背教师发展规律的，往往表现为一种功利化、浮躁化、世俗化的色彩。从心理学的角度看，这是一种"目的颤抖"——目的性过强，反而导致害怕乃至失败；而且，这种念头和心态很有可能造成培养教师的自恋——不认识自己，迷失自我，丢失自我。"过急"问题不防止、不解决，其结果可能适得其反。

让名师、教育家尽快回到发展的规律上来，让成长、发展有节奏感，体现慢效性，作好长期努力的准备，警惕名师成长、教育家培养中的"暴富"。首先，我们应当让名师成长、教育家培养具有中华美学精神。中华美学精神中十分可贵的元素是虚静和坐忘。虚静是一种心境的自由，是一种品格，是一种创作的态度和生活的态度；坐忘是一种精神，也是一种境界和心态，精心、投入、忘我。虚静与坐忘结合在一起，才能进入真正的创作境界，进入创造、创新的状态。虚静与坐忘的实质是克服、抛却追求名利的私念，超越物欲与现实。这是名师、教育家必备的品格和追求的心境。其次，中华美学精神要求避免并克服"轻心"与"贱心"，要有一种"追体验"的功夫，开发想象，放弃成心；要避免"贱心"，这是一种激发和唤起生命的自主性，追求崇高，提升品位。阅读如此，教师发展亦应如此。止于效率和表面，追求所谓的成果和目的，以为可以走捷径，那是"轻心"；放弃自我，追逐物欲，放弃崇高感，被利益绑架，那是"贱心"。"独上高楼，望尽天涯路""衣带渐宽终不悔""众里寻他千百度"才是成功的密码和境界。再次，中华美学精神倡导文化积淀，在丰厚的文化土壤里自然生成，追求的不是快速，而是慢速，甚至是"龟速"。慢，才会严谨，才会小心，才会潜心探究、深度体验；慢，恰恰是成长的节律，大概朱光潜的"慢慢走，欣赏啊"，正是一种自然生长状态的描述；也许昆曲《班昭》里的唱词"最难耐的是寂寞，最难抛的是荣华。从来学问欺富贵，真文章在孤灯下"，正是对快速生长的反映。如果用《大学》中的话来质疑引领名师、教育家成长，可能是直抵问题核心的："知止而后有定，定而后能静，静而后能安，安而后能虑，虑而后能得。"

其三，过于"工程化"。过于"工程化"，是指把培养的期待过多地系在"工程"上，以至依赖"工程"。当下名师、教育家工程相当流行，这里寄托着行政部门、教科研部门的急切期盼，企图通过工程让名师、教育家培养能落地，能真正落实。这也反映了中国特色的培养理念——打造。我以为，对工程打造不能过于批评，更不能否定，因为工程打造更多的是一种制度安排、条件提供、平台搭建、任务驱动等，以有目的有计划地推动名师、教育家成长，这是需要的。对行政部门和教科研部门的这一举措我们应该理解，应该感谢。但现在的问题是，工程、打造只是一种外部动力，非内部动力，而内部动力才是发展的根本动力；同时，工程、打造只是一种载体和方式，还应寻找、创造其他的途径，搭建新的平台。由于这些问题还没有真正解决，"工程"很可能演变为"工程化"，而"工程化"很有可能演化为工具化，工业制造化。若此，极有可能淡化了价值理性，强化了工具理性；淡化了文化底蕴，强化了操作手段；淡化了自由境界，强化了刻意、功利色彩，其结果目标非但不能真正达成，还违背了人才成长规律。

纵览历史，放眼世界，好像还未发现有此类的培养工程，但名师、大师、教育家仍不断涌现。究其原因，我们仍是固守着工业时代的思维。对此，我们暂且不再讨论，需要讨论的是，如何让培养对象既在工程内，又在工程外。所谓在工程内，就是让他们借助工程这一平台，促使自己有更丰厚的文化修养、高尚的审美意趣以及自由创造的心灵，转变在工程里的角色定位，从受训者到创造者，从燃烧物而成为点燃者，让自己心底里燃起梦想之光，而不要过多地受培养目标、要求以及发展途径的限制，采取自己喜欢、适合的方式，自然、自由地成长。

其中还有一个亟待注意的问题是，让培养对象不要离开学校，尤其不能离开课堂，永远在教育现场。我不禁想起北师大的童庆炳教授。童先生是我国著名的文艺理论家，莫言等著名作家曾是他的学生。他说："我在40年的教学生涯中，始而怕上课，继而喜上课，终而觉得上课是人生的节目，天天上课，天天过节，哪里还有一种职业比这更幸福的呢？我一直有个愿望，我不是死在病榻上，而是有一天我讲着课，正谈笑风生，就在这时我倒在讲台旁，或学生的怀抱里。我不知道自己有没有这个福分。"这位全国名师，受到大家衷心的敬仰、爱戴，他不是诞生在工程里，而是诞生在具有节日仪式感的课堂里，发展在文化的认知、体验、创造之中。培养名师、教育家的，也许不是一种工程，而是一个巨大的空间、一种浓郁的文化氛围、一种宽松自由的体制机制，让他们自己点燃自己。而课堂、教学实践、教学现场永远是可以点燃希望的田野。事实证明，对教师而言，离开课堂还有什么名师、教育家可言呢？

别林斯基曾说："儿童文学作家应当是生就的，而不是造就的。"生就，自然生长、生成也；造就，则是刻意打造也。名师、教育家该当"生就"吧！

知识分子不能"弱智化"

衡水中学是一所颇有影响的学校，以升学率高享誉全国。但是，中央电视台却如实报道了该校 393 班学生的一天，把"'集中营'的准状态"展现在大家面前。对此《基础教育课程》作出了积极的正面回应，展开了较为深入的讨论，作了后续报道。我们清楚地记得，有多少媒体曾对衡水中学的教学质量和办学业绩给予高度肯定、夸赞，并予以大力宣传，而央视和不少报刊却发出了不同的声音，这说明什么？我们坚定地认为，这是一种勇气。勇气来自内心，在勇气的深处是一种社会良知，这是知识分子最为宝贵的良知。正是这种良知，构筑了我们的鲜明态度和坚定立场。

我们应当是知识分子。说起知识分子，自然想起了季羡林。2006 年，季羡林被评为"感动中国"人物之一，组委会给他的颁奖词是：心有良知璞玉，笔下道德文章。一介布衣，言有物，行有格，贫贱不移，宠辱不惊。学问铸成大地的风景，他把心汇入传统，把心留在东方。可见，知识分子固然和知识有关，但衡量知识分子最重要的标准不是知识，而是心中如璞玉的那个良知，是道德和文章。用英国学者费兰克·富里迪的话来说，"定义知识分子的，不是他们做什么工作，而是他们的行为方式、他们看待自己的方式以及他们所维护的价值"。所谓方式和价值，就是要关注真理、正义和"时代趣味"，追求独立的和自由的生活，就是学者们所说的"意志自由"。这恰恰是知识分子的美德和最深层次的支柱，否则知识分子就会"弱智化"。

值得注意的是，当下一些知识分子的社会良知正在淡化，甚至极有可能淡出，所以，弗兰克·富里迪才发出这样的质问："知识分子都到哪里去了？"让知识分子回来，最为重要的是让社会良知回来。让社会良知回来，就是要"保持批评的能力，与日常工作保持一定的距离，并培养起对终极价值的兴趣，而不是关心切近的价值时，他们才能更好地服务于社会"。

正是怀着对终极价值的关怀，怀揣着追求真理和正义的良知，面对一些被表面遮蔽的教育现象，面对一些被利益绑架的教育评价，我们发出了质疑，甚至批评的声音。这些声音归结起来就是：究竟什么是真正的教育？究竟什么是真正的素质教育？究竟什么是我们伟大的使命？

讨论这些话题，一个绕不开的问题是分数和升学率。我们当然不回避升学率。这里有一些界限、关系必须严肃地廓清，含糊不得：一是普通高中究竟为什么而办。华东师范大学陈玉琨教授有句话：不提高升学率学校会被边缘化，只谈升学率学校就会庸俗化。当下的问题正是"只谈升学率"，升学率成了一些普通高中的唯一，这行吗？"一切为了学生发展，为中华民族复兴奠基"，这一课改的核心理念和使命到哪里去了？二是以什么方式获取分数和升学率。学生说，每天老师拿着成绩单画人名，每周周测总成绩排名，单科成绩排名，进步退步幅度排名……"学校是用来怀念的，绝对不是用来生活的。那生活……痛苦啊！！！"这样的方式是科学的？是适合的？三是我们需要的是什么质量。我们需要全面素质提高的质量，需要个性发展、需要实践能力和创新精神得到培养的质量，需要可持续发展的质量。只考虑分数、升学率，那只是"切近的价值"，并未与日常世俗保持距离。

说到这儿，我们必须十分郑重地再次宣告：应试教育是让学生当下痛苦的教育，是专制的教育，是最不道德的教育。而素质教育的核心命义是，让学生获得解放，积极主动地学习，有愉快的体验，有幸福的感受。这样才叫作享受教育，这才是我们伟大的使命。带着满身的疲惫、满心的痛苦，去"称霸一方"，怎么可能走向卓越，成为卓越的人才呢！

校长、教师应当是怀有强烈社会责任感的知识分子，而不是"弱智化"的知识分子，因此，首先是"道德校长""道德教师"，真正有道德践行。不过非常高兴的是不少人都说，衡水中学今天已经比它的昨天好。我们坚信，衡水中学只要坚持素质教育方向，一定能成为一所好的学校。其他所有的学校都应秉持这样的信念：今天比昨天好，明天比今天好，一天比一天好。因为我们是有社会良知的知识分子。

教师课程：名师成长的高平台、高境界

　　教师专业发展，尤其是名师成长，我们已经积累了不少经验，也取得了十分可喜的进展，但静下心来回顾，不难发现，教师专业发展还未有新的突破，名师成长的难题也并未得到根本性的解答。我们需要进一步研究，寻找新路径、新举措。这样的寻找，其实是一种创造。

　　南京市北京东路小学一直在反思中寻找，在探索中创造。他们提出了一个重要的概念：教师课程。这一概念的形成，是基于对教师成长第三条路径的深入思考。孙双金校长认为"在上课中成长""在写作中成长"是教师成长的两条切实、有效的路径，但还不够。他认为还应有第三条路："在课程中成长"。当然，这样的划分还可以再推敲，因为课堂教学是在课程范畴之内的。不过，"在课程中成长"凸显了课程意识与视野，把名师成长聚焦在课程上，倒可能是一种新的思路，具有一定的突破性。正是基于"在课程中成长"，"教师课程"应运而生。如果说，北京东路小学教师发展有什么新意，有什么突破的话，就在于"教师课程"。

　　研究需要概念。概念的提出，意味着从实践走向了理论，意味着经验的概括与提炼。概念是人创造的，因此，概念的诞生，也意味着人的创造能力得到了开发与提升。尽管如此，提出一个概念，需要谨慎，要经得起质疑。"教师课程"正是这样的概念。比如，我们一定会质疑：有了国家课程、地方课程、校本课程，怎么又有教师课程？何为教师课程？教师课程与国家课程、地方课程、校本课程究竟是什么关系？教师课程与教师是什么关系？教师课程有什么独特的价值？如此等等。质疑不是坏事，相反，可以促使我们更深入地思考，让思维更缜密，让概念更成熟。我认为，教师课程这一概念尽管还需要完善，却是成立的，而且是经得起推敲的，在教师专业发展中起着重要的作用，是名师成长的高平台、高境界。

一、教师课程的合理性与必然性

课程划分有不同的维度和方式。一般从课程开发的主体来划分，显然，国家课程是由国家组织开发的，体现了国家意志，规定了国家对课程质量和水平的要求；地方课程是由地方，尤其是由省级教育行政部门组织开发的，以满足地方对课程的需求，体现了课程的本土特色，增强课程的适应性；校本课程由学校组织开发，为了学校、基于学校、在学校中，成了校本课程的基本理念和开发方式。三类课程组成了国家课程框架，建构了一个完整、合理的课程体系。如果我们进一步思考，会有两个问题需要明晰。一是所有课程到了学校，便获得了另一个课程概念：学校课程。学校课程由谁来实施？不言而喻，由教师为主实施。这一课程实施过程是深度开发的过程，是个性化的、创造性的过程。在很大程度上，学校课程实为教师实施的课程，那么，我们将其称为"教师课程"是合适的。教师课程，揭示了教师在学校课程建设中的重要地位和作用，突出了教师的创造价值。二是国家、地方、学校是开发的主体，在国家、地方、学校的背后或深处是人，国家课程、地方课程、校本课程分别是由国家、地方、学校组织"人"来开发的，教师作为"人"，理所当然地成为开发的主体。不过，尽管如此，我们不禁要追问：既如此，为什么不在三类课程后面加上教师课程呢？我认为，国家、地方、学校更多的是以组织机构的名义出现的，与教师开发，还是有一定的差异的。因此，教师课程更多的是从课程整合角度来界定的，它对国家课程、地方课程、校本课程起了整合作用。综上所述，教师课程这一概念是成立的，具有它的合理性。

教师课程的提出不只具有合理性，还具有必然性。改革总会有路线的确定与发展，随着改革的深入，路线也会发生一些变化，作出一定的调整。课程改革同样如此。课改既有自上而下的路线，又有自下而上的路线。自上而下的路线表现为顶层设计后的基层执行；自下而上的路线则侧重在基层探索后的影响上层的决策。二者都有推动的作用，但作用力的方向是相反的。不难看出，自下而上的路线，更关注基层，更重视草根的力量。两种路线的结合才会真正推动改革的全面深入。值得注意的是，课程改革深化阶段，尤为重视自下而上的推动，即在顶层设计后，更鼓励基层创造性地、生动活泼地探索。教师课程正是在这样的背景下诞生的，完全可以认为，教师课程闪烁着改革的光芒，让教师永远在田野里，焕发出草根无比强大的力量，成为课程研究者、创造者。这是必然的。

历史上是有教训的。美国在上个世纪开展的课程改革，投入很多，时间很长，但最终失败了。其中一个重要原因，是改革开始就提出一个策略：防教师。防教师，就是不尊重教师，不信任教师，把教师"防"在课改之外；防教师，实质上是把教师的参与、创造与课程改革隔离开来、割裂开来，形成对立的状态。这样的改革当然会失败。"复兴始于教师"。这是联合国几个组织都这么确认的。我们不仅不应防教师，而且要让教师站到课改的中央来。教育复兴，自教师始；课改复兴，自教师始。唯此，民族才会复兴。因此，民族复兴，亦应自教师始。教师课程的诞生，既是改革路线调整的必然，是课改内涵的必在，也是课改成功的必由之路。

南京市北京东路小学的课改智慧又一次闪现在教师课程中。

二、教师课程的基本规范性和基本形态

教师课程，首先是课程。课程，自有基本的规定性。比如，教师课程的核心理念、课程目标、课程形态，等等。不具备课程规定性的，不能称其为课程，即使在使用中，也不会持久，不会收到预期的效果。北京东路小学已有了这方面的意识和行动，但只是初步，需要进一步努力去探索和建构。

（一）教师课程的核心理念

和所有课程一样，教师课程应当坚守一些核心理念。其一，课程是教师赠送给孩子的一份幸福的礼物。课程有课业的目标、要求，有规定的必要的负担，但是，它不能只是一种课业负担，更重要的是应引导学生以愉快的心情学习。礼物，幸福的礼物，让孩子爱上课程，爱上学习。孙双金的"12岁以前的语文"，是教师课程的典范，它之所以受欢迎，正是因为在孩子们的心目中，它是幸福的礼物。其二，课程是学生随时准备弹离的一块跳板。

苏霍姆林斯基曾引用列宁父亲的话来说明这一重要理念：当你看到教师捧着一本书在教室里认真教的时候，可以肯定他不一定是个好教师，因为他并不知道，教科书只不过是随时准备让学生弹离的一块跳板而已。教科书如此，课程当然也是如此。丰富多彩的教师课程，更贴近学生，更贴近生活，更有魅力。但它们不是目的，只是工具，其宗旨是让学生凭依这块跳板起跳，跳得更高更远。其三，课程是学生发展的机会。开发一门课程，便在学生面前新打开一扇窗户，开辟一条通向生活、通向世界的道路，一门门课程就是一个个发展的好机会。教师课程与孩子的心灵紧紧相连，想孩子所想，爱孩子所爱，急孩子所需，走进孩子的心灵，在他们面前铺展让可能性得以实现的机会之桥。

不仅如此，教师课程还应有自己独特的理念，那就是学生是教师课程的直接参与者，用学术些的话来说，学生会被自然地"卷入"到课程中来，参与规划、参与设计、参与实施、参与评价。这样，教师课程不只是一般意义上的为学生设计，而是让学生参与设计，学生亦应是课程的创造者。可以说，教师课程离学生最近，离学生需要最近，离学生心灵最近；学生喜欢参与到教师课程中去，也最有可能参与课程的研发与实施，在参与中又提升了能力。

（二）教师课程的基本形态

教师课程是一种课程形态，是课程体系中不可或缺的组成部分，同时，教师课程本身也有一些基本形态。课程形态是课程的基本规定性之一，厘清基本形态，才能形成合理的课程结构，也才能让教师们有序有效地操作。

依我看，教师课程具备三种形态。一是基本形态，即基于国家课程、地方课程、校本课程创造性实施的形态。之所以称为基本形态，是因为所有教师在实际教学中，都有自己的视角，都会从实际出发，也都会从自己的个性出发，对课程进行二次开发，进行创造性教学。而且，这种基本形态的教师课程，具有普遍性、可操作性。二是优化形态，即对国家课程、地方课程、校本课程，尤其是对国家课程，加以适当改造，或是适当增删，或是适当扩展，或是适当调整这一过程，实质上课程已被教师改造、优化，真正为教师所用。国家课程是国家对课程标准的基本规定，是学生拓展的基本保证，也是考试评价的基本依据，但绝不意味着不可以适当改造。三是独立形态，即教师是根据需要独立开发的，有专属的课程名称、课程目标、课程内容和结构等。当然，这类形态的课程可以是国家课程的拓展，也可以与国家课程没有什么直接关系。其实，三类课程没有非常明确的边界，常常是相互融合在一起。三种形态，没有高下之分，也没有主次之别，各有各的功能定位，它们联合起来，共同为提高学生的核心素养服务。不过，当下的状态是，大家把重点放在独立开发的教师课程上，这有一定的道理，因为长期以来，这类课程几乎是空白；同时，这类课程最能彰显教师个性和课程特色。但是，基本形态和优化形态的教师课程，其空间也很大，我们的开发还未到位，我们不应忽略，不应把兴奋点放到独立开发的课程上去，形成新的"追风潮"。

（三）教师课程的规范性

课程本义是跑道。道也，规定也，有目标，有边界，有计划；跑也，经历也，过程也，有探索，有体验。跑道，课程之规范也。如今，课程有各种定义，但我坚定地认为，"跑道"是课程的基本定义，不可忘却。为此，不管哪种形态的教师课程，要坚守跑道的基本理念，追求规范性，在开发前，要认真研制课程纲要或方案，对课程名称、课程目标、课程内容、课程结构、课程实施、课程资源、课程评价、课时安排等作出明确规定，防止随意性、盲目性。假若实施前还未具备条件研制纲要或方案，那么在实施一段时间后，应回过头来，在实践的基础上，研制纲要或方案。北京东路小学所介绍的教师课程，基本上达到了这些要求，不过，还略显简单，应逐步完善起来。

三、教师课程帮助教师走上了发展的高平台

先让我们对北京东路小学几位教师所开发的教师课程，作一个简单的描述。（1）彭老师的童谣课程。童谣已在国家的语文课程中，但彭老师不满足，孩子们也不满足。他认为，童谣，是中华优秀传统文化的一种形式。童谣课程的开发来自对传统文化弘扬的一种责任，来自他和孩子共同生活中对童谣的喜爱；童谣课程，让孩子，也让教师回到童年时代。（2）王老师的水

墨课程。同样，水墨，中华文化的表达方式，其间有多少家国情怀，有多少高尚情操，有多少世间感悟啊。王老师说，水墨课程让民族文化血脉在孩子的脉管里流淌。其实，水墨课程教孩子用自己的方式向世界讲述中国故事。（3）吴老师的数学绘本课程。吴老师竟然从绘本中发现了数学，绘本成了数学的载体和资源。她告诉孩子，数学就在生活中，它扬着笑脸，在生活中，在绘本里等着我们。数学变得那么亲和，那么温暖。数学绘本巧妙地把数学与绘本联结起来，让数学换了一张面孔，有了可爱的表情，其实，改变的是他们的思维方式和学习方式。（4）唐老师的牙刷课程。它不只是科学课程、生活课程，而且是设计课程。设计，关乎人们的生活，关乎人类的创新，充溢着深深的情感和无限的想象。（5）支老师的蒙学课程。蒙学课程让大家有震撼感。启蒙，蒙学的启蒙，文化的启蒙，思想的启蒙。

鲜活的事例告诉我们，教师课程就这么现实地、实实在在地、生动活泼地存活在我们的教室里、校园里，教师课程就在教师的手上，就在教师的创造中，不必怀疑。我们应当坚信教师们的创造力。

上面提到的五位老师在北京东路小学都是普通教师，有的还很年轻，但是，他们走上了公开课的大教室，展示自己的实践，展示自己的实力，展示自己的见解，他们在成长，在课程中成长。我们不能不相信，教师课程为教师专业成长搭建了一个很高的平台，为名师成长提供了一个极好的机会，让教师去追寻自己的教育理想。这就是生长，就是发展。北京东路小学找寻到了"第三条路径"——教师创造课程的机会与自主发展的突破性。

教师课程研究还只是起步，尚在试验、探索阶段。初步的实践启发我们：教师课程的诞生与发展，关键是领导赋权，即根据课程改革纲要，把必要的权限赋予教师，其中最为重要的是调整权和开发权。赋权，不只是课程改革政策规定的，更重要的是教育民主、以师为本的现代教育理念要求的。赋权，也意味着给教师足够的空间，提供必要的条件和支撑；在给教师鼓励的同时，要给予充分的专业指导和支持进行深度研究和实验。教师课程让教师在专业化的过程中得以发展，名师获得成长的机会、平台，走向高境界。

名师成长之路
——季羡林与王国维的一次对话

教师是学校发展的制高点，谁拥有优秀的教师，谁就会站到较高的平台上，就会赢得更好的明天。因此，教师队伍建设，尤其是名师成长，也就必然成为教育改革和发展关注的重点。

但是，名师究竟是怎样培养、怎样成长起来的，我们的认识还不清晰。不过，季羡林先生对王国维先生"三重境界说"的阐释，为我们揭示了名师成长的链带。季羡林认为："昨日西风凋碧树，独上高楼，望尽天涯路"，这是说，人的发展，人走向成功，必须站得高，必须望得远。向天涯之路的深处瞭望，让人视野开阔，胸中充满憧憬，燃起理想的火焰。"衣带渐宽终不悔，为伊消得人憔悴"，这是说，要成功必须付出，没有"衣带渐宽"而"憔悴"的刻苦与勤奋，怎可能与名师牵手？这种"终不悔"的精神与情怀，让人永远保持前行的姿态。"众里寻他千百度，蓦然回首，那人却在灯火阑珊处"，这是说，在经历千辛万苦之后，人突然有了新的发现，有了新的抵达。成功，往往是一种新的发现、新的抵达，而新的抵达往往又意味着新的出发。

瞭望—付出—发现，这是名师的成长之链。在阐释了王国维先生的"三重境界说"后，季羡林先生又说，王国维讲的自有他的道理，但又不完整。他认为至少有两个因素需要补充：一是人的禀赋。禀赋是人发展的重要基础，重视禀赋，就是从人的基础和特点出发；而人的先天禀赋各异，各有各的智能优势或强项，因而不同的人有不同的发展方向。重视禀赋，就是要寻找和发现自己发展的最大、最好的可能。二是机遇。人生中有多种机遇，把握住机遇就会站到一个新的平台上。但是，面对机遇，不同的人有不同的态度和处理方法，用不同的态度和处理方法就会有不同的结果。居里夫人说得好：成功者总是找办法，失败者总是找借口。因此，对于各种"打造"的组织行为，我们应该视作一次机遇，还应该学会说"感谢"。

季羡林其实是与王国维作了一次对话。在名师成长的链带上，季羡林增加了两个重要的因素和环节。如果细致地作一些划分，机遇更多的是外部条件和客观因素，其余则更多的是内部条件和主观因素。内部条件和外部条件的统一，主观因素与客观因素的结合，尤其是发挥内因的"根据"（毛泽东说，外因是变化的条件，内因是变化的根据）作用，教师才会健康地、持续地发展，才会成长为名师。

课程改革好比是一条新的起跑线，沿途是一个个驿站。课改以来，教师们站到了起跑线上，开始了新的出发，经过一个个驿站，在实践中反思，在反思中调整，在调整中继续向前。我们欣喜地看到，一大批年轻的教师激情澎湃地投入到课程改革之中。他们站在高处，瞭望远方，瞭望教育的理想，认识和梳理自己，潜心研究，刻苦努力，抓住机遇，开发资源，成长为优秀的教师，在名师之路上快速前行。那种"众里寻他千百度，蓦然回首，那人却在灯火阑珊处"的惊喜，让我们分享了课改的成功，领悟了名师成长的规律。让我们也和王国维、季羡林来一次关于名师成长的"对话"吧。

让教育在爱中行走

爱与教育是一个神圣的话题。说起爱，我们自然想起斯霞老师，是斯霞在儿童教育的大旗上写下了"童心母爱"。这是斯霞教育最珍贵的文化遗产和精神财富，也是她留给我们继续探索的永恒话题。

爱是人类存在的理由，爱让人类、让人生充满温暖、充满幸福。教育更需要爱。夏丏尊有一句名言："教育之没有情感，没有爱，如同池塘没有水一样，没有水就不能称其为池塘，没有爱就没有教育。"其实，爱的教育首先是情感的教育，有爱一定要有情。但是，当下的应试教育把爱给排除出去了，"教育被压在沉重的功利下面，不免有了偏枯的颜色……太重视学业这一面了……于是便成了跛的教育了"。朱自清尖锐地指出教育的偏枯，至今都有现实意义。跛的教育实际上是无用的教育，这种教育"用像给他们的孩子穿衣服的方式来给他们的思想也穿上外衣"。我们必须大声疾呼：实施爱的教育必须实施素质教育，应试教育是无用的教育，是有害的教育。学校应是爱的源泉，爱是教育的核心。

教育的爱主要通过教师去实施，爱学生是教师最神圣的品质，是教师专业发展的核心。托尔斯泰早就告诉我们："教师只要对工作付出爱，他就可能成为好教师。教师只要对学生付出父母一样的爱，比那些教完所有的书本，却不对他的工作和学生付出爱的教师，更有可能成为出色的教师……能将对工作的爱与对学生的爱合并在一起的教师，是一个完美的教师。"因此，爱学生、爱工作是教师最鲜明的标志。教师的专业发展不只是一个业务、知识和能力问题，离开了学生，专业发展就偏离了方向，偏离了道德，失去了存在的价值。斯霞老师的一生是一个邀请，她以爱的名义和爱的方式来邀请自己，邀请教育，她也一直在邀请我们。我们应该接受邀请，为爱的教育作出庄严的承诺，像斯霞那样，把整个心灵献给孩子，用整个心灵去拥抱孩子。

教师的爱首先应具有母爱的品质，以宽阔的胸怀、满腔的热情，真诚无私地把学生当作自己的孩子。教师的爱又要超越母爱：以教书育人为主要任务和基本途径，以爱为核心，以育人为目标。因而师爱更讲公平，面向每一个学生；更讲科学，遵循教育的规律；更稳定，改变的只是爱的方式，而不是爱的程度。但是，母爱与师爱是可以统一、融合的。

斯霞老师正是这样，她所说的母爱，不只是父母之爱，而是以母爱为基础，以师爱为主题的大爱。师爱离不开童心。童心是一种可能性，是一种创造性。教师认识儿童、发现儿童、保护儿童、开发儿童、引领儿童。所以，师爱有最丰富的内涵，有区别于其他爱的特殊之处，我以为师爱与童心构成了教育爱的特质，点化了教育爱的特殊意义。正因为如此，教师应当如李吉林老师所说，是一个"长大的儿童"，也如蒙台梭利所说，是"作为教师的儿童"。从本质上说，教育就是长大的儿童与教室里的儿童的对话，他们又共同邀请课程中的儿童一起来聚会。就在聚会与对话中，爱生长起来，滋润着心田，引领着"儿童"们以爱的方式一起成长。当我们在爱中行走，教育就会获得神奇的力量，就会成为真正的教育。

教育爱：教师的良知璞玉

季羡林先生是 2006 年的"感动中国"人物。记得给他的颁奖词是这么写的：心有良知璞玉，笔下道德文章。一介布衣，言有物，行有格，贫贱不移，宠辱不惊。他用学问铺就了大地美丽的风景，把文化汇入了传统，把心留给了东方。颁奖词对季先生的人格、学术及一生概括得如此简洁，却又如此丰富、深刻、准确和传神。我以为，其魂灵是璞玉般的"良知"。

何为知识分子？知识分子当然应该有知识，但有知识的并不一定是知识分子。衡量知识分子最重要的标尺是社会良知，即社会责任感、使命感，是对社会发展的关注、对人类进步的关怀、对公共道德的追求。这种社会良知凝聚在"道德文章"上。"文章"好，"道德"也好；首先是"道德"好，而且"道德"要更好。

季先生的道德是对学生真诚的爱。2005 年，一位新生来到北大报到，携带的行李需要人帮忙看管，正好看到一位老者走来，衣着朴素，脚蹬圆口黑布鞋，像是北大校园里的一位老师傅。他请老师傅帮忙，老师傅一口答应。一个多小时过去了，他回到放行李的地方，那位老师傅还在那儿，那么认真、负责。第二天开学典礼，他才知道，昨天的那位老师傅正是坐在主席台上大名鼎鼎的季羡林。毕业了，他说：我们走了，季先生也走了，冥冥之中，似乎季先生还要送我们一程。也许，我们应该这么去认识，教师的道德、教师对学生真挚的爱本身就是一篇最好的文章；也许，还应该这么认识，教师首先应该是一位道德教师，大师之"大"、名师之"名"，首先是有真实、质朴而又十分灿烂的爱生之德。

我不敢说爱就是教育，因为不能以爱代替教育。但是，我敢说，教育需要爱，爱是教育的前提，爱是教育的一种力量，爱是教育的一种方式，爱是教育成功的密码。因此，我敢说，我们需要"教育的爱"，需要"爱的教育"。教育爱，需要母爱，但一定超越母爱，准确地说，教育爱是母爱与教师爱的统一，因而，教育爱更科学、更无私、更稳定。这是一种人类的大爱，这种爱是一种智慧，是人类的大智慧。每个教师都应当在自己的人格底色上写上我们爱学生。于是，教师才会成为感动中国的人，也才使自己感动。

有一句话很流行：教育是一个民族对未来的自我定义。是的，我们，正在代表民族给未来定义。我始终相信，教师是以热爱学生、发展学生的道德文章去定义未来的，因为推动"摇篮"的手可以推动地球——如果学校、课堂真正是培养人才摇篮的话。若此，教师就会像季羡林那样，成为心有良知璞玉的知识分子，就会以凝聚教育爱的道德文章，在地球上铺就美丽的风景。

让中老年教师也"忙"起来

　　一所学校和我谈起教学改革。这所学校教师年龄结构不尽合理，35岁以下的教师很少，而达到上公开课水平的教师只有一位。于是，这位教师超忙，因为各种比赛、展示、汇报性质的上课唯他一人符合条件。学校诸多中老年教师几乎没了上进心，而一旦请他们"出马"，又顾虑重重。怎么办？他们决心把中老年教师，尤其是中年教师也推到试验课、研究课、比赛课的第一线去，而且准备专门设计一场中老年教师教学改革及专业发展研讨会。我很赞成。

　　的确，现在有一个普遍的现象：教师专业发展的重点是青年教师，教学研究的重点也是青年教师，这没有错，但问题是，慢慢地，"重点"成了唯一，中老年教师几近成了被遗忘的角落，甚至几近成了"沉默的一代"。这种现象是很不正常的。所有的教师都有一个专业发展的使命，所有的教师都要进入教学研究的状态，都要有勇于担当研究对象的任务。青年教师固然是学习发展的新生力量，是希望所在，但中老年教师是学习的宝贵资源，他们不仅要承担当师父的任务，而且自身也要进一步发展。这样的发展对于其本人，对于学校的发展影响都很大。况且，中老年教师的身体力行是对青年教师最好的示范。

　　造成这一现象的原因是多方面的，其中，教育行政部门和教科研部门的政策、制度的设计是一个重要原因。无论是评课、赛课、基本功大赛，还是专业发展展示、汇报、研讨，都冠之以"青年教师"之名，连论文征集与比赛，也规定35岁以下的教师参加。久而久之，青年教师成了核心，进入了"中央"，而中老年教师逐步边缘化了，他们只是指导者而不是比赛者、展示者，只是鼓掌者而不是深度的参与者、研讨者。殊不知，这样的发展不仅是不完整的，缺少整体建构，而且可以说，这种看起来对中老年教师的"照顾"，实际上是一种不信任，甚至是一种伤害。这样的政策、制度设计需要改进。

其实，还有另一个原因，那就是中老年教师本身的原因。在鼓励、扶持、指导青年教师走上第一线的背后，一部分中老年教师，尤其是中年教师有一种惰性的存在。这种惰性，既是满足于天长日久形成的经验使然，又源于一种担心、顾虑、畏惧心理。还有一种现象不可忽视，那就是一些中年教师进取精神消退，少了激情，少了追求，少了自我超越，渐渐地安于现状。现在有一种"初老症"，还没有老就说自己老了。心理上的"老"、精神上的"老"，是最为可怕的。这种"初老症"似乎正在中年教师身上蔓延。

一位中年教师骨干告诉我说："我讲自己很忙，师父严肃地对我说以后不要再讲忙，说忙，无非两种情况，一是身体不好，二是能力不强。"想想还真是有道理。换个角度说，中老年教师应当"忙"起来，但"忙"起来以后，又应该感到"不忙"，中老年教师就是在"忙"与"不忙"之间向前发展——这是一种境界。

回　归

认识一位大学教授——陈国安，文学博士，任职于苏州大学文学院。大家喜欢称他"安子"，或是"安子先生"。称呼中略有一点戏谑，但更多的是浓浓的喜爱之情，大家尤其喜爱他到小学上语文课，课前评价教材，甚或是批评；课后，一定会和老师互动，作些热烈的评点和深度的反思。2014 年，他把所上的语文课汇集成书，书名是《语文的回归》，还有一个精彩的副标题："一个大学老师的小学课堂"。

这是课改后的一种现象。大学语文与小学语文的交流、互动，使得以往一堵厚厚的墙被打开，一种神秘被打破。这种现象意味着，小学语文教学改革一定要开放，让小学语文走向一个更大的世界。这种现象也意味着，小学语文并不小，即使在大学教授面前也不小；大学教授在小学语文面前也不应居高临下，更不可居高临下，相反，应当有一种敬畏和紧张感。大学语文原本就是从小学语文开始慢慢长大的，从大学语文到小学语文，这本身就是回归，回归就是回到源头去，回到语文的故乡去。从另一个角度说，小学语文教师听大学教授上小学语文课，不只是一种好奇，也不只是一种仰视，更多的是一种倾听和了解，他们迫切地想知道大学教师和小学教师上小学语文课究竟有什么不同，在比较中，向自己提问，反思自己，改进自己。当然，如今的小学语文教师也会质疑大学教师。这是不是一种回归呢？是的，是向研究回归，向尊重和平等回归，共同向语文的本义、真义、深义回归。这种大学与小学的双向回归，带来的一定是语文教学真正的繁荣。

其实，这种双向互动、回归，一直是存在的。比如，叶圣陶教过小学语文，又当大学教授教大学语文，后来又编写小学语文教材。这种从小学到大学，又从大学到小学，来回走一遭，探索了语文世界的完整性，理清了各学段、各年段语文教学要求的梯度。这在今天算是改革、创新，在过去却早已存在，这不是一种回归吗？今天，语文教学改革的今天，课程改革的今天，应当提倡这种回归。

在一次沙龙中，台上坐着小学数学特级教师，还有中学数学特级教师。不知怎的，中学的那位特级教师信心满怀地说：我可以到小学上数学公开课。从他的语气和神情看来，这是没问题的。我问那位小学数学特级教师：你有勇气到初中上数学课吗？他说他敢，而且相信自己一定能上好。我又问：敢上高中的数学课吗？他坦诚地说：没把握。这很有趣，台上台下一片热议。大概是两年后，我问那位中学数学老师：去小学上过数学课了吗？他说：上过，但是不好上啊，上不好啊！我相信他不是谦虚，而是内心真实的感受。这说明什么？说明互动、互换、回归，绝非易事，各个学科、各个学段，各有各的规律和特点。可见，安子先生到小学上语文课多么可贵。

安子先生在书的前言最后这么说："我的人生梦想是办一所实践自己对教育理解的学校，编一套蕴含自己对汉语理解的母语教材，从幼儿园到高中，这是我如梦一般的理想。"我相信，在回归中，这理想是能实现的。

生活在规律中的主人

——谈名师成长的方式

"校园里有条青砖道。十几年前，我的双脚就不可救药地喜欢上了它。从此，每天三点一线的生活，便都以青砖道连接。青砖道成了移动的'沙龙'……校园的上空星星点点，一串脚步那般轻盈。一日日，一次次，我们就这样从青砖道走过。"一如他的语文教学，周益民用诗意的方式回答我的访谈，描述他成长的往事，阐释他成长的方式。

名师成长是需要方式的，名师成长也是有方式的，名师成长应当有自己的方式。往狭义里说，方式是具体的方法和手段；往广义上说，方式是形式和路径；往深义中去说，方式往往是一种方略、谋略。方式并不是自足的独立存在物，对其价值的判断离不开与方式相联系相融合的其他因素。方式好比是桥梁。连接着理念与行动。方式是理念的行为化，又是行动着的理念；方式好比是登山的路径和方法，引导人向上攀援。南京师范大学附小的贲友林老师曾用"此岸与彼岸"作为他教学专著的书名，暗含着一个深刻的寓意：方式是从此岸向彼岸的渡船，抑或是船上的那只桨。

方式，使名师成长从概念化中超脱出来。从方式中我们可以触摸到名师成长的脉动，倾听到名师成长的足音，感受到名师成长是那么具体，那么实在，又那么生动。成长方式是讨论名师的一个不可回避的话题。

一、教师成长的方式

教师成长方式其实很简单很一般，但不简单不一般的是，名师对基本规律的高度认同与坚守，显现着不同于一般教师的"成长自觉"。

在访谈中，关于成长方式，名师们使用频率最高的词语是：读书、实践、思考、总结、写作。这种回答和归纳，表达了名师成长的基本方式，揭示了名师成长的一般规律。名师们就是在把握这些基本方式、遵循这一般规律中成长起来的，似乎没有特殊之处。确实，我们大家都生活在一般规律之中，与这些规律朝夕相处。问题是，为什么有的教师能按这些方式迅速地成长起来，获得成功，而有的教师却成长缓慢，甚至没有明显的进步，最终仍然平庸？这是一个司空见惯的问题，可我们常常视而不见、熟视无睹，解开这一问题实在极有价值。

经过分析，我以为，名师在以下方面是"与众不同"的，这些与众不同之处，恰恰是名师在成长方式上成功的密码。

其一，名师信奉这些基本方式，坚守这一般规律。他们坚信基本方式是前人总结、积淀下来的经验，其中隐藏着成功的基因。这些基因，实质上是文化，是文化影响着人、改变着人、造就了人。正因为如此，他们寻找这些关键词之间的逻辑关系，把这些关键词当作关系链，进而形成循环链。读书是为了实践。实践中实践后需要思考，思考后再实践，提炼实践的经验，作理性概括，并形成文字，在形成文字的过程中梳理思想、提升认识，然后再去读书、实践，如此不断循环。其间每一个关键词都可能是一个新的起点，而始终没有终点。而现实中，不少教师却不会这么去认识，也没有这么去寻找，更没有这样去坚持。可以这么认为，他们并不了解这些方式和规律，严格地说，他们首先没有信奉这些方式和规律，因而漠视并远离了规律，甚或逃避规律，无形中他们被规律淹没。相反，名师们牢记着——基本的方式、一般的规律是最普通的，却是最有力量的。

其二，名师把这一链条中的每一个环节都做得很充分、很扎实，绝不匆匆走过。读书就得有目的有计划地读，认认真真地读，不浮光掠影，不蜻蜓点水。张齐华曾经征询我的意见，读一本什么样的综合类刊物最有价值，我向他推荐《新华文摘》。此后，这位数学教师与《新华文摘》建立了联系。一次，他不经意地说，他的桌上、枕头旁、卫生间里摆放着不同类型的书刊，走到哪里总有书刊与他相伴。他曾送我一本《中国诗性文化》。我想，这本书肯定没有教给他数学教学的知识与技巧，却给了他文化、智慧和富于哲理的诗意，这就不难理解他的数学课堂里为什么始终洋溢着诗性与文化。

其三，名师们把这一关系链、循环链当作研究链，即用思考来串联，使每一个环节都充满思想的含量。特级教师蔡宏圣说，思索和研究是成长的关键，思索和研究"意味着能够从不同角度对那些习以为常、熟视无睹的现象作出新的解释；意味着能够对那些天经地义、理所当然的事情进行新的审视；意味着能够对那些似是而非、盲目偏激的做法进行自觉的反思。也只有这样，自己的实践和总结才有价值"。

事实真是这样，方式无非就这么几种，规律也无非这么简单。但是，企业界流行的那两句话恰恰能点醒我们：把简单的事做好就是不简单，把平常的事做实就是不平常。我把名师成长方式中的这些特点称作"成长自觉"。自觉，就会对基本方式和规律有高度的认同；自觉，就会在坚守中探索，在探索中把握；自觉，就会认真、刻苦、踏实，成为生活在规律中的主人。总之，自觉，成为名师成长的要求和特点；成长中的自觉成为名师成长的可贵品质和精神。

二、教师成长的主要场所

教师成长的主要场所其实基本相同，不同的是，名师在这里能持久磨炼，不断追求，形成鲜明的"成长目标"。

课堂是教师成长的主要场所。离开课堂，教师将一无所有、一事无成；课堂是学生出发的地方，也是教师成长的基地和起点；教师通过课堂把学生带到高速公路入口处，此时，教师也将进入专业发展的高速公路。所有的课堂都向所有教师敞开，所有的课堂给教师的机会都是同等的。问题也恰恰在于，有的教师在课堂里得到锻炼，像是在田野里拔节，而有的教师在课堂里却没有多少感受，失却了向上的要求和力量，其根本原因是名师有成长的追求，有成长目标。他们把课堂当作一块起跳板，向上腾越；当作一块试验田，不断播种而且有新的收获；当作一个没有天花板的舞台，充满无限的创新激情，不断拓宽创造空间。成长目标既是终极意义，又是过程，更是动力。

如果作一点具体分析，就会发现，名师在课堂里成长，具有鲜明的"成长目标"，表现为课堂教学所追求的理想状态、所锤炼的品质。

首先，对课堂教学充满新鲜感。教师生存方式往往是重复的，日复一日、年复一年的课堂教学极易造成教师新鲜感的消退、创造激情的淡化，以至对课堂教学的厌倦及不负责任。特级教师许卫兵说："我觉得最基本的方式就是'教学＋研究'。这二者中，'教学'是基础，而'研究'，恰恰可以让日复一日的平淡教学变得鲜活、充满张力。"为了驱赶重复感，追求创新的活力和张力，他每天吃完晚饭就到办公室批作业、备课、看老教师的备课笔记、记录教学中的得失案例，并结合自己的工作尝试着写文章，对教学中的思维进行整理。也就是5年左右的时间，许卫兵渐渐从一起毕业参加工作的同行中冒尖了。对名师来说，每一堂课都是新的，每天的太阳都是不同的。用张齐华的话来说，"要把每一堂课都当作公开课来上"，"这使日常课一开始便具有了淡淡的研究基质，而这一弥散性、日常化的教学研究，为自己积累了对数学、对儿童、对课堂、对教育的十分丰富的感性经验与素材，无形中构成了自己专业成长的资源库"。

其次，上好公开课。公开课的名声似乎不太好，但我坚定地认为，在警惕和排除公开课商业化运作与表演的同时，对公开课的价值和影响不可低估，更不可忽视。张兴华常说：不加思考地上一个学期的课，不如扎扎实实地上好一堂观摩课、研究课。张齐华也认为，自己"是一个典型的由公开课成长起来的教师"。他说："从一节观摩课的打磨中，你会收获很多，这种收获又会对其他课的教学产生一种迁移。"这种打磨，可以让你拥有从未有过的经历，让你拥有从未有过的体会，让你把教学的全过程体验几个来回，让你走进课堂教学的深处，探寻到教学的奥秘。所以，公开课的最大价值，不在课的本身，而在备课和研究的全过程。也许，公开课是具有中国特色的。至今我都认为这一特色应该保持和弘扬。公开课，表达了一种开放的心态，表达了一种研究的需求，表达了一种交流的姿态。名师正是在公开课的洗礼中成熟起来，成长起来。这是不可回避的事实。

再次，用激情与理性编织自己的教学风格。曾读到三位女教师对周益民的解读，题目叫"接力读益民"。到了第三棒，华东师大博士后流动站的王丽琴说："感觉他的课堂和他的自我描述一样，是洁白的，是纯净的，是充满了多种可能的一种单纯与美好。"她们把周益民的课用"白纸"作比喻，但"读出了其中的生长性、丰富性"。和周益民一样，名师总要追求自己的课堂教学风格，而无论是何种风格，总是激情与理性的融合。其实，每一个教师都有自己的风格，问题的关键在于，对自己的风格的自觉程度以及有没有不懈的追求。我们完全可以作这样的基本判断：在基本相同的主要场所——课堂里，有"成长目标"引领的教师会有更快更好的发展与提升。

三、名师成长需要反思

教师成长都一样要进行反思，不一样的是，名师给反思以特有的深刻性，并形成习惯，努力成为"反思性实践家"。

反思是名师成长的重要方式，这种方式往往起着关键性的作用。随着课程改革的深入和教师专业发展的深度推进，反思也已成为广大教师成长的基本方式，不少教师正是在反思中逐步成熟起来的。值得注意的是，"反思"虽然成为教师使用的高频词，但总有使用过滥、过泛和过空的感觉，普遍存在着嘴上说着"反思"，而行为上很少有变化的现象，反思与实践成了两张皮，于是，反思成了总结、体会、沙龙、论坛的"流行符号"。名师的可贵之处，正在于他们反思的自觉性、持久性和深刻性，并把这一"流行符号"变成学习和工作的习惯。

在访谈中，贲友林给了我许多材料，并且赠送了他的专著。他把自己成长的核心因素确定为"以反思的方式改变我的教育生活"，而且认为，反思的最有效方式是把反思落实在文字上——写教学手记。他说："形成文字的过程，是与自己对话、跟自己诉说、和自己谈心的过程，渐渐地，养成了过内心生活的习惯……用文字记录自己的实践，给日渐贫瘠的心灵以丰富温暖的慰藉，给平淡无奇的日子以清新亮丽的感动。"如果作些概括，贲友林的反思具有鲜明的个性特点，而这些个性特点都具有普遍的意义。一是他把反思的内容定位为反思教育生活。聚焦课堂，记录课堂的亮点、课堂的败笔、课堂的意外。二是他把反思的方式定位于"纪实＋思考"。纪实是真实记录原生态课堂，思考则是理性分析。从 2002 年 2 月开始，他坚持每天上完课之后就写，每次或几十字或几百字或几千字，他说："无论繁忙与悠闲、疲惫与轻松，这是我给自己布置的作业，这是我给自己选择的路径。"这 5 年，他已积累了上百万字的文字。三是通过教学反思为自己辩护。他说："一节公开课之后，我们常常倾听他人的评说，继而用他人的声音观照自己的课堂，而往往没有自己的声音，尤其是每天进行的日常课。"辩护，实质是一种深度的追问，为自己辩护，是为了找到自己，成就自己。我认为，辩护是更具深刻性的反思，体现了反思者反思后的自信与成熟。贲友林用他写"教学手记"的经历，道出了名师成长的奥秘，那就是，名师实质上是"反思性的实践家"。

日本东京大学著名学者佐藤学提出"反思性实践家"的命题。他说，称得上反思性实践家的资深教师所形成并发挥着作用的实践性思维方式有五个特点："一是应对时刻变化的即兴思维，二是对于问题情境的主体式的感性的探究式参与，三是问题表象中的多元观点的统整，四是问题表象与解决中的背景化思考，五是实践过程中问题的不断建构与再建构。"反思性实践家是对"技术性熟练者"的转型与超越。名师的反思正是成功地完成这一转型，因而有了新的提升。

浙江省特级教师盛新凤的成长经历与体悟可以说是"反思性实践家"的另一个生动案例，而且她对"反思性实践家"作出了自己特有的解释。盛新凤的专业成长经历了三个阶段：复制师父的课，不会自己思考，不会理性分析，更不会创造，她把这个阶段称为"无视"。与名师同台上课，因专家评价或喜或悲，一会儿想学某名师的严谨丰厚，一会儿想模仿某名师的洒脱自然，一会儿又沉迷于某名师的创意迭起，她把这个阶段称为"外视"。现在她已不再过多关注别人的感受，而是追问自己的心：我上出真实的自己了吗？"在一次次对自己的严厉审视中，我努力寻找属于自己的课堂感受、课堂状态"，她把这一阶段称为"内视"。我以为，盛新凤的"内视"正是"反思性实践家"的个性诠释。我们是否从以上的案例与分析中找到了自己关于"反思"方式方面的差距呢？

四、名师成长需要丰富心智

教师成长都具有自己个性化的方式，但过程与结果是不一样的，其差异在于：名师在成长中能不断丰富自己的心智。心智的"成长"比什么都重要。

名师成长方式，说到底不只是一个方法、手段、路径甚至策略问题，也就是说，不只是技术层面的问题。方式的背后是心智的支撑。在与名师访谈中，他们说的与写的，都是从心里发出来的。读着他们的文字，我看到的是那颗怦然跳动着的心，是他们那丰富而开放的心灵世界。

名师心智的丰富与开放往往表现出以下特征：他们追求崇高感。罗曼·罗兰在《米开朗基罗传》的结束时说："伟大的心魂有如崇山峻岭，风雨吹荡它，云翳包围它，但人们在那里呼吸时，比别处更自由更有力……我不是说普通的人都能在高峰上生存，但一年一度他们应上去顶礼膜拜。在那里他们可以变换一下肺中的呼吸与脉管中的血液。在那里他们将感到更迫近永恒。以后，他们再回到人生的广原，心中便充满了日常战斗的勇气。"教师应有在高峰上生存的勇气，应有对伟大心魂的崇敬，应不断变换肺中的呼吸及脉管中的血液。他们追求成就感。他们认为一个人的意义不在于他的成就，而在于他所追求成就的那个东西。"那个东西"是什么？是人格？是品质？是心智？可能都是。他们有走出队伍感。有人说，生命是一支队伍。迟慢的人发现队伍走得太快了，他就走出队伍；快步的人发现队伍走得太慢了，他也走出了队伍。名师常常要走出队伍，因为他们发现队伍走得过于缓慢，要走得快一点，才能发现更美的风景。他们相信自己，相信自己的理想，不放弃追求；相信自己的实力，不抛弃自己的奋斗；相信自己的个性，不轻易改变。但他们又不自恋，不沉溺于自我欣赏，不自我捆绑，不故步自封，常常有不适感和被追逐感，因而总是鼓足干劲，一直向前走去。自信，坚持了自我，不自恋，又抛却了"小我"；自信，他们不是一味地羡慕别人、仰望别人、崇拜别人，不自恋，又总是向别人学习，总是跨越自己。

这种丰富而开放的心智，是与读书、学习分不开的。周益民认为，他成长最为关键的方式是，对未知领域的新鲜感与热情。他在网络中发现还有比技艺更重要的东西，于是，除了啃教育书籍，他还要填补自己在文化、历史、哲学上的空白；他与中学、大学的老师接触，向他们求教学习，他"感到了自己的瓦解、崩溃，又有一种新的东西潜滋暗长"；他采访海内外20位儿童文学作家，同多位文学理论工作者保持联系，他说："他们打开了我认识教育、认识语文的另一扇窗"。南京市琅琊路小学特级教师戚韵东认为，教师成长是漫长的心灵之旅，而这个旅程是从阅读开始的，在阅读中提升判断与思考能力，要学会静下心来不断叩问自己内心发出的声音。

这种丰富而开放的心智，与理解和把握个性化的成长方式分不开。张齐华认为："个性是一个名师的生命线，否则，你再优秀，都会淹没在芸芸众生之中，无法成为独特的自己。"但是，"个性不等于特立独行，也不等于标新立异。我比较倾向于'共性基础上的独特性'这一对个性的理解。因而，要想拥有个性，首先还是成为一个优秀的教师"。所以，"尽早为自己找到一个研究突破口，无疑是名师确立自己个性的重要方式"。

心智的丰富和开放，与在读书吸收的同时又不断地写作输出思想也是很有关系的。特级教师闫学说："在我个人成长过程中，读书与写作始终是成长的双翼。我总是把读书与写作结合起来，并在读书与写作中寻找行走的力量。正是不间断的读书与写作让我开始了飞翔。"最后，她说："不停地行走，奇迹就在未知的前方。"

是的，心智的"成长"让名师超越了具体的成长方式。名师从"心"出发，在行走的路上，寻找着成长的方式，也寻找到"心"的归宿，名师成长的方式实质上是心智的丰富和开放。

第二辑　做第一等的研究

教师要锻造自己的科学品质，以科学而不是个人经验来作出判断，做第一等题目，做第一等研究。

做第一等的研究

　　科学研究者往往有一个共同的追求：永远做第一等的题目。比如林家翘，他挥舞着应用数学的"魔棒"，横跨流体力学、天文物理学、理论生物学三大领域，永远追求着"第一等的题目"。当年导师冯·卡门给他的题目是"湍流问题"，此问题号称"只有到天堂去问圣彼得（耶稣十二门徒之一）"才可能有答案，可见之难之深，然而，林家翘在博士毕业时解决了。他说："我要'永远追求第一等的题目'，只有这样，才能获得最有意义的突破。"

　　做第一等的题目，就是要做第一等的研究，自然科学研究是这样，教育科学研究包括教学研究也应有这样的追求。有这样的追求，才有可能深入改进教研工作，提升专业本平，提高教学质量。

　　做第一等的研究，不只在于研究内容的艰深，更在于研究的立意和价值。十多年来的基础教育课程改革，其宗旨始终是为了每一个学生的发展，为中华民族的复兴奠基，而这一旨归具体化后就是以课改为载体、为突破口，全面、深入地实施素质教育。显然，教研工作应当坚定地在素质教育的语境下，在课程改革的框架里展开，必须有宏大的视野和崇高的目标，超越学科研究，建立课程意识与教学文化研究。这首先应当有第一等的立意和价值追求。

　　做第一等的研究，必然要为教育改革、发展作出探索和贡献。促进教育的均衡发展，是教育改革与发展的战略任务，其重点和难点在农村和薄弱学校。推动农村教育的均衡发展，推动薄弱学校改造，需要各方面的共同努力。教研工作是其中一个不可忽略的部分，教研工作如何真正面向农村、面向薄弱学校，从教学研究的特点出发，找寻提高课程开发实施水平、提高教学质量的经验和规律，这是第一等的题目、第一等的研究。教研部门应当有强烈的意识和责任感，应当大有作为。

做第一等的研究，应当在重要问题上取得突破。近来有不少关于教育研究的批评，由不列颠教育和劳动就业部资助的"希利奇报告"就这样指摘："教育研究没能在诸如阅读教学、学生分组以及教学方法等方面的专业实践给教师提供帮助"，"没有形成相关可积累的知识体系"，"支离破碎缺乏系统"，"因此没有办法为教育实践和教育决策提供一个一致的和可靠的基础"。我们国家的教育研究存在同样的问题，缺少深入的实证研究，缺少真正的行动研究，缺少系统的持续的跟踪研究。上海市教研室提出的"用证据支持教研，用项目组织教研"正是对以上问题的有效克服，江苏省常州市教研室以及江苏省锡山高级中学在这方面的研究也已取得进展，可惜，从总体上看，还相当薄弱。第一等题目、第一等研究应当是有突破性的研究，这是对教研工作者的极大挑战。

做第一等的研究，需要第一等的品质。第一等的品质，在某种程度上说，应当是科学的品质。教研工作常常以某个教研员为主进行学科教学指导，很可能带着个人的知识、经验和情感色彩作判断、作指导，难免偏颇，难免狭隘，难免不科学，教研员需要明确自己的身份、责任，保持清醒的头脑，有意识地克服自己的不足之处，加强理论学习，并且向实践学习、向教师学习，构造学习、研究共同体，锻造自己的科学品质。永远记住：以科学而不是个人经验来作出判断，做第一等的题目，做第一等的研究。

我们需要什么样的教育科研

当今校园里，有一个响亮的主题词——走科研兴校之路。教育科研，成了学校和老师的一种追求，成为不少学校的亮点。这是我们所期盼的。

学校究竟为什么需要教育科研？学校究竟需要什么样的教育科研？在教育科研日益被学校重视的时候，这是我们必须认真思考的。

一、探寻教育科研的力量和魅力

教育科研是对教育实践的科学研究和开发，是对教育科学规律的探索和把握，其目的是为了丰富和发展教育科学，指导和推动教育实践，促进教育的改革和发展，提高教学质量和效益。教育科研有一种凝聚力、开发力、引导力和提升力，因而教育科研是学校一种可持续发展的力量。

（1）教育科研的凝聚力。学校的教育科研课题基本上是学校改革和发展的重要问题，或是学校发展的目标和规划，或是学校管理的机制和手段，或是教育教学改革实践中的热点和难点。这些问题往往关系到学校的发展，牵动着教师们的心，影响着教师们的实践。随着教育改革的深入和教育科学的普及，教育科研再也不能关在书斋里，再也不能是少数人的专利。教育科研必将并正逐步走进校园，走进课堂，走进教师的心灵。教育科研好比是磁石，好比是粘合剂，把学校领导和教师凝聚起来，把各学科各部门的教师团结起来，把学校和家庭、社会力量结合起来。实际上，教育科研常常会在教师们面前树起一面旗帜，竖起一根标杆，大家心往一处想，劲往一处使，专心致志，聚精会神，为着一个共同的目标而努力。当一个集体为某种东西所召唤并为此而凝聚起来的时候，它将是无比强大的。教育科研的凝聚力和鼓舞人的力量已为薄弱学校的改造和不少学校的腾飞所证实。

（2）教育科研的开发力。教育科研既是对已有实践的反思和提炼，又是对未来发展的预测和把握；既是对教育现象的分析和提升，又是对教育本质的探究和概括。这就需要知识、能力，需要智慧，需要良好的科研素质。每个教师都有潜在的创造力和智慧。教育科研不仅把大家凝聚在一起，而且在科研的过程中唤醒和开发教师的创造潜能。潜能一旦被开发，就会显出极大的力量，并逐步发生迁移。通过科研，教师对现象分析会更深刻，对规律把握会更自觉，实践会更理性。教育科研实际上是一所充满诗意和魅力的学校，是一种培养人的素质、开发人的智慧、发挥人的力量的过程。省内外著名的特级教师和校长，无不是得益于教育科研的开发。教育科研开发了教师的创造力，也就开发了学校，促进了学校的发展。

（3）教育科研的引导力。不少校长和教师埋头于实践，兢兢业业，辛辛苦苦，但往往所得甚少，有时还会感到茫然。比如，究竟什么是教育，教育的本义和真义到底如何认识和把握？如何看待学校，学校发展怎么定位？如何看待教师，名教师、青年教师怎样培养？如何看待学生，学生生动活泼主动发展怎样才能落到实处？如此等等。实践有时会使你感到充实，但一味的实践又会使你陷于盲干的困境。而教育科研会让你获得一种探究的精神和理论支撑力量，源于实践，又超越实践，引导你在实践中剖析、辨别，引导学校和教师与理论为师，与大师为友，与研究为伴，引导教师更加自觉地有效地去追求教育的理想，并步步逼近努力的目标。

（4）教育科研的提升力。我们常常发现这样的现象：教师还是这批教师，设施设备也没有多大变化，但学校品位却提高了，教育教学质量提高了，教师的水平也提高了。这是为什么？校长和老师们说，是教育科研提升了我们，改变了我们。教育科研的确有一种提升的力量。教育科研能提升我们的理念，帮助我们确立正确的先进的办学观、教育观、教师观、学生观；教育科研能提升我们的经验，使我们从经验走向规律，从个别走向一般；教育科研能提升教师的水平，使我们从现象走向本质，从一般走向概括，教学实践既充满激情又充满理性。教育科研使我们的认识和实践产生质的飞跃，提升到一个新的境界。

凝聚力、开发力、引导力、提升力，正是教育科研的力量和魅力所在。

这种力量和魅力也必将使科研成果转化为一种生产力，进而使学校获得可持续发展的力量。

二、教育科研的价值追求

教育科研究竟是为了什么？校长究竟要引领教师通过教育科研去追求什么？如何认识和把握教育科研价值？现实极富挑战性地摆在我们面前。

目前，有些学校对教育科研价值的追求，存在着一些令人担忧的现象：一是把教育科研简单地对准学校的评优和升级，有了课题研究，学校就有了分量，评比、验收就能通过。因而，教育科研往往开始异化为一种工具。二是把教育科研当作学校的一项"装饰工程"，用课题研究装点学校的门面，以标示办学理念的深度和办学成绩的显著。因而，教育科研往往成了一个"花架子"和表面文章。三是把教育科研当作一种时尚，人家搞了，自己不搞，就显得落伍。因而，教育科研往往流于形式，流于简单和肤浅。对教育科研价值的认识发生偏斜，教育科研的指导思想就会发生偏离，教育科研就会发生扭曲，因而失去教师和阵地，失去教育科研的价值和意义。虽然以上这些现象只发生在少数学校，却必须引起足够的重视。

对教育科研的价值的认识，实际上是对什么是教育科研的认识。

首先，教育科研是一项事业，是一项学术事业，是一项教育科学研究事业。学术事业的生命在于追求真理和坚持真理。教育科研就是要组织教师进行课题研究，帮助他们认识教育科学，探索、把握教育规律，进而指导实践，使自己获得一种教育自觉，同时丰富和发展教育科学。教育科研是科学研究事业，而不是一种谋生和谋利的工具，它追求的是真理，而不是个人或集体的名利；追求的是真实，而不是虚假和浮夸。为了真理和真实，我们必须反对花架子和形式主义。教育科研是重点学校和实验学校的使命，甚至是生命。使命和生命，追求的是使命感和生命的意义。其动力来自内在的需求，而不仅仅是外在的要求与压力。从这个角度看，教育科研的过程，是锻造教育者、研究者和学者人格的过程。

其次，教育科研是一种探索和创造的行为。教育教学实践留给我们的问题很多，未来对我们提出的要求很高，在学校教育中进行科学研究的空间很大。从已知到未知，需要我们探索。即使是已有的理论和经验，也需要我们由此及彼、由表及里地去探求和实践。可以说，没有探索，就不成其为科研。而探索，需要老老实实的态度、扎扎实实的作风，需要开拓、创新、突破。它既要贴近时代，又要贯穿时代、超越时代。从这个角度看，教育科研是一个培养创新意识和创新精神的过程。

第三，教育科研是一个不断调整内在需求、积极追求的过程。教育科研是教育改革和发展的必然要求，是学校可持续发展的迫切需要，也是教师从实践者转变为研究者、创造者的必由之路。它不是一种时尚，而是时代要求。无论是对学校，还是对教师，教育科研应该逐步从外在的要求调整为内在的需求，完成从他律到自律、从消极到积极的转化。如果说，以往学校和教师的需求更多地停留在物质层面，那么，今天就应有更高的精神方面的需求。教育科研要引领教师走进一个更加丰富美好的精神世界，领略研究的风采，体悟创新的成功。从这个角度看，教育科研是一个提升自己、追求成功的过程。

三、教育科研的规范追求

提高规范水平，是增强教育科研信度、效度，提高教育科研水平的基本保证，是培养教育科研人员良好科研素质的有效措施，也是培育教育科研良好风气的重要条件。换句话说，端正研究风气，提高研究素质，保证研究质量，要从规范做起。目前，教育科研存在的问题，与研究的规范程度不高有关。而追求教育科研的规范既要注重形式的规范，又要注重实质的规范。

（1）追求形式的规范。形式的规范就是研究的制度和规定。形式的规范直接影响着研究的行为。一是课题设计要规范。要按要求，清晰地描述课题的界定、意义、目标、内容、研究方法、预期成果等。要特别重视课题的论证。二是课题申报要规范。坚持申报程序的规范，其意义不在申报的本身，而在于听取多方面的意见，反复修改，至臻完善。三是课题开题要规范。开题的规范有一个形式问题，但其意义在于进一步论证和动员。四是课题中期检查和小结要规范。实践证明，中期检查有利于研究按计划进行，并有利于及时调整，保证任务的完成。五是课题结题鉴定要规范。结题不是走过场，鉴定也不是一味地说好话，结题鉴定的规范在于追求实事求是的评价和明确今后的努力方向。

（2）追求实质的规范。有许多规范要求没有能很好做到，是由于规范要求只停留在形式上，而未进入实质的规范层面。教育科研实质的规范，其内涵有两个方面：对教育科研事业的敬畏和对教育科研规范的内化。这是相辅相成的两个方面。教育科研和所有的学术事业一样，为大家所信赖，为大家所追求，也为大家所敬畏。之所以敬畏，是因为它是严肃的、崇高的，若违背其规律和要求，违背其本义与真义，必然会失去权威和大家的信赖，甚至会受到惩罚。怀着敬畏之心，就会时时以学术和研究的规则要求自己，自我约束、自我规范，就会从科学的良知和研究者应有的道德出发，从自我做起，维护规范，遵守规范。教育科学研究，不是一种无规则的游戏，绝不容许随意地把玩。

教育科研的规范，开始时，对研究者来说，更多的是外在的，他律的。随着研究过程的展开，规范应内化为研究者的一种素质。俞吾金先生在《也谈学术规范》一文中说："在真正的道德高尚的学者那里，学术规范已经内化为他们心中的'绝对命令'。"这种内化的规范，表现为研究态度的严谨、研究过程的严格、研究结果评价的实事求是，表现为对随心所欲、夸夸其谈、心浮气躁等毛病的憎恶、反对和克服。尽管教育科研与自然科学研究还有所区别，但规范的要求应该是一致的。这种科研规范的内化，对教师来说，就更有其特殊的意义。

必须指出的是，规范的目的不是限制，而在于创设一个良好的氛围与基础，促使教育科研的创新。创新是教育科研的灵魂，应在创新思想指导下规范，在规范的过程中创新。

四、成为教育科学的研究所、实验室——学校科研的最高追求

学校，不仅仅是个空间的概念。学校，是真正发生教育的地方，真正发生课程的地方，也应该是真正发生和发展教育科研的地方。学校离不开教育科研，教育科研离不开学校。依靠教育科研支撑的学校才有可能成为真正的学校、成功的学校和名校。教育科研根植于学校的土壤，才有可能是有效的教育科研、成功的教育科研，本土化、校本化的教育科研才会得到学校、教

师的认同和支持。

提起苏霍姆林斯基的巴甫雷什中学，我们很敬佩，但同时又感到似乎很遥远，也很神秘。如果提起李吉林所在的南通师范学校第二附属小学，大家一定会觉得亲近和亲切。这些学校共同的特点，就是学校已经成为或正在成为教育科学的实验室。实践告诉我们，把学校建成教育科学研究所、实验室是学校的最高追求，不仅是必要的，而且是可能的。

学校成为教育科学的研究所、实验室，我们是就一般意义上的实验来说的。这样的要求是很高的，但又不是高不可攀的。因为实验和研究应从学校实际出发，应是多层次的。此外，问题在于有没有这样的认识和理想，有这样的认识和理想才会产生这样的追求，也才会逐步拥有科研的实力。当然，学校不妨从一个小课题做起，由浅入深，由低至高，步步攀登。与其说把学校建成教育科学的实验室是目标和要求，不如说这是一种理念、信念和追求。

五、主课题——学校实验研究的主攻方向

学校有没有课题研究，结果是不一样的，学校有没有主课题研究，结果更是不一样的。主课题，学校研究或实验的总题目和主攻方向，它是学校办学传统、办学基础的集中反映，也是学校力求重点突破，进而形成办学特色的凝练，更是学校办学理念及学校发展走向的具体体现。

主课题要从实际出发，不能脱离学校办学条件、原有基础和研究能力的实际，但它又要适度超前，超前才能引领和超越。主课题要体现先进的教育思想和观念，与教育改革的潮流相合拍，但又要有具体的内容，有较强的可操作性，引领教师在教改实践中转变观念，并把转变观念真正落实在实践中。主课题要有分量，课题的分量体现在课题的价值和开掘的深度上，而不在题目范围的大小，因此主课题要防止大而空，不妨从小课题开始，把小题目做大、做深、做好，要小题大做，切不可大题小做。

主课题的方案出自学校领导和教科研骨干之手，但必须出乎教师之心。要把形成主课题及其实施的过程，变为普遍发动、反复讨论、形成共识的过程。只有这样，课题的指导思想、基本原则和要求、主要内容及方法，才能成为大家的共同要求，进而成为共同的自觉实践，主课题才会真正统领全校的研究。

反思性实践家：研究路径与表达特点

一、对教师的再定义：反思性实践家

当下似乎是一个需要重新定义的时代。比如，亚太经合组织工商最高领导人峰会的主题就是"重新定义未来"。胡锦涛在主题发言中这么说："重新定义未来，可以使我们对时代、对世界的认识更深刻。"可见，重新定义，是为了更深刻更准确地认识与把握事物的本质。所谓重新定义，反思是其前提，反思也是重新定义的过程和结果。重新定义意味着对概念等进行新的解释，也可能是对原有定义的颠覆。总之，重新定义是一个再建构的过程。

对未来需要重新定义，对教育当然也需要重新定义。非常有意思的是，有一个很流行的关于教育的定义：教育是对未来的一种定义。这不是巧合，而是内在逻辑使然：对未来重新定义，在某种程度上，就是对教育重新定义。因为教育是指向未来的，是为了未来的，也是可以创造未来的，所以教育可以定义未来。教育是未来的一种定义，其深刻的意义还在于，教育要有远大的目标和理想，不能急功近利，不能浮躁浮华。但是，这并不否认，教育要面对现实，要让现实中的教育幸福起来，让教育中的学生愉快、健康地成长。不过，面对现实，应该是在"未来"引领下的实践，面对现实绝不能鼠目寸光。

日本的佐藤学对教育的一系列概念都在重新定义，他叫作"再定义"。比如，对学校的定义是，学校是"学习的共同体"，突出了"学习"，倡导建构师生这一"共同体"。对课程的定义是，课程是"学习经验之履历"，强调经验，倡导师生的经历与过程，以及其间的体验。比如，对学科的定义是，学科是"学习的文化领域"，强调领域，强调新文化的建构，这就超越了知识，拓开了学科的边界。比如，对学习的定义是，学习是"意义与关系之重建的实践"，强调学生在实践中建构意义与关系，绝不是被动地听讲、练习，是知识的积累。比如，对教学的定义是，教学是"反思性实践"，这就点出了教学是一个反思和研究的过程。

那么，我们也需要对教师重新定义，而且，对教师的定义应当与以上的再定义结合起来。有人说，教师诞生在世界上第一个孩子发出疑问的时候。有人说，教师是"作为教师的儿童"，蒙台梭利就这么定义。我对教师的定义是，"教师是派到儿童世界去的文化使者"。其实，这些定义更多的是一种描述。佐藤学则认为，对教师的"再定义"，有两种提问方式：一种是"教师应当如何？"——这是"规范性逼近"；另一种是"如何才能成为教师？"——这是"生成性逼近"。无论是前者还是后者都是"存在性逼近"——他更强调对教师的定义要跳出制度性框架，更重视教师的存在状态和方式。基于这一前提，佐藤学认为教师必须从"中间人"向"介入者"转向，重建"介入者"的身份，"在多元的、多层次的中间领域中，以人与事物及人与人为媒介，以课堂内外多样的文化为媒介，通过交流与沟通，在学校与课堂展开构筑文化的公共空间的实践"。"介入者"实质是文化的联络者、沟通者，是教育的研究者。把关于学校的、课程的、教学的概念的再定义与关于教师概念的再定义结合起来。佐藤学认为"教师是反思性的实践家"。

"反思性的实践家"这一定义，把反思、研究与实践统一起来，或者说，教师的实践不是经验型的，而是反思型的、研究型的，其间充溢了研究，因而是"家"而不是"者"。不难看出，重新定义的确是理念的再提升，是意义的再建构。我们认同佐藤学的定义，同时，把它与美国哈佛大学达克沃斯关于教学的新见解"教学即儿童研究"结合在一起，可以这么认定，教师是关于儿童研究的反思性的实践家。儿童研究是教师的"第一专业"，教师不仅需要研究课程、教学、管理，还必须首先研究儿童，而且，课程、教学研究的过程就是儿童研究的过程。我以为，"儿童研究的反思性实践家"这一定义有着深刻的意蕴。

二、作为反思性实践家的教师研究路径："在这里"—"到那里"—"回到这里"

教师是研究者，究竟怎么研究？究竟怎么寻找和确定研究的路径？我想起了英国著名的人类学家马林诺夫斯基。1914 年，受导师、人类学家弗雷泽的影响，30 岁的马林诺夫斯基决心去澳大利亚的岛上做研究，因为他不满意"扶手摇篮"上的学问，而对遥远的异乡产生了极大兴趣。就在异乡的岛上，马林诺夫斯基在田园里、渔船上、手工业作坊中，获得了丰富的第一手资料。一年后回国继续在书斋里研究，他预感自己将是人类学领域的领军人物。几次在英国与澳大利亚岛上的"归去来兮"之后，马林诺夫斯基写了七部著作，成为著名的人类学家，创立了文化功能主义学派。

马林诺夫斯基曾把自己的研究路径概括为："在这里"—"到那里"—"回到这里"。他认为，"在这里"主要是指在大学里系统学习基本理论，进行专业训练，这是"质料层"的准备阶段。"到那里"，主要是指到研究现象呈现的场域中去，运用掌握的理论和方法做研究，强调实践和问题是研究的源头活水。"那里"，就是人类学家所称的"田野"。"回到这里"，是指回到自己研究的机构里来，其主要工作是梳理、概括，提升理念，提出新的原理、新的观点，有可能超越研究传统和研究范式。

马林诺夫斯基的这一研究路径，不只是属于他个人的，也不只适用于人类学家，我以为也适合其他研究者，可以视作是学者基本的研究路径和方式。当然，我们教师同样可以对它"再定义"，可以进行新的演绎，产生新的想象，其中有几种理解和演绎是有意义的，也是有意思的。

其一，围绕着课堂的演绎。教师"在这里"：在课堂。教师永远不能离开课堂，课堂是教师成长的没有天花板的舞台，只有在课堂，教师才会有创造的灵感，生长起教育的智慧。粗粗梳理一下名师成长的经历，哪个不是在课堂里起飞、腾跃的？"到那里"，是说要到教育理论的宝库里去学习、寻觅、发现，用教育理论、用哲学、用文化充实自己、丰富自己、提升自己。没有这样的"到那里"，教师会一直处在经验状态，甚至可能处在平庸状态。目下，教师最需要有的是"到那里"。一个反思性的教师，要有这样的激情与渴求："那里"的理想之光在召唤我们，我们应当前往。"回到这里"，还是回到课堂里来，回到实践中来。当用教育理论武装起来的教师，再回到课堂、回到实践的时候，就会用另一种眼光看实践、看经验，就会以另一种方式迈开自己的步伐，进而在"回到这里"的时候，创造自己教学的辉煌，真正成为反思性的实践家。当然，"在这里""到那里""回到这里"不是截然分割的。

其二，围绕儿童研究的演绎。教师"在这里"：在儿童中。教师离不开儿童，没有儿童就没有教育；教师离不开儿童，离开儿童的教师不可能成为优秀教师，甚至算不上是教师。可是，我们在儿童中，并不意味着我们真正了解儿童、认识儿童和发现儿童，因此，我们还必须"到那里"：到关于儿童研究的文献及其他诸多的理论中去。我们"到那里"去，阅读卢梭，阅读蒙台梭利，阅读杜威，阅读苏霍姆林斯基，阅读老子，阅读陶行知、陈鹤琴……我们可以阅读《哲学的童年》（杨适著，中国社会科学出版社 2011 年第 1 版），阅读哲学的童年，也阅读童年的哲学，因为美国当代哲学家马修斯就把儿童与哲学联系在一起，他的那本《哲学与幼童》（陈国容译，生活·读书·新知三联书店 1989 年第 1 版）启发我们要对儿童思维进行哲学分析，儿童是有自己的哲学的。阅读这些，不是装扮自己，是要"回到这里"，回到现实中的儿童，把理论和实践结合起来，渐渐走近儿童世界，走进儿童心灵。儿童教育家斯霞、李吉林就是这么发展起来的。我们不可能都成为儿童教育家，但我们都应循着这一路径，去追寻儿童教育的密码，拥有儿童教育家的情怀与人格。

其三，围绕着专业发展的演绎。教师"在这里"：在学科专业方面，教师专业发展要基于学科专业，学科专业发展的水平和程度，影响着教师专业发展的水平和程度，影响着教学质量的提高。任何时候都不能轻慢学科专业，但又不能局限于学科专业，教师还必须"到那里"：教师超越学科专业的综合素质的提升。一是教师的教学知识的提升，在实践中探索、提炼自己的个性化、情境化的知识，形成教学智慧；二是教师的条件性知识的提升，丰富自己的教育理论，开拓理论视野，从感性走向理性，从浅表走向深度，把激情和理性结合起来；三是教师的文化性知识的提升，拓展知识背景，丰厚文化底蕴，把科学素养与人文素养结合起来，用吸引人的方式、文化的力量推动教学改革。没有这种超越学科的综合素养的提升，不可能在教学改革中游刃有余，也不可能形成自己的教学特色乃至教学风格。"到那里"是为了"回到这里"，即回到学科教学中，用更开阔的视野、更开放的心态、更丰富的学养，重新审视学科教学，反思自己的教学经验，总结、概括、提炼自己的教学个性，努力成为如庄子说的"大知闲闲"的具有大智慧的教师。

以上这些演绎，已超越了研究，也超越了研究的路径，但是，这一切又都是研究，一切都是通过研究促进教师成长的发展路径和方式。实践不止一次地告诉我们，儿童研究的反思性实践家正是在这样的路径和方式中逐步发展起来的。其实，假若稍稍拓宽，"到那里"还应包含对未来的愿景和理想，对未来人生意义和价值的探寻；"回到这里"，即回到教学的现实实践中来。理想与现实、理论与实践的双向建构，就是在"在这里"——"到那里"——"回到这里"的"归去来兮"中逐步实现的。

三、作为反思性实践家的表达方式：感性与理性的结合

教师研究总得要表达，表达是研究的一个重要环节，也是教师专业发展的重要内容和标志，教师要练好表达的基本功。当下，对教师研究后的表达有一种要求：必须有理性思考，要进行深入的概括和提炼。这样的要求无疑是正确的，也是必需的，而且有很强的针对性。但教师研究后的表达，往往偏于感性的描述而缺少理性思考的深度。值得注意的是，有些人过于强调教师表达必须有理论色彩，否则对教师的研究表达往往不屑一顾。这种认识和态度是有问题的，其中隐藏着的深层问题是：究竟什么叫理论色彩？究竟什么叫学术性？由此产生的另一个重要问题是：教师的研究表达究竟是什么样的？倘若这些问题不搞清楚，不仅影响教师表达的积极性，进而影响教师研究的积极性，而且使教师茫然，甚或盲目地去追求所谓的理论色彩和深度，有可能走上不正确的表达之路。为教师寻找适合的表达方式是重要的，也是急迫的。

适合教师的表达方式离不开人们认识、表达事物的一般方式。人们认识事物无非有两种方式：理性的与感性的。理性的方式强调概念的界定、原理的阐释、逻辑的严谨，等等；感性的方式则强调想象，常常运用比喻（包括

隐喻）、象征、描述的方式。这两种不同的方式有自己的特点和优势，有的学者还更偏向于感性的方式。比如，罗素说："真相是重要的，想象也是重要的。"美国后现代课程论专家多尔则进一步说，隐喻比逻辑更有效。这是为什么？雨果作过这样的判断："想象就是深度。"他还用过这样的比喻："想象是伟大的潜水者。"对于教师，这两种表达方式都需要学习。相对而言，理性的表达方式正是教师的弱项，亟待加强和提升，应当有突破。对此，我想不会有任何的疑义。不过，我又以为，教师的优势和特点正是在感性经验的丰富，正是长于用感性的方式来生动地表达。这一优势是学者们、科研工作者们所不具备的。而且值得注意的是，学者们、科研工作者们也正在努力用感性的方式来表达自己的理论，他们的表达越来越受到老师们的欢迎。为此，教师不仅不应妄自菲薄，相反，应当进一步发展自己的优势，彰显自己表达的特点。与此同时，还应当把理性与感性的方式结合起来，形成教师特有的表达方式。

黑格尔作过这样的判断："美是理念的感性显现。"他的意思是，当理性与感性结合起来的时候，或者说，当用感性的方式表达理性思考的时候，就会产生美、显现美。我理解，这样是"诗意"的表达，具有"诗意的深度"。而"诗意""诗意的深度"是一种扎根于实践的理论。不可否认，这是理论，也是学术。理论、学术绝不应当艰涩、枯燥，绝不应当把简单问题复杂化，相反，生动、活泼、形象、具体的不一定不是理论，不一定不是研究。尤其是教师，教师的表达一定要形成适合自己的表达方式和风格：清简、浅近中富含深刻的理性，生动、活泼中隐藏着深度的思考。这样的表达，教师可读、可亲，也可学。这样必然使教师的研究及其表达实现本应有的目的和期待。

教师表达把感性与理性结合起来，在实践中逐步形成了以下一些特点。一是从问题出发。教师的研究基于实践，其表达也应当是内心的一种呼唤。研究来自问题，表达来自问题思考后的交流、分享。问题性，是教师表达的显著特征。比如，小学语文教学究竟有没有深度？能不能有深度？如果有深度，那么是一种什么样的深度？这是教师常感困惑的问题。有教师从这一实践问题出发，进行了专门的研究，而且进行了富有深度的表达。教师阅读这篇文章时，似乎感觉到作者在与自己交谈、对话。问题性把教师吸引过来，把实践与理论对接起来。二是基于实践。教师的表达是对自己实践的回顾、梳理、反思后的提升。由于亲历亲为，教师表达时，似乎"过电影"一样，重新回到了实践，重新回到了事物本身，表达得具体、充实，尽管有偏重技术的倾向，但是，在"形而下"中蕴含着"形而上"的思考。实践性让教师表达之树永远长青。三是情景描述。教师表达时常会情不自禁地又进入特定的教育情境之中，又恢复了自己教师的口吻，生动而具体地描述当时的教育情境。教师表达的情景性，使文章真实起来、鲜活起来，也让读者进入到情境之中，一起经历、回味、分享，从中受到启发，从心底里产生共鸣。四是夹叙夹议。教师表达不善于长篇大论地进行理论分析，但善于在叙述中随时发表自己的感受和见解，夹叙夹议是教师表达研究成果的常用方式，随着夹叙夹议的不断展开，思考、分析、提炼的深度也逐步呈现。

以上这些特点使教师的研究表达具有自己鲜明的风格。当然，教师在呈现以上特点时，还必须把握好度，即：不能"沉"在问题中跳不出来，只有问题的揭示而无问题的解决；不能"沉"在实践的叙述中而不会取舍，失去对实践意义和价值的判断；不能"沉"在情景的描述中而不会分析情景的内在结构，不会挑明情景对人们的期待；不能"沉"在叙事中而忘了议论，也不会适当地引经据典进行分析，"叙"显得过于饱满，"议"显得过于单薄肤浅。这些问题有待于教师在实践中逐步领悟，只要大胆地去表达，教师一定会成为优秀的研究者，成为受欢迎的研究表达者。

研究，要从问题出发

2015 年，在一所小学里，老师们热切地希望我谈谈课堂教学改革，我希望他们先谈谈自己的想法。我总觉得，关于课堂教学改革，最有发言权的，应该是教师。一些专家要警惕下车伊始就居高临下地说一通不切实际的话。

一位教师说她正在研究"准备学习"。所谓准备学习，是让学生课前就有关问题作准备：准备知识，准备经验，准备学习的方式。我向她提出了几个问题：第一，准备学习和前置学习、预习有什么不同？——要进行有关概念的比较和厘清。第二，它不是所要学习内容的提前学习，那它就什么来准备学习呢？——要研究准备学习与将要学习内容的关系。第三，准备学习将对原本的课堂教学产生什么影响？课堂教学将会发生什么变化？——通过课堂教学结构的变化来研究准备学习的目的和意义。第四，准备学习时，学生究竟是怎么学习的？——要研究学生真实的学习，研究他们的学习方式和认知风格。第五，准备学习是自主学习，教师要不要介入？如果要介入，以什么方式来介入？——要研究教师在准备学习中的作用与方式……我提出以上问题以后，这位老师认为，不同年段，甚至不同年级的学生准备学习的方式和水平肯定是不同的，教师应从这方面进行深入研究。另一位教师立即提出，不同学科的准备学习也是有差异的，也应该归入研究的范围……就在各种问题抛出以后，第一位教师逐步厘清了自己的研究思路，形成了研究框架，其他教师也觉得颇有启发和收获。

由此，我想到了研究，想到了教师的研究。

什么是研究？什么是教师研究？对于广大教师来说，研究首先是个态度。研究的态度是从已知开始探索未知的态度，是对未知的渴望，以此引发探求的勇气和智慧；对未知探索的态度是科学态度，求真、求实，不虚幻，更不虚假，真真切切，踏踏实实。有了这样的态度还有什么困难和问题不能解决呢？

　　研究从哪里开始？从问题开始。可以说，研究就是提出一个个问题，解决一个个问题。问题是研究的生命，没有问题就无所谓研究。培养教师的研究意识，首先要培养教师的问题意识。从问题出发，就是要避免研究从概念出发。比如，研究学校文化建设，总是在什么是文化，文化究竟是三分还是四分上讨论、纠结，其实大可不必，可以就文化建设中的问题研究入手。研究需要厘清概念，但更为重要的是提出问题、研究问题、解决问题。

　　谁来研究？教师应当是研究的主体，通过研究，真正实现"教师即研究者"的理念和要求。但是，教师怎么才能成为研究的主体？只有当教师成为问题的发出者、研究的参与者、问题的解决者时，才会成为真正的主体。这就对专家们提出一个要求：成为教师研究的帮助者、指导者、引领者，而不应包办代替，以至造成让专家来代写论文和研究报告这样的怪事来。

　　还有一些问题需要讨论，但就以上案例我们是否可以从中领悟到一些关于研究的真义呢？

让行动研究准确起来、具体起来

行动研究，一个熟悉而亲切的概念。然而，联系教育研究的现况，我们似乎又觉得它是那么空泛遥远：它常常出现在研究课题的设计方案中，但大多寥寥数语，难以具体；它常常被运用于方案实施中，但又时常让人不知所措，难以展开；它也常常公开于各种研究报告和教师的表述中，但又时常一带而过，难以提炼和深化。同时，行动研究是经验总结吗？行动研究是个案研究吗？校本研究、叙事研究是行动研究吗？诸如此类的问题也时常困扰着教师。为什么会存在诸多问题和困惑？其实细细考量，还是我们对行动研究这个"舶来品"没有真正读懂。看来，要使行动研究准确起来、具体起来，还真需要我们对之进行一番认真的研究。

一、行动研究的意义：教师成为研究者

长期以来，研究曾经是专家的"专利"，而研究对教师来说，似乎总是遥不可及。然而随着教育研究的不断发展和深入，教师参与研究的程度和地位也越来越高：专家在教师的配合下进行研究—专家和教师一起进行研究—由教师和同事、学生及其他相关成员一起进行研究。时至今日，教师已逐渐成为研究的主体而被赋予了研究者的角色，而行动研究则担负了促使教师研究地位转变的历史使命。

行动研究为我们揭示以下一些重要的理念：教师最需要在行动中研究、理解和提高，且教师又最富有行动研究的机会、条件和潜能；行动研究最贴近教师、最能为教师所运用，因而也最能成为教师专业生存的方式；行动研究能促使教师在行动中学会研究，从而最终解放自己、解放教育。其实，教

师每天都在行动，但他们的行动只是忠实的执行和不折不扣的实施，因而这种行动只能是一种缺少研究的被动行为。而行动研究无疑能改变教师的被动性，使"教师即研究者"这一理念在教师的行动研究中得以实现。

与基础研究相比，行动研究不必刻意去探求新知识、发现新规律、说明新关系；与实验研究相比，行动研究不必刻意去设定假设变量、运用特定手段进行测量、依据既定理论给实践作注脚。行动研究总是与教师工作的特点结合在一起：研究的问题产生于教师自己实际工作的情境之中，且问题是真实的；问题的解决也总是在特定的情境之中，通过教师自身持续的反思和探究去寻求答案；提出、探究和解决问题的过程既是行动的过程，也是研究的过程。

以校为本，从本质上说就是以教师为本；校本研究，说到底基本上就是教师的行动研究。当然，校本研究并不是排斥实验等其他类型的研究，但唯有行动研究才能面向全体教师，才能走进教师真实的教育生活，并最终使教师走向研究的平台而成为研究者。这也是行动研究的意义所在。

二、行动研究的特征：参与、改进、系统、反思、公开

行动研究至少有五个关键词，即参与、改进、系统、反思和公开。这些关键词描述了行动研究的基本特征。

（1）参与。参与是行动研究的第一特征和首要条件。行动研究首先要调动教师参与研究，否则行动研究就会不自觉地成为少数人的权利，从而失缺行动研究应有的原义和本义。行动研究就是要在研究的每一个阶段都能见到教师的身影，都能听到教师的声音。

参与，意味着要给教师授权，即给教师权利——在学科、班级或在某一领域实验的权利、调整的权利、创造的空间等。参与的另一个含义是合作。行动研究可以是教师个人的行为，但更多的则是教师间的合作研究。合作参与研究不仅能促进教师个体的专业发展，更为重要的是能促进学校研究群体的形成，提高学校的整体水平。

（2）改进。改进既是行动研究的关键性特征，更是行动研究的直接目的。它主要表现在：改进教师的实践行动；改变教师对实践的理解；变革实

践所处的社会情境。

对以上"改进"的理解，可以归结为：为行动而研究、对行动进行研究、在行动中研究。但值得注意的是，改进不是一次性的，而是不断的、持续的过程，因而我们还可以把行动研究归结为：边行动、边研究、边改进；不断研究、不断改进、不断行动。改进总是伴随着行动，研究总是伴随着改进，因此行动研究是持续改进和不断研究的过程。从这一高度说，行动研究预设的方案、计划随着研究进程的发展是可以调整、改变的，甚至还可以生成另一个研究的主题。

在上述诸多"改进"中，改进教师对实践的理解最为重要。理解是准确把握的前提，理解的深化可以形成一种理念。行动研究的过程应该是一个不断理解的过程，深化理解的过程，提升理念的过程。同时，变革实践所处的社会情境也是改进的重要内容和目的，这主要表现为改善师生关系。

（3）系统。系统是行动研究中不可忽视、不可或缺的重要因素，是衡量研究品质的重要特征。斯腾豪斯曾对"研究"下过定义，他认为："研究是一种系统的、持续的、有计划的和自我批判的探究，这种探究应该进入公众的批判领域。"行动研究是一种研究，而行动研究中的"系统"意味着：行动研究必须遵循科学研究的规则，如实事求是地研究计划的设计和实施等；行动研究要有计划性，即一步又一步，一个行动接一个行动地来实行，而不是盲目的、随意的、零碎的；行动研究要有科学的方法，比如观察、记录、分析等；行动研究要能产生知识，完善理论，发展理论。

强调行动研究的"系统"特征具有现实意义。当今，人们把行动研究混同于随意性的问题解决和一般性的经验总结，就是因为缺乏对"系统"的认识和准确把握。

（4）反思。反思是行动研究的又一重要特征，也是教师进行行动研究的基本手段。行动研究的倡导者曾把"教师成为研究者"发展为"反思性实践者"，其价值在于：强调研究要落实在实践中，落实在反思的过程中，从而使研究更具体、更有把握。"反思性实践者"为行动研究提出了一些基本理念：教师不仅要对教学进行反思，而且要着眼于整个教育生活的反思；不仅重视教室内的反思，还要着眼于教室外的反思；不仅注重实践后的反思，还要重视实践中的反思，并力求做到实践前的反思，做好设计。

行动研究的反思应包括以下方面：一是对研究框架，即计划、思路、环节和措施等进行反思，以便于对研究作较大的调整，甚至是框架性调整；二是对教育事件、教育现象、教育问题进行反思，从司空见惯的现象背后去重新认识和重新发现；三是对教育、教学的细节进行反思，开发细部、细节资源，使教育教学过程变得更为完善、更为生动和有效。

反思应当成为教师的一种品质和习惯，并伴随教师教育和研究的整个过程。这样，就能使行动研究比之日常行为更有目的性、计划性，也更有理性水平。

（5）公开。研究是一种走进公众批判领域的探究，而行动研究作为研究的一种方式也必然走向公众、实行公开。公开的目的，一是为了让大家分享研究的成果，二是为了得到公众批判的滋养而加以改进。公开的方式是多样的，其中写作和口头表达是基本的方式。教师的研究往往疏于公开，也往往懒于公开，其原因就是由于他们对研究公开的目的缺乏认识，也是教师惰性的一种表现。因此，强调公开无疑有利于培养和提高教师的研究品质和表达水平。

三、行动研究过程的要点：计划、收集信息、解释、表达

行动研究的过程可以表述为：计划—行动—观察—评价—再计划—再行动……这一过程为我们提供了以下一些重要信息：研究是有计划的；研究是可控的；研究是持续不断的；研究在不断的行动中。

（1）计划。行动研究必须有计划，而计划的起点则来自教师自己在教育情境中面临的问题。最朴实的问题是：最近在我的教育、教学中发生了什么问题？有什么困惑？出了什么岔子？依次可以演化为以下问题：我已经知道了什么？别人知道了什么？我期望发现什么？在形成研究计划时，一要把问题具体化，二要对问题进行梳理和选择，进而形成研究课题。

（2）收集信息。收集信息的方式主要有：观察、访谈和对文献及其他资料的占有。观察，实际上就是自己在研究过程中的亲历；访谈，实质上就是探究他人的经历和想法。观察可以是封闭的，也可以是开放的；访谈可以是封闭的，也可以是非封闭的，可以是个体的，也可以是团体的。国外研究者

曾提出"影子研究"的模式，即对某一个研究对象进行跟踪、观察、记录，像影子一样跟随着他。这种方法，我们不妨一试。但无论使用何种方法，都必须认真进行记录。

（3）解释。对所收集的信息要进行归类，有时还要进行统计，最重要的是要对信息作出分析、解释和说明。在解释过程中，信息就可能从一般的素材或数据成为论证你观点的论据。对信息的解释，在很大程度上表明了研究水平的高低。

（4）表达。行动研究的结果要寻求表达的方式。叙事是人类基本的表达方式，但曾经为抽象、概括等科学研究的要求所排斥。近来，它又重新返回到科学研究的领域中来，并被广泛运用于教育科学研究中。叙事研究，通俗地说就是以讲故事的形式，将整个教育问题提出与解决的过程完整地"叙述"出来。作为行动研究的一种报告形式，叙事无疑是一种富有智慧和诗意的表达方式。叙事研究类似个案研究，但两者又有区别，因为叙事研究更关注过程的细节和情境，更重视把自己摆进去。当然，行动研究的表达方式是多样的，叙事研究只是其中的一种，但它最适合教师。

向美回归：教师的研究与表达

一、散步美学为教师研究和写作开辟了新的路径

教师研究和写作，需要寻找更适合自己职业特点和需求的新视角、新方式。散步美学为我们开辟了一条新的路径。

（一）追问自己的研究方式和风格

我是一个普通的教育科研工作者，当然，我有自己的追求，试图逐步形成自己的研究路径和写作风格。在实践的基础上，经过不断感悟和反思，我逐渐认识到，教育科研不应是干涩的、乏味的，而应充溢情感和诗意。用通俗的话来说，教育科研也应该"好玩"，让教师喜欢；科研论文也应有情趣、有情调，让教师爱读。出于这样的认识，又基于自己的个性特点，我所做的科研常常源自内心的冲动，率性而为；所写的论文，常常是一种诗意的表达，有感而发。让我感到欣慰的是，很多教师对此给予了鼓励。他们说，这样的文章我们喜欢，读了很亲切，也有一种想研究、想写点什么的激情。不少专家学者也给予肯定。不过，我常常反思，这样做研究究竟行不行？这样写论文究竟好不好？究竟应给教师什么样的指导和影响？我心中有疑惑、有忧虑。

我把目光投向苏霍姆林斯基、陶行知，还常常翻阅浪漫主义哲学家的著作及关于中国诗性文化的论述，关注他们的研究方式和表达风格。我渐渐有了一种感悟：教育科研不应只是一种模式、一种方式、一种风格，教育的专业写作也必须寻找到更适合职业特点和需要的表达方式。实际上，这些问题背后隐藏的更深层次的问题是：究竟什么是教育科研？究竟什么叫学术性？

究竟提倡什么样的专业写作？我以为，这些问题不搞清楚，可能会影响教师研究与写作的积极性，影响其教育科研，甚至可能会有一些误导。

在思考的过程中，我再一次阅读了宗白华的《美学散步》。与此同时认真读了一些相关的评论文章。其中，《情感与启蒙——20世纪中国的美学精神》引起了我的关注。阅读的过程正是思想的过程、研究的过程，我给自己定了一个研究题目："散步美学与教育科研"，希冀为教师的教育科研、专业阅读和写作找到一个新的视角和方式。

研究的初步体会是，散步美学可以为我们的教育科研提供理论支撑，可以为我们开辟一条新的路径，也可以成为教师研究的一种方式。

（二）散步美学的实质是用自在的方式体验生命

在20世纪中国美学精神的发展中，宗白华的美学思想有着重要的地位。他的美学思想和方法被称为"散步美学"，并形成一个流派——散步美学学派。散步美学的概念首先来自他的一篇著名论文《美学散步》。宗白华在文章的"小言"中这么说："散步是自由自在、无拘无束的行动……西方建立逻辑学的大师亚里士多德的学派却唤（它）做'散步学派'，可见散步和逻辑并不是绝对不相容的。"然后，他举了庄子和达·芬奇的例子来佐证："庄子，他好像整天是在山野里散步，观看着鹏鸟、小虫、蝴蝶、游鱼，又在人间世里凝视一些奇形怪状的人"，"很像意大利文艺复兴时大天才达·芬奇在米兰街头散步时速写下来的一些'戏画'，现在竟成为'画院的奇葩'。庄子文章里所写的那些奇特人物大概就是后来唐、宋诬家画罗汉时心目中的范本"。可见，散步美学不是宗白华自己命名的，大哲学家早就提出并认可；不仅仅是在现代活跃，在古希腊时期就活泼泼地存在。而长期以来，我们却关注、了解得很不够。

散步美学是宗白华美学思想的风格，也是他美学研究的一种方式方法，无论是思想风格，还是方式方法，都反映了宗白华的美学价值追求，对美学研究现状的不满，而力图探索、突破，呈现美学研究的境界。

我们可以对散步美学的特点、优点及其本质作些基本概括：自由自在、无拘无束。这既是散步美学的特征，也是它的优点。具体地说，"不是先建立哲学的大厦，然后不无牵强虚构地往里填东西；也不是仅从实验出发，来抽象出经验性的未必可靠的结论"。如果诗意一点,"他把自己的研究比作散步时在路旁折到的一枝枝鲜花,拾起的自己感兴趣的一块块燕石,放在桌上可以作为散步后的回念"。散步美学研究的基本方式是将人生、艺术、自然当作三位一体的观照对象。

我以为,正是基于这种三位一体的研究,散步美学倡导并体现了学术研究的两个回归:一是学术研究向美回归。学术研究不应全是纯理性的,更不是枯涩、冷漠的,而应满怀情感,其表达也应洋溢激情,甚至可以是诗意的。二是学术研究要向人的生活回归,将优美的艺术人生、审美人生自觉地融入学术研究中,其中有生活,也有生活的情调。而这两个回归,最终使学术研究真正成为自己真切的生命体验,以生命来解读艺术,解读学术的真谛。这样,生命是美的,学术研究也是美的,而读者也会受到美的感染和心灵的触动;又以研究之美开发生命的灵动与美丽。

（三）散步美学与教师教育研究的连接

当下,散步美学还只在美学研究、文学研究领域中运用。我自然想到,散步美学的理论和方法是否也适用于教育科研呢?我以为,不仅是可以的,也是可行的,因为它与教育科研有着自然而密切的关系。

第一,散步美学与教育有着天然的契合。关于教育,有着诸多的经典定义和解释,都很精辟深刻。不过,说到底,教育是关于人发展的活动,是"一棵树摇动另一棵树,一朵云推动另一朵云,一个心灵唤醒另一个心灵"的过程,是关于人的精神和生命的教育。这样的活动和过程,需要教师和学生都应回到生活中去,都应有自己生命的独特体验和领悟,都应有审美价值的引领和提升。教育必须有目的、有计划、有步骤地进行。在本质上,好比是人心灵的散步、精神的游逛,是自由自在、无拘无束的。也就是说,教育和散步都是诗意的劳动、一种审美的生存。因此,散步美学与教育有着天然的联系。作为教育科研,当然要体现教育的本质和旨归,也就当然与散步美学保持天然的契合,而散步美学作为教育科研的一种方式,形成一种风格,也是理所当然的。

第二,散步美学与教师的职业特点和工作方式有着内在的一致性。由于职业的特点,教师的工作个体化劳动特征特别鲜明。教师职业的个体性,需要教师有独立的人格、自由的思想，需要教师在自在的"散步"中对教育、对学生、对课程等有独特的理解和感悟，形成自己的风格。教师的工作又具有强烈的创造性。这是一种审美创造，需要不断地寻找探索和发现，而"散步"往往是创造的摇篮，散步最具生成性。

教师富有情感，在教育中触摸学生情感的脉搏，与学生的心灵一起跳动，在实践中积累了相当丰富的经验和真切的体验。此外，他们也最擅长用感悟的方式表达自己研究的成果和体会。这些不仅不是缺点，相反是教师研究的特点和优势。亦如美学家鲍姆嘉通所言，美学的规定性是"感性认识的完善"。不难看出，教师的教育科研与散步美学具有内在的一致性，是相通的；换句话说，散步美学的方式和方法适合教师的教育科研。

第三，散步美学可以有效地克服当下教育科研中的缺陷和问题。梳理一下，我们不难发现，教师的教育科研有一种理性追求的沉重。也就是说，教师总认为自己缺少理性，缺乏深度，缺失理论的支撑，一些专家学者也常常以此要求他们，有时还会批评他们。因此，他们四处寻找理论，脱离了自己的实践，淡漠了自己的生活。生命情感淡薄了，生活方式单调了，疏离了自己的优势和特点，而且常常感到自卑。

教育科研要有理性，要有理论，要有深度、高度，无可非议。但这里有两个认识上的误区。一是对理性认识的误区。黑格尔说，"美是理念的感性显现"。一味追求理性，可能造成理智缺陷，理智的背后却站着一个魔鬼式的人欲。对教师来说，言重一点的话，一味追求理性可能遮蔽了感悟、淹没了情感。二是对理论认识的误区。教师不能没有理论的支撑和指导，需要专家学者引进理论，但教师还需要在实践中形成自己的理论，这是基于实践的扎根性理论，是草根化的理论。同时，理论并不意味着复杂、深奥、神秘、冷峻，理论最好的表情是亲切、生动，最好的理论是深入浅出的。散步美学恰好能帮助我们消除认识上的误区，消除心理的自卑，让教师怀着快乐的心情更自觉地参与到教育科研中来，建构适合教师自己的研究路径、方式和风格。

以上三点认识，逐步让我树立了信心，也产生了责任感。

二、散步美学引领下的教师研究

散步美学引领下的教师研究：向生活回归，向研究的自觉回归。在"散步"中，以"直觉把握"的方式开展研究，丰富生命体验，追求研究的内在逻辑。

李泽厚在《美学散步》的"序"中说："宗先生谈话和他写文章的特色之一，是某种带着情感感受的直觉把握"，"或详或略，或短或长，都总是那种富有哲理情思的直观式的把握，并不作严格的逻辑分析或详尽的系统论证，而是单刀直入，扼要点出，诉诸人们的领悟，从而叫人去思考，去体会"。李泽厚准确地概括了散步美学的基本方法：直觉把握。宗白华自己也对直觉把握有过论述，"直觉本是世界一切大理论大思想产生的渊源"。他还认为，直觉是"东方的伟大"。的确，直觉把握是一种思维方式，不只是一种感觉，而且是一种研究方法。可以作这样的判断："散步"就是一种直觉把握，是一种灵感，是一种智慧的即时生成；"散步"就是一种研究，它自在、闲适，富有生命的情调。

教师研究需要直觉把握，也最善于用直觉把握去进行研究。因为他们在教育中生活，每天都在用最直观的方式去观察、去寻找，在观察、寻找中发现，在发现中哲思，在哲思中去创造教育的奇迹。对于教师研究，倡导直觉把握，有以下好处：

首先，在研究目的上，可以突破功利的包围。有些地区和学校，要求教师开展教育科研，是任务型的，因而很容易造成为研究而研究，不得已而研究的状况，功利化的倾向随之产生。散步美学是合目的的，但又是元目的的。或者说，研究的目的就在过程中，而不刻意追求研究的结果。这样，直觉把握就成了教师的生活方式和专业特点，让教师的研究无所为又有为，有为又无所为，研究真正成为教师的内心需求。

其次，在研究的内容上，直觉把握可以把教师带回到生活中去，或者说，让教师自觉地沉浸在生活中，突破视域的限制。追求理论性、学术性的研究很可能把教师从丰富多彩的生活中剥离出来，疏离了生活，也就迷失了自我。而直觉把握把生活当作研究的界域，在生活的田野里研究，开阔了视界，获得了灵感。

再次，在研究的框架上，可以突破预设，更多地走向生成。如前所述，散步美学不是先建立哲学的假说，然后往里塞东西；也不是仅从实验出发，来进行理性的抽象。必须说明的是，教师研究需要整体建构，也需要科学实验，但我们不应该排斥直觉把握，相反，如果让教师去直觉把握，则可能有更多的生成和创造，研究可能会更鲜活、更丰富。

第四，在研究方式上，直觉把握成为教师研究的基本方法，可以突破纯理性的束缚，发挥自己研究的优势和特点，锤炼自己对教育的敏锐，生长教育的机智。这样，教师完全有可能时时处处都在研究，"教师即研究者"就有可能成为现实。问题的另一面，宗白华对直觉把握的认识是全面辩证的。他说，"直觉之后要有实际的取证，不可流于空论玄想，我所以反对的是纯粹直觉主义……"他所强调的是直觉与逻辑的统一，这也正是散步美学的方法论特征。散步美学的逻辑是一种内在逻辑，不显山不露水，既有韵律又有理性，透过"秩序的网幕"表现"生命的节奏"，把握"真理的闪光"。可以这么说，散步美学的逻辑是一种"潜逻辑"。我理解，这是一种情感的逻辑、生活的逻辑、生命的逻辑，它内在于教师的情感、生活和生命的深处，你可能不去作理性的分析，却能实实在在地感受到。如此，教师研究的自由自在、无拘无束，绝不是放任，绝不是不讲逻辑的，也绝不是不讲秩序和方法，逻辑、秩序、方法就在他的内心。也许，这可唤作"内在的尺度"。

直觉把握可以成为教师研究的方式和特点。因而，我以为，教师的研究更要提倡叙事研究、案例研究、行动研究。所谓叙事研究，是叙生活之事，让一个个故事提供一个个可分享的世界，从中发现自己在哪里，教育是什么，我们应当到哪里去；所谓案例研究，是创造生活的经验，让一个个案例成为一扇扇打开的窗户，通向世界，通向未来；所谓行动研究，是让自己成为行动的主人，按着一定的计划和路线前行，随时调整、改进，让行动走在理论的前头，让理论潜伏在行动之中。这样的研究，教师都应当是主体，他们是研究者、发现者、创造者。而这一切都源于生活中的直觉把握，源于内心的体验，无形中扯出了一条生命的逻辑，牵着教师走进教育生活的深处。

三、散步美学引领下的教师专业写作

散步美学引领下的教师专业写作：向形式美回归。在"散步"中寻找属于自己的句子，表达自己真切的感受，追求"诗意的深度"。

教师的专业成长是教师专业发展的内容，也是教师专业发展水平和研究水平的标志，而且，专业写作可以把教师的专业发展引上一条智慧之路、幸福之路。所以，教师研究少不了写作，包括论文的写作。没有写作，不仅研究不完整，而且可以说教师的专业发展不完整、教师的专业生活不完整。"经验＋反思＋写作"，可以视作教师发展的成功之路，尤其是名师成长的必由之路。问题是，教师作为研究者要有什么样的写作，其背后的问题是，教师的写作应当是什么样的。事实是，教师常常为写作而困惑，而苦恼，而害怕。

是的，我们首要的任务可能不是教会教师写作，而是让教师从苦恼、畏惧中解放出来。我不敢说让他们喜欢写作（实事求是地说，有多少人是真正喜欢写作的），至少让他们以快乐的心情去尝试，逐步尝到写作的甜头。为此，教师的写作，要为教师疲劳的心灵提供一个诗性的空间，为教师苦恼、畏惧的心理提供一个快乐的栖息地，为教师的专业尊严、价值提供一个较高的展示和发展的平台。散步美学可以为我们寻找、开辟一条美好的路径，那就是向形式美回归。

曾看到一则报道：在诺贝尔各项科学奖揭晓之前，2011 年的"搞笑诺贝尔奖"已公布，荷兰的科学研究人员曾经获得过 6 次"搞笑诺贝尔奖"。值得一提的是，俄裔荷兰籍物理学家安德烈·海姆既得过"搞笑诺贝尔奖"，也荣获过真正的诺贝尔奖。这说明什么？报道讲了这么一句话：这似乎表明，异想天开、幽默，科学研究并不排斥。同样，教育科研与诗意表达也是不排斥的。

其实，这里隐藏着一个深刻的问题：教育研究表达中的"艺术形式美"。对形式美，教育研究有所疏忽。而散步美学正是力倡研究表达的艺术形式。"宗白华的艺术形式观和审美教育理想是宗白华散步美学风格形成的直接动力"。一个艺术家的艺术形式观决定了其在艺术创作中的思维方式、表达方

式。往深处讲，艺术形式和生命是紧密联系的，"心灵必须表现于形式之中，而形式必须是心灵的节奏，就同大宇宙的秩序定律与生命之流动演进不相违背，而同为一体一样"。散步美学将形式美看作是审美的精神实体，抑或说，形式美是对抽象研究的一种调整，以至是一种自觉的背离和寻找。美学研究需要向艺术形式美回归，教育研究同样也要自觉地、理直气壮地去追求形式美，用形式美去感受和触发教师研究的心灵节奏和生命节律，让研究、写作充溢生命的温度。

首先，教师写作向形式美回归，就是向情感回归，向审美情趣回归。教育研究关涉人，关涉人的生活、生命。人，人的生活和生命怎能缺失情感？马克思讲过这样的话：情感是一个人发展的本质力量。毛姆用"月亮与六便士"来隐喻人的精神和情感应当超越物质，追求情感的价值。我们常说，儿童是"情感的王子"，作为"情感王子"的教师必定也必须情感丰富、充沛。可是，看一些教师的文章，情感不见了，情感被冷漠的文字和数据驱赶了，被所谓的理论遮蔽了。这种教师写作与教师本身情感的反差与背离很危险，这样的写作很有可能吞噬教师的情感和精神，把教师写作乃至研究引上另一条道路。

让教师研究和写作向形式美回归吧，向审美情趣回归吧，向教育的情感、人的情感回归吧，教师需要而且可能，学生喜欢，我们也会从中发现深邃的教育原理以及教师生命的潜能。

其次，教师写作向形式美回归，就是向具象化回归。美，虽很灵动、空灵，但非空洞，更非虚无缥缈。美是实在的、有时往往是具体的。散步美学善于把抽象的东西物象化、具象化，让人感知，在具体的感受中受到感染，产生创造美的冲动。这种具象化，实质是对美有丰厚的事实基础。一如英国人科林伍德所说，如果沉溺于逻辑的迷宫，不管它多么胜任理论工作，却往往因为事实基础的薄弱而归于无效。教育研究是具体的、实在的，教师的研究写作应该基于实践，基于事实，作具体的描述和分析，尽管最后的结论，可能被抽象为那么几条，但每一条背后都有事实的支撑。

如果教师写作能让研究的过程具体起来，让研究的对象生动起来，让教育事件丰满起来，那么，研究就成了一个可供分享、可作分析、可以兴趣盎然读起来的过程，其文本活泼泼的，那些人、那些事就像在我们眼前，那些结论，那些理念，那些理论就鲜活地流淌在我们的心里。这多好。

再次，教师写作向形式美回归，应当开辟新的文体。理智主义、工具主义、科学主义常常造成研究和写作的模式化，给人以单一、枯燥、艰涩的感觉。教育科研论文有着文体的要求，应当努力实现文体的规定性。但是，我想即使文体也应有另外的选择。文体的选择实质上是言说方式的选择、文化审美的选择。况且教师的研究侧重于叙事研究、案例研究、行动研究，这样的研究更要有与之相适配的表达方式。我决不赞成把教育研究的文章，尤其是论文写成散文，但如果允许并容许教师研究的文章，在文体上有一点散文化的色彩，我以为并无不可，甚至可以增强可读性，这样，就扩大了影响力。

向情感的回归，向具象化的回归，向文体多样的回归，实质上是向诗意表达的回归，而这种诗意的回归，是鼓励教师寻找属于自己的句子，以个性的表达，反映自己研究的心得。海德格尔认为艺术的本质是诗。他说，艺术的诗意本质"是以流溢、资助和赠予的方式构成并展现存在的真理"。马克斯·范梅南也说，"所谓诗化不仅仅是诗歌的一种形式，或韵律的形成。诗化是对初始经验的思考，是最初体验的描述"。高尔基认为，诗不属于现实部分的事实，诗意地去表达，不正是一种深度吗？我们不妨把这叫作"诗意的深度"。雪莱说，"诗人是这个世界未被承认的立法者"，而我们进行教育研究的教师呢，当然也可以成为教育世界的立法者。

当然，散步美学也有缺陷，那就是缺少整体建构，理性不强，缺少严谨的分析。所以，散步美学可改造教师的研究和写作，但教师应该把多种教育理论和方式整合起来。

从"斜坡"开始新的攀登

——谈教师的专业写作

一、将"忙"转化为写作机会

曾看到散文家李晓君的一篇文章《呵护写作,以农夫的耐心》(《光明日报》2012年3月27日第14版)。文中,李晓君把散文比作一道斜坡,在其上空,有诗歌的闪电;在其背后,有小说的高峰耸立;在其侧旁,有影视的河流惊涛拍岸。但是,正因为倾斜,散文才获得不断滑行、飞翔的立足点。接着他说,一个写作者必须有农夫的耐心和艰辛。

李晓君说的是散文,但我自然而然地将其迁移到教师的专业写作上来。我想,如果把教师的专业写作也比作一道斜坡,是不是可以把教师的专业写作当作教师"不断滑行、飞翔的立足点"呢?是不是教师的专业写作也"必须有农夫的耐心和艰辛"呢?这是一种联想,而联想基于事物间的本质联系,所以,以上这些设问,答案都应当是肯定的。

说实话,教师专业写作是一个常常困扰教师,让教师困惑和苦恼的问题。我们要理解和同情教师。教师忙于日常教学,忙于提高教学质量,忙于学生的管理和教育,忙于和家长的沟通和协调,忙于各种表格的填写,忙于各种检查、验收和评比……怎一个"忙"字了得!其中,有两个问题是必须厘清的:领导和校长对教师的要求可以"少"一点,教师就不那么"忙"了。但是校长也有许多无奈和痛苦,同样值得理解和同情。这是其一。其二,教师面对如此现状,如何善于安排、充分利用时间,如何让内心有写作的激情和冲动……如此种种,正是对教师智慧的挑战。这样看来,教师的专业写作有一种在夹缝里求生存的感觉。不过,夹缝是可以改变的,夹缝可以变得很大。美国作家约翰·厄普代克说,人的心理皱褶处有一个细微的景象：空档儿。他说的是人与人之间不可弥合的"空档儿"，我理解，人自己内心也是有"空档儿"的。"空档儿"是无限可能之处，对教师的专业写作而言，也同样如此。因此，我的感悟是，引导教师"忙里偷闲"是对教师具有积极意义的同情。

此外，我们是不是也可以换一种思维，获得另一种视角呢？当然是可以的。教师可以把"忙"当作自己写作的机会，因为"忙"的大部分还是忙在专业上。把"忙"转化为专业写作的机会和平台，教师就会有更丰富的写作灵感和源泉，有更深切的体悟和思考，也会有更精彩和更有深度的表达。我们应当把这些自喻为"农夫的耐心和艰辛"。

二、写作需要激情

教师为什么要进行专业写作，除以上阐释外，还可以列出诸多理由，但我不想罗列了。因为我不说，教师也知道，也认同。对教师而言，比知道写作的理由更重要的是，要有写作的激情。我始终认同一位美国教育学者的观点：激情可以成就教师。徐志摩曾说过，他一生的周折都在寻找感情这根线索，激情是他行动的指南，冲动是他前行的风。而激情不是天生的，激情来自一个人不懈的追求。爱因斯坦说过这样的话：一个人骑单车要保持平衡，必须一直向前。哲人尼采说，新荣耀不是在他所来之处，而在他将要前往的那个地方。追求应当是教师专业生活的主旋律，重点不在于追求到什么，而在于有没有追求。有追求的教师应当把专业写作当作"反思型实践家"的专业追求。"反思型实践家"是日本教育学者佐藤学对教师的一个"再定义"。如今的教师，追求专业发展的教师，应当依据这一"再定义"，把专业写作作为专业发展的内涵和重要标志。"再定义"，让我们内心充溢教育的理想和激情。激情推动我们写作，为教育的理想而写作，就会有一种责任感。

在我看来，激情和兴趣是分不开的。英国作家毛姆说，一打威士忌抵不过一个兴趣。有了兴趣，写作就不是一种无奈的应付，也不会成为一种不堪的负担。相反，兴趣会让人觉得写作有意思、很"好玩"。兴趣是可以培养的，兴趣可以因责任而产生，可以由成功的体验而产生。有追求的教师要在一次次的写作中获取成功的喜悦，由成功走向成功。因此，教师决不能以无兴趣为由而拒绝写作。

三、教书育人：教师的专业写作

什么是专业写作呢？对教师的专业写作还未有个明确的界定。依我看来，教师的专业写作是为了教书育人的写作，是基于教书育人的写作，是在教书育人中的写作。这样的写作具有鲜明的专业特征。为了教书育人而写作，这是教师专业写作的目的，是为了提升自己教书育人的认识和水平，为了更科学更有艺术地教书育人。专业写作有可能让教师成为作家，但更为重要的是让自己成为会写作、会表达的优秀教师。基于教书育人的写作，是教师专业写作的基础。教书育人是座丰富的宝藏，可供我们不断开发、利用。基于教书育人，教师的写作才会有根基，才会贴近地面，才会言之有物、言之有情、言之有理。正因如此，教师有写作的最丰富的资源和明显的优势，最有资格成为优秀的写作者。在教书育人中写作，是教师专业写作的过程和方式。在很大程度上，教书育人和教书育人的写作在本位上是一致的，甚或可以说，在一定条件下，教师专业写作的过程正是教书育人的过程，专业写作的方式正是教书育人的方式。反之亦然，教书育人的过程可以成为专业写作的过程，教书育人的方式可以成为专业写作的方式——当然这里的"方式"具有策略的意义。教书育人与专业写作的互相"投射"、互相影响，使二者融合在一起。无论是教书育人，还是专业写作，都是"田野式"的，更具现场感、鲜活感，这就是教师写作向生活的回归。

四、写作向生活回归

其实，原本教师就生活在"田野"中，但是，种种原因使教师不在"田野"，不在现场。如果深究原因，无非以下两个因素：首先是应试教育的干扰。应试教育是最不道德的教育，以知识为中心，以考试分数为目的，以灌输、简单的训练为基本方式，学生与教师远离了生活，被抽象化、符号化，成了知识的奴仆、训练的工具，哪还有作为人的尊严，哪还有生命的活力，哪还有生活的多彩？随之丧失的是对生活的热爱，对理想的渴求，当然也消解了写作的激情。教师的专业写作向生活回归，必须向素质教育回归。素质教育以人为本，以学生发展为本，以教师与学生共同成长为本。教育有了人的在场、心的在场、生活的在场，写作才会在无限的田野里看到无限的风光和风采。其次是教师的价值取向。教师的教书育人既有理念价值取向，也有技术价值取向，二者缺一不可。值得注意的是，实践中，教师往往只注重技术而忽略理念，误以为缺的不是理念而是技术。其实，理念无处不在，无时不起作用。目光投向技术，兴奋点在技术，势必在技术的包围下而难以实现教育理念的突围，也难以实现教学改革的突破。这种技术化的生存，消解的也是教师心灵的丰盈和智慧的生长，无形中，生活被边缘化了。教师的专业写作向生活回归，必须在理念价值和技术价值的双向建构中实现，以理念引领技术，以理念和技术的统一、结合去创造更为丰富的生活。在这样的生活场景和状态中，教师才会获取写作的灵感和源泉，生长写作的激情和智慧。

在初步梳理了这两个方面的主要原因后，我们要形成向生活回归的自觉。教师应当确定这样的信念：教书育人就是专业生活，要有生活的情趣；要成为自己生活的主人，和学生一起创造生活；要丰富自己的生活，打开视界，向日常生活回归；向生活回归，就是向美回归，审美的日常生活化，为我们打开了生活美的图景。由此，写作的激情定会渐渐燃烧起来。

五、向研究的自觉回归

向生活回归的另一种意义是向研究的自觉回归。因为生活有着广阔的研究空间，教书育人的生活需要用研究来改善和提升。无论是佐藤学的"反思型实践家"，还是"教师即研究者"的命题，都把研究作为教师的专业素养，研究已成为现代教师的重要特征；同时，教师研究也是专业写作的另一个重要基础和保证，没有研究作基础和保证的写作是平庸的、肤浅的，缺失深度和新意，缺失普遍规律的揭示和普遍意义的推广；此外，写作是研究的题中应有之义，研究的过程和结果需要通过写作来表达，只有研究而无写作，研究往往丧失了意义和价值，写作是对研究的反思、完善和提升。

向研究的自觉回归，要求我们在教书育人中，对以下一些问题展开研究，用研究的结果来证明、说明、解释教书育人的过程与结果，并修正和提升原有的教育理念、方式。

要自觉研究课程。以往我们只有教学的概念，而无课程意识，教学只在狭窄的路上行走。课程改革把教师带到了课程领域，看到世界课程改革的图景，开始与东西方的课程研究者对话，这是一个巨大的历史进步。以往，我们也只是把课程看作跑道，而且又将对这一经典比喻的认识，窄化为跑道本身，忽略了跑的过程。教师应该更多地关注、研究在跑道上的跑。仅有这样的认识还不够，还应当把对课程的理解从跑道提升到机会，即课程更多的是给予一种机会。有什么样的课程就给学习者什么样的机会，就会给学习者带来什么样的影响和什么样的发展。用这样的课程理念去审视现行的课程，就不难发现，现行的课程给学生的机会很少，如何丰富课程，给学生更多的选择，就成为研究的一个重要内容。还要关注的是，在小学阶段，机会是蕴涵在课程的基础性和综合性中的，亦即越为基础的课程越具有再生性、可持续发展性，也就越具有各种发展的机会。同样，越具有综合性的课程越能为学生提供创造、创新的可能性，因为创新往往发生在综合地带和边缘世界，而综合性提供了这样的地带。以上这些问题值得教师关注、研究，如果通过写作表达出来，那无疑既具新意，又具深度。

要自觉研究教学。华东师范大学的施良方教授认为课程实施是课程改革中具有实质意义的阶段，而教学是课程实施的基本方式与途径。当下的教学存在什么问题，我们要去研究才会发现。比如有效教学，究竟什么叫有效教学？有效教学的理论基础是什么？追求效率就是有效教学吗？诸如此类，大家的认识还是模糊的。更重要的是，有效教学是教学改革的根本吗？如果不是，那么教学怎么从有效教学走向教学的根本性变革呢？理论与实践早已告诉我们，根本性的教学改革要以学生的学习为核心，为学而教，以学定教。但是，这一核心如何实现，可以有多种策略，形成多种模式。唯此，教学才会丰富多彩，才会从实际出发，而不会千篇一律、"千课一面"。再往深处拓展，以学生的学习为核心，教师的教该怎么办？教学始终是教与学的统一，而且我坚定地认为，教师的教一定要"高"于学生的学。问题是教师该"高"在哪里，以什么样的方式来呈现"高"，教师的"高"究竟为了什么。这些问题是客观存在的，遗憾的是我们没有去发现，更没有去研究。假若我们把研究的目光投向这些问题，毫无疑问，研究与写作的价值会得到更高的认同。

要自觉研究儿童。我们并没有真正认识和发现儿童。对儿童，我们似乎熟悉，其实很陌生。如果我们不能真正认识儿童，教育还有什么成功可言呢？教师有自己的学科专业，有没有一种专业是超越学科的？有。我把超越学科的专业称为"第一专业"，这就是儿童研究。"第一"无非是言其更为重要。我们没有发现儿童的最伟大之处——可能性。当前，教师更多地关注、研究学生的现实性。现实性研究固然是重要的，但可能性研究更为重要和紧迫，因为可能性揭示了儿童发展的方向，在可能性观照下的现实性研究才更具方向感，更具积极意义和长远的战略价值。问题还在于，我们必须确立完整的儿童观，既不能只看到儿童的"一无是处"，也不能把儿童看得"洁白无瑕"。如果儿童是天使，还需要教师，还需要教育吗？当下，这两种现象都是存在的，都可能成为一种倾向。怎么完整、深刻、准确地理解儿童，需要我们去研究，并通过研究来表达我们的观点、经验和建议。

教师的研究与写作，这是一个幸福的"斜坡"。这片幸福的"斜坡"将给教师带来专业的快乐和幸福。让我们站在"斜坡"上开始新的攀登吧！

名师发展共同体的意义阐释

20 世纪以来，"哲学的一个基本走向，就是迈向意义的世界"。"意义问题已经逐渐进入人们的研究视野，并成为时代主题，生命哲学、存在主义、解释学、现象学等无不把人的意义世界作为一个基本的关注焦点。"为此，我们必须关注名师专业发展的基本走向，把关注的焦点投射到名师的意义世界中去。从这个角度理解，"名师的力量"倒不在力量本身，而在对"名师的力量"意义的阐释；认识、把握了意义，也就认识、把握了名师发展的精髓及其规律，进而引领教师专业发展真正走进"人的意义世界"。正是在这方面，苏州的"名师专业发展共同体"为我们提供了一个很好的意义阐释范本。

一、名师发展要从个体走向共同体

当下，诸多教育概念需要重新定义。日本学者佐藤学在梳理了 21 世纪学校应该具备的基本状态以后，他说："我对学校进行了一个新的定义：学校不仅是学生和学生之间可以协同合作、共同学习的地方，同时也是教师和教师之间共同合作学习的地方。教师也由以前以教为主的专家，向以学为主的专家转变。"这一定义对名师发展的定义同样具有意义。

关于教师职业特点的一个经典定义是，教师工作具有鲜明的个体性，是教师个体的创造性劳动。这固然没错，这一特点还将延续。但是，这一经典定义和这一特点也需要调整，因为随着时代的发展，人们的生活方式发生了变化，学习方式、工作方式也必然发生变化；"地球是平的"，把人们自然地、紧密地联系在一起，"地球村"不只是说地球变"小"了，更是倡导人们应该合作。

俄罗斯的一位心理学家曾这么说："学生今天学会合作，明天就有竞争力。"他说的是学生，何尝不适用于今日的教师呢？蔡明正是有这样的体会和认识。她说："名师往往是学校里孤独的舞者，名师说的话不是一言堂，就是曲高和寡，一个人的智慧毕竟是有限的。……一位名师带领几个青年骨干教师，这种个体经营模式下的运作有点像民间作坊……"也许，我们可以对名师发展重新作出解释：名师发展固然依靠自身的努力，但在一个合作的团队中将会获得更好更大的发展。这一合作的团队我们称为共同体。由此，我们初步的结论是：名师发展正在从个体走向共同体。

共同体首先是一个理念，也是一种组织形式。所谓理念，共同体倡导合作、对话、协商，逐步建立共同愿景，一如英国思想家齐格蒙特·鲍曼所说，共同体如同一个家，总是给人们美好、温暖的感觉。这样的共同体是非行政化的、非制度化的，是虚拟的、无规定的和固定的组织形式。所谓组织形式，是强调在理念和共同愿景引领下，有一个相对稳定的组织形式，形成一个载体，大家集合在一起，相互学习，共同发展。我以为，苏州市把以上两种理解整合在一起，组建了名师发展共同体。他们所组建的共同体，也似乎是对雅斯贝尔斯判断的应答："具有决定性意义的是：在这个世界上，不再存在人迹罕至的外部世界。世界关闭了，地球的统一出现了。"是的，名师发展应当从个体发展走向在共同体中共同发展——我们应当把握名师发展，包括教师专业发展的这一定向，应当建立名师发展、教师专业发展的共同的基准点。

二、名师发展共同体的建构要把准一些基本问题

苏州名师发展共同体的建构较好地处理了一些关系，把握了一些基本的要义，逐步形成了共同体建设的一些特点，是值得各地借鉴和学习的。

其一，教育行政部门要用智慧的方式去打造。名师的发展既需要内部动力，也需要外部动力。这种外部动力，当下更多地表现为行政部门的打造。值得注意的是，不是所有的打造都是有效的，有的打造甚至是无效的。

苏州市组建名师发展共同体则不同，其最大的不同是，打造之力瞄准了

名师发展的关键，即通过打造激发了名师发展的内部动力，抑或说，打造这一外部动力与名师的内部动力结合在一起、统一在一起，形成了合力。他们明晰了打造的策略，归纳起来主要是：着力于制度的设计、平台的明确、要求的严格、活动形式的灵活。显然，这样的打造是智慧的。正因为此，尽管有"被网罗""被逼着""被发展"的感觉，但最终是幸福的，因为在这样的打造中，"似乎是束理想的光芒照进了忙忙碌碌的功利现实中，让我的内心充满了力量，燃烧了激情"。蔡明说出了共同体成员的心里话。

其二，坚持名师发展共同体的专业性和研究性。名师发展是一个专业性极强的话题，促进名师发展必须提供强有力的专业引领和研究支撑。薛法根对此有深切的认同和体会，他所主持的共同体在专业引领和专业研究方面有三点很好的做法。一是邀请不同领域的专家、学者担任学术顾问，为每一个名师作专业发展的"透析"，让专家"用专业的眼光审视我们自以为是、一相情愿的规划，用追问及假设加深、拓宽我们的思想，明确未来发展的方向"。二是把课程研究作为重点，增强名师的课程意识及其记录的自觉性，学会从课程研究的视角来看问题，"重新审视'教什么'的问题，寻找最有价值的知识和内容"。三是就某一个专业问题进行深度对话。薛法根说："共同体没有功利性的研究指标或培养目标，全然在一种比较宽松、自由的状态下，一起研究。"而研讨要求"各抒己见，往往有激烈的争论"，因而他们常常有新的发现。看来，在共同体学到什么知识和技艺是次要的，培植了专业品质和专业研究的方式才是最重要的。

其三，发挥主持人的灵魂和领军作用。名师发展共同体是学习共同体、研究共同体，在共同体里所有成员是平等的，研讨的方式是协商式的，但每一个共同体，都规定了主持人。主持人由著名的有影响力的特级教师担任。他们发挥了以下作用：设计方案，组织活动，主持研究，专业引领，个别辅导，督促检查，等等。实际上，主持人成了不同学科团队研究、发展的灵魂，起着领跑的作用。高本大说，为当像、当好主持人，要信守两条原则，"由此确立自己的坐标——主持人只是主持人，主持人就是主持人"。他总结了三条：守着主体规范，融着伙伴引领，本着不息追求。有了优秀的主持人，才可能建构好共同体，而且完全有可能形成不同的风格乃至不同的流派。

三、名师发展要寻找和把握发展的核心因素

名师发展是有规律可循的，即在影响发展的各种因素中，总有一些因素起着关键性的决定作用，我把这些因素称作核心因素。核心因素总是隐藏在名师发展的过程中，需要我们去寻找和发现。

季羡林关注了、研究了、发现了这些核心因素。他首先关注和研究王国维的《人间词话》。《人间词话》中这么说：古之集大成者，古之有大成就者，总是去追寻三大境界。季羡林认为，文学艺术创作中的三大境界亦可视作人的发展境界，还可视作人发展中的核心因素。一是"昨夜西风凋碧树，独上高楼，望尽天涯路"。这是说人要有独上高楼时的心境，去体验"慎独"，敞开心灵去检视、反思，认识一个本真的我；独上高楼为的是"望尽天涯路"。我常用"地平线"去理解"望尽天涯路"的深意。当我们向地平线前进两步的时候，地平线向后倒退两步；再前进十步的时候，地平线又向后倒退十步。尽管如此，有志向、有抱负的人们向地平线迈进，因为他们知道，地平线存在的价值就是让我们不断向前，向前，再向前。二是"衣带渐宽终不悔，为伊消得人憔悴"。为了成功，总得付出，总得刻苦，以至"衣带渐宽""人憔悴"。但是，这是值得的，是必需的，因为"为伊"，为了向前、为了成功。这种乐此不疲的努力、攀登当然是种境界。我想起居里夫人的话："成功者总是找办法，失败者总是找借口。"似乎是与居里夫人相映照，比尔·盖茨说：找借口容易，把借口掩饰得非常巧妙也很容易。不过，这只能说明你是个懦弱者。三是"众里寻他千百度，蓦然回首，那人却在，灯火阑珊处"。不妨把"那人"看作是成功，明明在灯火最明亮的地方，却不能发现，那是因为没有"众里寻他"。众里寻他，就是寻找和发现，就是探索和创造。只有经历寻找、探索、创造的过程，才能发现，才能获得和拥有。

季羡林同意王国维的见解，而且自然转化为人的发展的境界和因素，那就是：慎独后的远望和抱负，刻苦付出后的坚定和快乐，探索创造后的发现和成功的惊喜。

不过，季羡林又认为王国维所讲的是不全面的，他说至少还应补充两点：

禀赋和机遇。他的补充显然是必要的，也是准确的。禀赋虽然不能决定人的发展，但它是基础。季羡林提示我们不能忽视人的先天条件，必须善于认识自己、分析自己、了解和把握自己。机遇这一因素同样不可忽视，不同的机遇会有不同的发展。不过，机遇总是公平的，而且总是垂青有准备的人，没有准备，机遇不会来敲你的门。时刻准备，抓住并开发机遇才会走向成功。这样，季羡林提炼并概括了人的发展的五个核心因素，分别从理想与现实、先天与后天、主观与客观、方式与途径进行了准确的分析。不妨用季羡林的分析来观照苏州的名师发展共同体。薄俊生用"高原状态"描述名师发展的状况，黄厚江用"思想瓶颈"描述名师发展的困惑，解惑和改变需要能量，能量来自共同体。薄俊生说名师要有丰富的教育思想，要有"无形的有为"，要开发并培植资源。他们强调的活力正是对名师发展核心因素的聚焦。蔡明则把核心因素聚焦在幸福观上，她对幸福感的体会、感悟既具有学科特点又具有哲思的深度：获得尊重、拥有价值、心灵健康。不难看出，苏州名师把发展的核心因素悄然融入自己的专业生活中了。

四、名师发展要锤炼自己的教育思想

人是靠思想站立的，思想给人带来尊严，带来高度和深度。名师更应有自己的思想，凝练并形成自己的核心理念，苏派研究将此称为教学主张。的确如此，名师之所以为名师，名师之所以走得远，是他的思想推动着他、引领着他。英国作家毛姆用《月亮和六便士》作为小说的题目，就是用月亮这一精神、思想的物象，隐喻人要有思想的高地。获得茅盾文学奖的小说《你在高原》，让我们想起苏格兰诗人彭斯的诗句："我的心啊，在高原。"张炜正是用"高原"来统一城市、乡村和原野，统一人的现实与精神，凸显思想的价值和意义。我们应当这么去描述：名师，你的心应当在思想的高原。

是的，李吉林把自己的思想高地建筑在儿童的发展上，通过情境教育去触发儿童的情感和智慧。洪宗礼把思想的高地定在道德和学术上，以"语文链"来表达自己的语文教学主张。我认为，紧紧跟随着的黄厚江等，他们所坚持的共同体正在构筑自己的思想高地。

黄厚江他们锤炼自己教学主张的路径是清晰的。首先，对教学主张要有自觉的追求。是那句"黄厚江，在全国要数语文教师，你或许可以算一个；要算语文教育家，你就算不上了"，"刺激"了黄厚江。于是他决心"近玩"教学思想。"近玩"是一种勇气，也是一种渴望和追求，其间当然不乏实力的支撑。黄厚江的经历告诉大家，自觉追求与"近玩"才有可能使思想"落地"。其次，坚持在实践中锤打教学主张。名师不是思想家，但应当是思想者；名师是实践者，但不是一般的实践者，而应当是有思想的实践者。教学只能从实践中产生。如今他们更在具有共生效应的共同体实践中，追索教育思想，锤炼自己的教学主张。黄厚江他们告诉我们，所熟知的实践必须改造，在改造的实践中去反思并提炼自己的教学主张。再次，把教学主张落实并体现在教学风格上。黄厚江既谦虚又自信。他说，到底什么是教学思想、教学主张，自己心里也不是很清楚，"带着这样的疑惑，在征得共同体其他成员的同意之后，把'教学风格的形成和教学思想的提炼'作为研究课题"。值得关注的是，他们十分重视教学主张的学科性，强调教学主张要符合学科学习的规律、学科教学的规律，以及学科课程的特点。风格之曲正在黄厚江主持的共同体中，在这一合唱队中唱响。我们关注并期待着，有更独特的领唱者的旋律，让我们"心在高原"。

研究共同体：名师成长的文化栖息地
——基于一个名师团队的分析

推动教师专业发展，培养更多名师，已成为教育改革与发展的重要主题。如今，这一主题在"教育家办学"时代的召唤下，被赋予了更深刻的内涵，被提升到更高的层面，也被推到了课程改革的关键部位。应当说，在这方面，我们进行了不少研究和实践，有了不少进展，但还应有实质性的突破。我们应该常常追问：培养优秀教师，培养名师、大师，究竟缺什么？究竟该怎么办？答案肯定很多，不过，可以肯定地说：我们最缺有效的机制，最需要有创新意义的超越。

正是在这方面，特级教师张兴华和他的弟子们以及其他名师的成长为我们提供了极有启发性的经验，并引起了我们诸多思考。

教师需要这一扇"重新看世界的窗"

张兴华和他的弟子们确实是一种组合：一批潜质优良、渴望改革的年轻人，在一位杰出特级教师的召唤与邀请下集合起来，为着小学数学教学改革在一起认真读书、潜心实验、大胆改革，成为一个名师团队。这种组合显然超越了传统意义上的师徒关系，也超越了当下流行的课题组，超越了培训班或协作会，当然也超越了年龄的鸿沟。因为有一根"价值线"把他们凝聚起来，用他们的话来说，不仅是人聚，更是心聚；他们的任务是研究，活动是制度化的，但又具有浓浓的人文色彩，散发着丰富的文化气息。我把他们的这种组合叫作研究共同体。

什么是共同体？齐格蒙特·鲍曼认为，"共同体是指社会中存在的、基于主观上或客观上的共同特征而组成的各种层次的团体、组织"，"既包括有形的共同体，也有无形的共同体"。（见其著作《共同体》）美国的彼得·圣吉则把共同体称为学习型组织——"一个促使人们不断发现自己如何造成目前的处境，以及如何能够加以改变的地方"。所以，共同体命题的提出及共同体的诞生绝非偶然，这是基于对成长极限的认识。成长极限往往使人和经济的发展跌入谷底，要跃出谷底必须自我超越，改变心智模式。其成功的方式是团队学习，因为"团体的集体智慧高于个人智慧"，在团队中个人往往能获得更快的成长速度。就是这么简单的道理，却常常被我们轻慢、遗忘，现在是该重新审视这一问题了，用彼得·圣吉的话说，就是打开这一扇"重新看世界的窗"。张兴华他们的可贵之处，是在团队合作方面觉悟得比我们早，行动得比我们快。

共同体这种组织和行动的方式是有内在规定性的，它应是教师成长的一块文化栖息地，具有鲜明的文化品格和重要的行动特征。

其一，有共同的核心价值追求与支撑。价值、价值观就是一个体系，在这一体系中总有一种价值、价值观处于核心地位，起着统领的作用，那就是核心价值观。张兴华他们基于对小学数学教学现状的不满意、不满足，力主改革，力求突围，希冀通过研究和实验创出一条具有创新意义的、有一定理论深度和研究含量的小学数学教学改革的路子；在研究和实验过程中，追寻小学生学习、成长的快乐与精彩，追寻自己的专业尊严、专业价值与专业幸福，这就是他们的核心价值追求。这种核心价值既是一种共同的愿景，又是一种现实的目标，揭示了共同体的真谛。"对这样的组织而言，单是适应与生存是不能满足它的。组织为适应与生存而学习，虽然是基本而必要的，但必须与开创性的学习结合起来，才能让大家在组织内由工作中活出生命的意义。"（彼得·圣吉《第五项修炼》）研究共同体在本质上是一个生命共同体。张兴华和他的弟子们就是在这一团体中体验并提升了生命的意义，收获了研究带来的成功与幸福。

其二，研究内容应具有召唤力与开发力。共同体的凝聚力与魅力，来自共同体所承担研究内容的学术含量和研究深度，学术含量和研究深度定会使共同体成为一种具有召唤力的结构，成为开发人潜能的载体。早在上个世纪 90 年代初，张兴华就认识到，"把心理学原理应用于学科教学只有几十年历史，便已成为研究趋势与迫切需要"，于是他开始了小学数学教学心理学的研究，并试图初步建构这个研究框架。这一课题的难度与深度是显而易见的，但正是因为难与深，对那些渴求进步的年轻人才有"诱惑力"。这种立足于前沿的教学研究，可以直接引导教师进入数学教学的"心脏"，研究小学生学习的动力机制问题，以此更有力地把教师带入研究的轨道、推上研究的高台，激发他们内心的激情与活力。事实也正是这样。华应龙、徐斌、张齐华、贲友林他们凭借这一课题，锻造了自己的研究品质和研究能力。无数的案例早已告诉我们，人的生命是需要刺激的，人的"深度自然"——生命力需要唤醒；有志有为的青年教师喜欢挑战，期盼机遇。可以这么说，召唤力、挑战性、开发力是青年教师成长的必要激素，是研究共同体的魅力所在。

其三，共同体的研究行动应讲求科学性，同时又充满对青年人心智的无限关怀。课题研究是教育科学研究的重要形式，必须遵循科学研究的原则，体现科学研究的精神，运用科学研究的方法，否则就不是真正意义上的科学研究。当下，违背研究科学性的现象并非鲜见。张兴华他们深知这一要求，制订了严密的研究计划，建立研究的整体框架，作了合理的研究假设，进行了合理分工，把课堂作为研究的现场，从教学问题出发，通过课堂观察，选取典型案例，进行心理学分析，进而把研究的结果推进到教学实践中继续进行试验，如此反复，把现场研究与理论分析引向深入。我们需要这种科学的方法，体现严谨、准确、实事求是的科学精神。但是，这种科学精神与科学研究方式还必须抵及研究者心灵及其心智模式，这样才会彰显出科学研究的力量与效果。心智模式根深于心中，不易被察觉，只有在人文关怀中才有可能显露和改善。因此，要用学习与关怀去发掘内心世界的图像，使这些图像浮上表面，并严加审视，以开放的心灵容纳别人的想法。研究方式是科学的，其深层意蕴应是人文的，这样，共同体的文化品格才会完整与完善。用科学与人文去审视行动方式，是研究共同体持续发展与名师成长的重要因素。

应勇敢扶持共同体中的核心人物

鲍曼在论述共同体是一种"热切希望栖息、希望重新拥有的世界"时，还深情地赞颂共同体的温馨、温暖和舒适，它"就像一个家"，"又像是一个壁炉"。温馨、温暖、舒适是对共同体这一文化栖息地特质的诗意表达。的确，共同体是一种平台，平台的一边是探询与倾听，另一边则是倾听与探询，平等与合作构筑了这块文化栖息地的民主精神框架。但是，平台还需要核心人物的支撑，文化栖息地需要领军人物的守护、滋养与提升。核心人物或曰领军人物的存在，并不影响平台的民主精神和合作文化氛围，否则平台则有可能成为平庸、停滞的代意词，平台的文化品位、学术含量也就有可能淡化与丧失。张兴华在他们名师团队中的核心作用是显而易见的。

爱尔维修说，每一个时代都需要有自己的伟大人物，如果没有这样的人物，它就要造出这样的人物来。恩格斯也说，"恰巧某个伟大人物在一定的时间出现于某一国家，这当然纯粹是一种偶然现象。但是，如果我们把这个人去掉，那时，就会需要有另外一个人来代替，并且这个代替者是会出现的"。我以为，把杰出的名师、大师当作教育界的伟大人物并不为过。问题在于两方面：一方面，当今时代的教育急需领军人物，也是领军人物诞生、成长的最好时期；另一方面，由于陈旧观念的阻滞与干扰，我们对领军人物又谨小慎微，淡化了领军人物的概念，甚至让其淡出。概念的淡化、淡出，实质是观念的封闭与僵化。问题又恰恰在于，当下的课程改革、教师队伍建设，领军人物不是多了，而是太少了；对领军人物的鼓励不是多了，而是太不够了。说到底，我们还缺少鼓励与提倡领军人物诞生与发展的机制。这一问题的后果，不仅在于领军人物诞生的困难，还在于优秀青年教师的成长缺乏激情与目标，缺乏引领与帮带。"教育家办学"的召唤，让我们把共同体建设中领军人物的问题提到更为重要的议事日程上来。

在领军人物核心地位确定以后，我们还需要探讨的是，领军人物的魅力、领军人物主持下的文化特征以及领军人物的引领方式。

（1）领军人物的魅力。

"做领袖的人有两种，一种使人慑服，一种使人悦服。"（转引自孙孔懿《论教育家》）慑服、悦服反映的不仅是"领袖"的领导方式，更重要的是他的魅力。领军人物首先应该有人格魅力。张兴华的人格魅力集中表现在两方面：一是他把帮助青年教师的成长看得比自己的发展更重，他认为，培养青年教师是特级教师的崇高使命和最大光荣。这是一种胸怀和境界，换来的是青年教师从心底里对他的敬重。二是他用全面的人文素养与良好的学养丰富了自己的人格。会唱歌、会朗诵、会演剧、会演讲，表现的是他多才多艺的人文素养，展现了他的人格魅力，拉近了与青年教师的距离。其次，领军人物应该有学术魅力与研究魅力。小学教师的"小"，普通中小学教师的"普通"，并不意味着对学术的拒绝，更不意味着对研究的排斥，尤其是领军人物更应具有一定的学养，有理论修养、理性深度、思想张力，有研究的意识、前瞻的眼光、研究的能力。这样，才能使人悦服，也才能在深层次上影响人、提升人。特级教师李吉林之所以在小学教育界独树一帜，就在于她有理论的高度，概括提炼自己的经验，形成自己的教学体系，又善于用自己的方式来表达。同样，张兴华关于心理学的知识及心理学在小学数学教学中的研究，使他站到了一个更高的起点带领年轻人探索前行。

（2）领军人物主持下的文化特征。

领军人物的核心地位绝不能异化为学术研究、话语上的霸权，相反，领军人物应努力创造一种对话的文化。对话是一种超越：其一，超越了对抗，"对话并不是要声称一个人的立场凌驾于另外一个人的立场之上"，"要充分承认对方是不可消解的"（杜维明《"对话文明"始于"文明对话"》），要充分承认对方是有可取之处的；其二，超越了非此即彼的思维方式，应在此与彼之间寻找新的空间，发现新的生长点，共同去培育，分享信息与成果。对话实质上是对差异的承认与尊重，对多元文化的倾听与接纳。张兴华的可贵之处在于对青年教师的尊重，但又不乏严格与严厉。不过，也因为更多的尊重，才会有更多的严格与严厉，也才可能有更有效的引领与帮带。以尊重为起点，以严格来贯穿，创造了互补、互哺、共生、共长的对话文化。这种对话文化消解的不是导师的权威，恰恰赢得了更多的敬重与信任。这种可贵之处正是成功之处。

（3）领军人物的引领方式。

与领军人物的魅力、文化品格特征联系在一起的是他的引领方式。张兴华对弟子的引领是传统意义上的师父带徒弟的方式，但又不完全是。这种方式同样引起我们的思考。

思考之一：这种方式在现代社会，在课程改革的今天，究竟还有没有价值，究竟还要不要让其存在？答案是肯定的。这种师带徒具有"生态学"意义，真诚、尽心、竭力、自然、和谐，具有亲和力和凝聚力，更有"家"的感觉。尤其是在青年教师已成为教师队伍中的主要成分，新教师源源不断补充进入的今天，更需要老师们以师父的身份去传、帮、带。我总以为，"传、帮、带"具有中华民族的传统文化色彩，同时又具有普遍的意义，是一种符合教师专业成长规律的方式。师带徒实质上是导师制。实践证明，这种导师制，从古至今，从高校学生到中小学教师，是有价值的，有生命力的，我们必须坚持。

思考之二：这种方式要不要改进，要不要突破？答案也是肯定的。其理由是，师带徒的关系被深深地打上了传统农业生产和手工作坊劳动的印记，其缺陷当然不可避免。主要缺陷是单一，易产生封闭、狭隘的弊端。这种缺陷在多元文化时代显得更为突出。如果从哲学上看，这实质上是"一"与"多"的关系，是一元与多元的关系。历史上和现实中的每一学派都在追求自己的"一元"，以自己的思想为主导，建立起自己的系统和风格。同时，有可能自己把自己封闭起来，进而窒息才华与创造力。其实，"一"与"多"、"一元"与"多元"是相互依存的，"一"不应是僵化的，而是生动地变化着的。它应吸纳"多元"，才可能更丰富、更完善，才能发展、创造。所以师带徒的方式应打破门户之见，敞开胸襟，呈现较为松散的状态，超越"一对一"的传授模式，让徒弟们在更大的团队中相互切磋，在群体智慧的沐浴下更好地成长。

思考之三：师带徒如何超越利益关系，克服功利色彩？如果师带徒粘带较多的利益关系，与报酬、奖金、晋级、评优、评职称紧紧挂在一起，则可能蒙上过多的功利色彩，散发商品的气味，趋于浮躁与浮夸，崇高感就会逐步消失。这种不健康的师徒关系我们当然是要摒弃的。

总之，领军人物的核心地位与作用是由核心理念和特有文化来支撑和体现的。

"和而不同"是这一文化栖息地的核心理念

"共同体总是好东西。"但是共同体也存在矛盾，那就是自由与确定性。"确定性总是要求牺牲自由，而自由又只有以确定性为代价才能扩大。但没有自由的确定性与奴役无异（此外，如果确定性中没有注入自由，最终将证明是很不确定的确定性）；而没有确定性的自由也与被抛弃和被丢弃无异（如果自由中没有确定性的注入，最终证明只能是极不自由的自由）。"鲍曼的这段话论述了共同体中主要矛盾的两个方面及其相互冲突又相互联系的关系，辩证、深刻。所谓确定性，我们可以理解为：核心价值观、学术研究的基本主张，以及共同的行为规则等；所谓自由，我们可以理解为：不同的见解、不同的行为方式，以及不同的风格等。鲍曼说，这是一个令哲学家头痛的问题。事实确实如此。我们常常看到共同体中的核心人物往往只以"确定性"要求青年教师，而轻慢他们的"自由"，青年教师的挑战性与个性无栖息之地，结果，共同体内只有一种声音，于是青年教师与"奴役无异"，激情、智慧、创造性被伤害，甚至被湮灭；而另一方面，青年教师更多地重视、强调自己的"自由"，而忘掉了共同体中应有的"确定性"，结果共同体成员貌合神离，偏离原有的方向，最终，所谓个性、自由则与"被抛弃被丢失无异"，以至最后解体。这些都不利于青年教师的成长，不利于名师的成长。不过，鲍曼只是提出了问题，却没有给出解决办法。

值得注意的是，中国传统文化中生长出来的、时已成为我国现代化建设的核心理念——和谐思想，却是解决这一矛盾的关键。和谐，和而不同，必然使共同体这一文化栖息地更具有先进的文化精神。其一是宽容和包容，让各种不同的见解、模式、风格共存，让青年教师的"不成熟"有栖息之地；其二是提倡冒尖与冒险，但又允许失误、允许僭越，还允许失败，让青年教师的挑战精神与创新精神有栖息之地；其三是提倡互相学习、取长补短，对原有的主张和方式，可以坚守，也可以放弃，还可以转变与转化，让青年教师的自我改进、改变有栖息之地。总之，这种文化精神让青年教师有安全感，在安全的土壤里幼苗才能健康生长。长期以来，有个性的教师以及名师出不来，不能不说与和而不同理念的缺失，安全、健康因素的缺席有关。

我们现在需要努力的是，让确定性与自由在青年教师身上求得统一，进而去创新青年教师成长的文化机制。

第一，让青年教师择高而立、就平地坐、向宽处行。这是荣毅仁先生立下的家训，是他为人治学的格言。当下，青年教师亟须用这一格言来激励自己。择高而立，就是要有理想、有追求，要仰望星空，心中应有一块精神高地。在商品化消费时代，娱乐化的生活方式向我们涌来的时候，不要迷失在柔软的"丝绒樊笼"里，千万不要丢弃对理想与价值理性的追求。仰望高处，但必须实实在在地坐在实践的大地上，一旦离开实践的大地，志向、抱负都将飘浮于半空。就平地坐，既是一种品质、一种作风，也是一种学习、工作的方式。这一"高"一"低"的和谐，道出了名师成长的逻辑。但立足于实践的大地，绝不是一种封闭式的固守，还应向宽处行。年轻人应规限自己，守护规范，守望"本土"，但绝不能画地为牢、固步自封，而应呈现开放的状态，有宽阔的视野，寻找发展与创新的开阔地带。名师都是这么成长起来的，青年教师概莫能外。

第二，让青年教师接触前沿性、前瞻性的课题，大胆设想，大胆创造，生成自己个性化的见解，进而形成自己的主张。正是小学数学教学心理学的研究，让一批年轻人站到了改革的前头。青年教师喜欢挑战，也具有极大的创造可能性。但是这种可能性需要唤醒与激发，挑战性也需要受到保护才有可能转化为现实的创造性。当下教学改革中有许多前沿性和前瞻性的课题，还有不少长期以来困扰着我们的问题，需要去研究、突破。青年教师应是攻坚队的重要成员。不能因其年轻、不成熟而让他们远离研究的前沿阵地。年轻人常有自己新异的想法，总想与众不同，其实这是一种可贵的精神，即使有点刻意地去标新立异，也不必不满与责怪，更不应打击，而应因势利导，让他们有一个"不一样的我"，逐步形成自己的主张，表达自己的思想。名师成长的经历已经告诉我们，有教育主张或教学主张，有自己的教学风格，是成熟的标志，是走向成功的钥匙。

第三，让青年教师在理论与实践的结合点上着力。青年教师成长不能丢掉实践，但只有实践而无理论的支撑与提升，会止于现象、止于经验，而难以深入和深刻。青年教师成长不能丢弃理论，但只重视理论而无实践的基础，也会处于虚空、虚无的状态，而难以操作和行动。理论与实践的结合始终是重点，也始终是难点，如何解题需要下一番大功夫。窦桂梅老师是解决得很好的一个榜样。她教《三打白骨精》，不仅读《西游记》原著，还读对《西游记》和吴承恩的评价文章，还读文艺理论，探询反复叙事的表达方式，还读美学、哲学，当然还读教育学与心理学的理论。丰富的信息、理性的思考、实践的探索，确实使她的课有温度、宽度、深度。她的"超越"理念下的"主题教学"正是理论与实践相结合的最佳体现。她的勤奋、智慧以及教学风格，还有她对语文教育的深刻感悟，使她站到了理论与实践结合的制高点上。我们应该从李吉林、张兴华、窦桂梅等名师的发展中寻找名师成长的密码，让我们的团队真正建设成研究共同体，让更多的青年教师在文化栖息地上更快地成长为名师。

名师之路：南通样本的标本意义

　　教育的上空常常回响着各种追问的声音，关于名师的追问就是其中一个。其追问的情态尤为紧迫，追问的频率也常常最高。是啊，从何为教师到何为名师，从何为名师到名师何为，从名师何为到如何培养……追问之声我们听到了，应答之声我们也听到了。在诸多的应答中，声音更为清晰、更为响亮的是南通。

　　南通的应答是：名师培养之路，其实质是名师健康成长之路、名师自主发展之路。这是一条与环境互动的生态之路，带来的是名师成长的丰厚土壤与有效机制；这是一条专业高端、境界高远之路，带来的是名师成长明晰的目标与不竭的动力；这是一条现实与理想互相靠近、思想者践行之路，带来的是名师成长的思想张力与践行的实力；这是一条集体智慧与个人风格相互促进的团队共生之路，带来的是名师成长和而不同的丰富格局和生动气象。

　　这些是南通名师培养的经验，经验中有深邃的理念，有着生成的扎根性理论——既有不可通约性，又有最大公约数；既有规律的探索、寻找，又有规律的发现与创造；既有典型的个案，又有共性的描述——因而形成了南通名师成长的图谱。每个发展中的名师都可以在图谱中找到自己，在发展的坐标体系中发现自己的地位。可以说，南通名师培养之路形成了"南通样本"，而这一"南通样本"建构的是名师培养的"南通模式"，或曰"南通范式"。正是"南通模式"引领着南通名师又好又快地发展，引领南通教师专业发展走进新阶段，走向新境界，为南通这一教育之乡丰富了新的内涵，增添了新的亮点。准确地说，这也从另一角度解说并揭示了教育之乡成功的密码。

　　南通样本、南通模式是一个名师培养的结构，是一个"召唤性结构"。召唤性结构具有合理性、科学性，具有生长性、可持续发展性，充溢着深情的期待和深切的激励，召唤着我们勇敢前行，走得更深、更远、更高。正是这一召唤性结构让南通样本既具有典型性，又具有普遍性，因而可以视作一个标本。这一标本不是躺在博物馆里，不是为了展览，而是成为一杆标尺，形成了一个标的与标高，具有十分重要的标本意义。

南通样本的标本意义在哪里呢？在于它对名师成长中的一些基本问题进行了新诠释和新演绎。这种诠释与演绎其实是新探索和可贵的创造。诠释、演绎、创造的结果是，可供大家学习、借鉴，启发大家，甚至可以引领大家。这样，渐渐地，南通之路可以引出诸多的××之路，诞生出××样本，促进各地教师的专业发展和名师成长。

其一，南通样本诠释、演绎了何为名师，将名师定义为思想的践行者。在这一诠释、演绎之前，首先印证了一个具有真理性的观点：复兴始于教师。这是联合国教科文组织等四个组织共同提出的。教育的复兴从复兴教师始，中华民族的复兴从复兴教师始。南通坚定地认为，有了好教师才会有好教育，有了好教育才会有民族更美好的未来。正是在这重要思想的推动下，名师培养成了重大工程。但是，究竟何为名师？南通样本认为名师是思想的践行者。思想的践行者，首先是践行者，他不能离开大地，不能离开田野，不能离开教学的现场，离开了实践，就是离开了生命存在与成长的场所，抑或说离开了生命。不过，名师不是一般的践行者，而是思想的践行者，他不能没有自己的观点，不能没有自己的见解，离开了思想，就是丢失了自己的尊严，抑或说离开了灵魂。思想的践行者，与佐藤学的"反思型实践家"是同一个意思。南通所培养的一批名师正是这样的实践家。实践家，思想者也，思想的践行者也，实践性理论的寻找者、生成者也。思想的践行，让名师站在更高的平台上看得更远、跃升得更快。南通的诠释、演绎是十分深刻、精彩的。

其二，南通样本诠释、演绎了名师成长的情境。将情境定义为名师自己编织的意义之网。南通样本的基本判断是："名师的专业发展要立足于自身的教学情境，若用简单化、程序化的评选—认定—授衔—推出的速成通道来打造名师，就有可能造出虚幻的结果，特别是当这种评选脱离了教师的现实教育情境，缺乏对其真实的思想、情意、成长轨迹、发展追求的内在联系……其结果就难免诟病了。"（朱嘉耀《南通名师之路的探索》）论述得如此准确、精彩。的确，名师是在真实的情境中成长起来的，从文化学的角度看，所谓情境是指人自己编织起来的那意义之网，情境中有情意，情境中有问题，情境中有方式，情境中有意义。名师就是在情境中创造意义，创造自己，同时，他也在创造情境。社会学家有个著名的观点："如果人们认定一种情境是真实的，他往往就会因此而变得真实。"南通名师正是认真遵循这一规则在运行，铸造了自己的品格：真实，不虚假，踏实，不虚幻；躬身实践，深耕田野，而不虚谈。《共同体》的作者齐格蒙特·鲍曼也谈过关于"脱离"的问题，他提出"成功者的脱离"的概念。我的理解是，成功者一定要常常"脱离"，脱离自满，脱离依赖，脱离懈怠，脱离固有的经验……这样，你才会坚定地"拉起身后的吊板"，开辟新的出路。而这一切都必须在真实的情境中，否则你将成为黑洞，一切都会茫然起来，让黑洞敞亮的根本办法是在情境中创造意义。

其三，南通样本诠释、演绎了共同体，将共同体定义为共通体和美学的共同体。毫无疑问，南通名师培养导师团是一个真正的共同体。这个共同体是幸福的港湾，是冬天的壁炉，是充满希望的摇篮。不过，共同体究竟怎么建起来？在经济发展中，有一个新概念：共通体。共通体是建构共同体的重要基础，也是共同体的最初阶段，应从共通体走向共同体。所谓共通体，强调的是团体内的互相沟通、理解，形成共识。南通名师培养导师团首先让名师培养对象讨论教育的意义，进而讨论人生的意义，在此基础上形成身份认同：我是教师，我是发展者，我是教育意义、人生意义的追寻者，我是理想教育的创造者，只有这样，我才是学生的导师。因而，在南通，名师发展着力解决的是名师发展的动力，即用人生意义的认知与把握作为名师人生最重要的底色，作为发展最重要的动力，我将此称为"核心动力"或"第一动力"，它是名师发展的"总开关"。从价值的角度看，每个名师培养对象都应有成长的核心价值观。事实证明，只有形而下而无形而上的追索，名师培养有可能走进技术化的狭窄胡同。南通的经验十分宝贵。这是一。二是，南通将名师发展共同体建成了"美学共同体"。康德的著作《判断力批判：美学共同体》提出了"美学共同体"的概念。鲍曼对这一概念进行了解释，他的主要意思是一个共同体不仅需要激情，而且需要道德引导。而道德引导是在美学意义上，需要"被关注的名人"的引导，从中华美学来看，我以为所谓

"美学共同体"，主要是应当有美学精神，应当有美学追求。南通名师培养并没有引用这个概念，但在践行中却体现并彰显了这种精神，即名师的教学主张与教学风格的追求。朱嘉耀先生对此已有了很深刻的论述。南通样本对名师发展共同体的演绎相当精彩。

其四，南通样本诠释、演绎了名师培养的导师们的精神、思想、价值与人格，将导师定义为人生意义的导师、服务者与专业支撑者。首先，南通名师培养导师团的导师们，大多是一些刚退休的著名校长、特级教师等，当年还算年轻。十年过去了，我仍然觉得他们很年轻。王蒙的《青春万岁》序诗——"所有的日子，所有的日子都来吧，让我编织你们，用青春的金线，和幸福的璎珞，……所有的日子都去吧，都去吧，在生活中我快乐地向前"，最适合他们。他们用自己的精神、思想、价值与人格，重新诠释了青春、演绎了自己的人生。他们称自己不是导师，只是服务者、促进者、帮助者，其实，他们不仅是名师们的专业导师，更是名师们的人生导师。他们本身就是最优秀的课程，本身就是最丰厚的书。每一位名师，应当向他们致敬，致永不消逝的青春。其次，南通名师培养的导师们，为名师们的发展展开了一个宏大的格局，开放他们的心灵世界，打开他们的眼界和学科边界，并在破解一个难题："因为优秀所以难以卓越"。柯林斯还据此难题生成另一个观点："优秀是卓越的敌人"。这是大数据分析后得出来的结论，但这绝不意味着无法破解和超越。南通样本的经验就在帮助他们"打开"——当名师们把眼光投向另一个角度或是另一个世界时，他们会突破与超越的。再次，南通名师培养导师团的导师们为名师发展提供强有力的专业支撑，也积淀了十分可贵的经验，我是无法对这些经验进行概括和提炼的。南通名师培养导师团是一个优秀的样本。

南通的名师之路是一个召唤性结构，破解了名师发展中的一些重要问题。南通样本具有标本意义。它将继续把对名师发展的追求、对理想的追问写在蓝天上，回响在教育田野上空。它对追问的应答，又将完善已有的召唤性结构，形成新的召唤性结构，召唤我们去实现"复兴始于教师"的伟大判断，召唤地方样本走向全国。

"发现教师"：北京东路小学的样本

南京市北京东路小学教师队伍建设有了新突破，教师专业发展有了新进展。新突破、新进程聚焦在一个重要的命题上："发现教师"。"发现教师"，既是一个命题，又是一个概念，还是一个法则，同时我期待它会渐渐地发展为一种理论。

教师队伍建设、教师专业发展需要一个个命题，一个命题就是一个方向；需要一个个概念，一个概念就是一种逻辑；需要一些法则，法则既是保障又是引领。而命题、概念、法则很有可能发展、提升为一种理论。正因为此，南京市北京东路小学的"发现教师"具有普遍意义和实践价值。

所谓普遍意义，是基于基本问题的深刻认知和实践操作框架的寻找。基本问题的深刻认知，建构起共同的立意，而共同的立意实质是最大公约数，因而基本问题是根本问题，根本问题的应答与解决当然具有普遍意义。实践操作框架是在对基本问题应答与解决中逐步形成的，它具有共同的要义与规则，可供其他学校借鉴。"发现教师"的普遍意义与实践价值正是为当下教师队伍建设、教师专业发展寻找到最大公约数，搭建起具有基本要义和共同规则的操作框架。如果作些分析、概括的话，其普遍意义和实践价值体现在以下几个方面。

（1）发现：揭示教育的真义。

何为教育？圣贤们早就作了精辟的回答：教育是对学生的唤醒、激励，是思维火炬的点燃，是对学生进步、发展的鼓舞。不难发现，唤醒、点燃、激励、鼓舞的基础与前提是发现，发现的过程同时也是唤醒、点燃、激励、鼓舞的过程，因此，发现与唤醒、点燃、激励、鼓舞是同义、等价的，都揭示了教育的本义与真义。

"发现教师"这一概念的核心是发现，即唤醒教师内在发展的需求与潜能，激励教师的信心与勇气，点燃教师的激情与思维，鼓舞教师积极互动地发展。假若我们深入理解，准确把握"发现"，那么，教育就回归其本义，提升为真义。教师发展也必将在教育本义、真义上有突破和超越。由此，我们不难发现和理解北京东路小学的教育主张：情智教育。情与智的共生、共长，支撑起一个完整的人。情智教育正是对人发展、对完整人发展深义的发现。发现，正在成为北京东路小学的教育主题，而且成为主线，贯穿在整个教育过程中。"发现教师"正是在这样的境脉中提出来的，是具有普遍意义的。

　　（2）发现教师：揭开学校发展之真秘。

　　教师在学校发展中的地位，提到任何高度来描述都是不过分的，因为有什么样的教师就有什么样的课程，就有什么样的课堂，就有什么样的质量，最终就有什么样的学生。我曾说过，教师是学校发展的制高点，也许有人会说，制高点当是文化，当是教育哲学。但是，无论是文化还是哲学，都是关于人的，是人创造了文化，创立了哲学。而教师在学校里正是文化与哲学的创造者，教师是学校发展的制高点，并非言过其实。同样，联合国教科文组织等几个组织共同提出"复兴始于教师"，我们是能理解并高度认同的。教师的复兴才使学校、教育复兴。

　　问题是，如何让教师站到制高点上去呢？其真秘在哪里呢？北京东路小学的回答是：发现教师。"发现教师"告诉我们，教师发展不是被"管"出来的，而是"发现"出来的。这绝不是说教师队伍建设不要"管"，而是怎么理解"管"，"管"什么。"发现教师"让对教师的管理走向对教师的领导，领导的主旨在于对教师的尊重、信任和鼓励，并进行专业指导和支撑。"发现教师"还告诉我们，教师发展也不是被"教"出来的。同样，这绝不意味着对"教"，对教师的培训、辅导的否定，而是说"发现教师"其实是教师发展的"不教之教"。校长孙双金对"发现教师"作了很好的阐释："发现教师"让教师"认识自己"，"发现教师"是教学的艺术和学校领导的智慧。我的理解是，"发现教师"让教师发展更自主、更积极，在发现中发展，这是办好学校、搞好教师队伍建设的真秘，所有学校概莫能外。

　　（3）相信、解放、引领、成就：让熟知成为真知。

　　相信教师、解放教师、引领教师，最终成就教师，这是大家所熟知的。

但"熟知非真知"，从熟知到真知有个过程，这个过程对管理者的领导智慧是一个极大的挑战。真知，不仅仅是真正知道，而且是从根本上予以把握并付诸实践。真知不在口头，而在深刻的认知和深度的实践中。对认知与实践，孙双金校长归结了九大策略，正是这些策略让熟知成了真知，让真知真正得到实践。

每个策略都有理念智慧的闪光。"地平线报告"：目标在远方，目标不断后退，但不放弃更不抛弃，永远向前，地平线不在远方，而在教师的内心深处。"地平线报告"是发展动力和发展愿景追求的表达。有了发展动力和发展愿景，还怕不发展吗？"教师课程"：学校所有课程都要经教师去理解、整合、调适，所有课程都是教师课程。北京东路小学勇敢地提出这一概念，其旨意就是让教师去创造课程，让教师成为课程创造者。"没有天花板的舞台"：有舞台，意即有平台有机会，没有天花板，意即没有限制，空间无限大，机会无限多，不仅永远向前，而且要永远向上。就是在舞台上，才会锤炼教学艺术，才会冶炼教学风格；就是在没有天花板的舞台上，教学主张、教育理念才会自由飞翔，带来无限的未来。

由真知凝练成的策略，其实是一种发展的结构，这一结构具有召唤性、点燃性、解放性。

（4）教师与课程、与课堂、与管理、与生活：共同的框架却"发现"鲜明的独特性，正是这些鲜明的独特性让教师本性得到发展。

学校，离不开课程、课堂、管理；教师，离不开课程、课堂、管理、日常生活。这是教师发展的框架，也是教师发展的基本元素。问题是在同样的框架中，面对基本元素，为什么有的学校教师发展得好、发展得快，而有的学校却并不理想呢？原因不在框架，而在框架中如何让教师有存在感、获得感、成就感，让"没有天花板的舞台"从虚拟状态成现实状态。

让我们看看这些题目："从模仿到重构：国学课程让教学生命焕发活力""'3D课外阅读'课程：滋养我的阅读后花园""数学绘本：跨界整合成就跨越发展""'娃娃科学课程'：学科共同体的爆发力""教学主张：给成长插上腾飞的翅膀""变革：一个年轻教师的奔跑与超越"……一个题目就是一个理念，就是一个发展的突破口，就是一个新的生长点，它们都在闪光。这些鲜明的特性，让共同框架成为和而不同的文化气象，教师个性得到发扬，教学风格得以形成。

（5）回应共同的热点问题：用另一种"发现"——转化，让问题成为教师发展的新起点。

小学教师队伍的性别结构失衡已是一个普遍现象，而且有进一步扩大的趋势。学校不能没有制度，尤其在当下法治社会，学校制度建设更为重要，也更为紧迫。但如何对待制度，在物欲不断增强、价值观失序的今天，教师发展的内在动力减弱，"被发展"现象比较普遍；学校规模的扩大，集团化办学的推进，新教师越来越多，新教师如何培养，究竟怎么让他们站稳课堂，乃至占领课堂……一个个新问题不断涌来，这些都是普遍现象。面对这些共同问题，我们该怎么办？

教育的热点难题，北京东路小学没有回避，也没有敷衍，而是让这些问题经过转化而得以解决。转化，既是方式，也是策略，是另一种发现。北京东路小学的转化，一是结构的转化——让性别结构转化为优势结果。也许一时改变不了师范招生、教师招考的政策，但可以在性别结构上改善，即发挥男教师的优势，把男教师合理地分配到各个年级、各个班去，与此同时，让女教师的优势也"转化"在学生发展上——耐心、柔韧、精致、品质的培养。二是制度从"冷"到"暖"的转化，让制度温暖起来——教师常带着情感和专业在流动中发展起来。三是教师发展动力，从外在转内在——心中有条地平线，永远向着诗和远方。四是新教师发展，从职前的受训转向职后的继续学习——学校成为"后师范院校"。这些特征，破解了教师发展中的难题。

北京东路小学"发现教师"的成果十分显著，但我最想说的是他们所建构的"12岁以前的语文"。因为"12岁以前的语文"共诉我们所有的发现最重要的是教师自我发现，所有的发现最终都是为了发现儿童、发展儿童。可以说，"12岁以前的语文"已对"发现教师"作了最具体、最生动的诠释。

精神家园的生动演绎与积极建构

南京市北京东路小学（以下简称"北小"），正在发生新的变化。

这种变化是在一个新的起点和高度上发生的。

这种变化不仅仅是学校的校舍、设施等物质条件的变化，更重要的是人的观念和行为的变化。

北小"人"的变化，不是某一两个人的变化，而是群体性的、整体性的变化，即一个更加优秀的教师团队正在崛起。

北小这种教师群体性的变化，有一个极其鲜明的特点：既基于学校的优秀传统，又超越传统、发展传统。所谓基于传统，是说对学校历史和文化传统的重视，变为保护、珍视、吸收，总之是继承。但任何传统都不应是静止的，而应是在新的条件下有新的发展。正如法国思想家布莱斯·帕斯卡尔所说："同一种文字用不同的写法都会构成另一种思想。"显然，当下的北小人采用了同一种"文字"，却采用了不同的"写法"，因而使北小诞生了新的思想，呈现了新的精神气象，取得了新的发展。正是在这个意义上，北小创造了新的传统和未来。

如果往本质上探究，北小的这种变化，是文化的变化、精神的变化，是通过文化和精神的变化，缔造一个精神家园。而精神家园，使北小人的创造性得到尊重、开发和释放，使北小人的精神价值和个人独特价值得到进一步提升。

因此，我们不能不说，北小的这种变化是伟大的（我们不必把"伟大"看得过于神秘）；我们也不能不说，北小的这种变化具有普遍意义，因此，关注北小的今天，可以在深度上启发我们。

一、共同的价值追求：学校应当让教师有"家"的感觉

对"学校"可以有多种解读，不过，无论哪种解读，都不应该把学校只当作一个场所、一个空间、一个机构，都不应当离开人。有人，就应有文化，就应有精神。也许，还是哲学诗人荷尔德林说得好："劬劳功烈，然而人诗意地栖居在大地上。"荷尔德林的意思很明确：人离开了神灵，就像离开了自己的家乡，陷入无家可归的状态。何为神灵？神灵，就是一种追求的精神，用今天的话说，就是核心价值观。所以，学校应当是"神灵"居住的地方，应当是人诗意栖居的场所，应当是一个精神家园。

可以这么认为，北小努力使教师在学校里有"家"的感觉。这个家，既有家庭般的亲情和温馨，更有精神的慰藉和引领。他们凭依什么去构筑这个"家"？首先，他们凭依的是信仰。北小教师们坚信，教育生活离不开教育的信仰，教育生活一定是一种富于信仰的生活。这种信仰聚焦在三句话上：要创造富于教育理想的中国最好的小学，要使自己成为最优秀的甚至是最有影响力的小学教师，要让北小的学生成为中国最优秀的公民。其次，这种教育信仰营造了一种文化的栖息地。用北小教师自己的话来说：北小创造了对丰富性、多样性保持悦纳姿态的学校文化，成为一块优质土壤，形成一种具有独特魅力的教育场。再次，教育信仰和文化，凝练在他们的办学主张和教育主张上：情智教育。情智教育是北小的核心理念和教育特色，其实质，是他们对教育的独特的富有创新的诠释。总之，北小已有了自己共同的核心价值观，进而形成了学校的信仰。

值得注意的是，不少学校也有自己的核心理念和办学主张，可为什么不能形成所有教师共同追求的价值观呢？北小校长和教师用自己的行动作了最好的解答，那就是：情智教育是在北小的土壤里生长起来的，本身就是北小的文化胚胎，北小的文化基因中情与智总是交融的；情智教育是校长提炼的，但是全校教师参与了论证，论证的过程是民主决策、科学决策的过程；情智教育与学校原有的"心心相印"的理念形成互动的关系，又是"心心相印"的具体化、个性化和深化。正是这些原因，让北小人把教育的理想、办学的主张聚焦在情智教育上，成为大家共同的价值追求，成为学校之魂。

二、教师共同体：情智之舞中的规定动作与个性化表演

北小的情智之舞中有许多动人的故事。这种"北小叙事"将会成为北小的一种研究方式。正如爱尔兰都柏林学院教授理查德·卡尼所说：讲故事对人来说就像是吃东西一样，是不可或缺的……众多的故事使我们具备了人的身份。叙述故事的艺术便给予我们一个人人可以分享的世界。叙事"将时间人格化"。"北小叙事"让我们看到了生气勃勃的北小人，将"北小时间"定格在学校发展史上，"北小时间"实质就是"北小教师""北小发展"，以及"北小光辉"。

如果说教师团队的情智之舞是一种诗意的表达，那么教师共同体则是一种学术化的概括。北小教师团队是一个优秀的教师共同体，而且演绎着共同体的基本思想。"共同体是好东西"，因为"它所传递出的所有含义都预示着快乐"，因为它是一个"家"，在家"我们是安全的"。我们高兴地看到，北小的教师有安全感，北小的教师是快乐的。安全与快乐是创造、创新的前提。北小的故事告诉我们，要让教师成为研究者、创造者，首先要让教师们快乐起来、兴奋起来。北小教师的"相长"正是基于情与智的和谐共生；是"找规律"还是"用规律"正是基于北小领导的胸怀与气魄，以及北小老师"弟子不必不如师"的理念；北小教师上课、研究的"自觉"正是基于北小这个共同体所营造的既竞争更合作的文化氛围。但是，共同体不只是和风细雨，共同体也绝不仅仅是自由的港湾。鲍曼指出："得到共同体，如果真的发生的话，意味着将很快失去自由。"他认为，确定性和自由是两个同样珍贵和渴望的价值，它们可以或好或坏地得到平衡，但不可能永远和谐一致，没有矛盾和冲突。此外，冲突还会发生在"共同体与个体之间的争执"上。这一见解是尖锐的，也是现实的和深刻的。北小教师团队的情智之舞，正是努力寻求确定性与自由、共同体与个体的平衡。"北小叙事"叙的正是情智之舞中，既有规定动作的生动表现，又有自己个性化的表达与表演，其关键是正确对待"个性教师"。

孙双金的见地很好。他说："我是这样理解个性教师的：其一，个性往往代表才华与才气，有个性的教师一般来说都有才……；其二，个性教师往

往有自己的思想，不人云亦云，独立性比较强……；其三，个性教师因其个人才华的缘故，在教师中有一定的影响力和号召力，往往会成为某一群体的'领袖人物'……"与其说这些看法是见地，还不如说首先这是校长的胸怀。一个没有宽阔胸怀的校长怎能宽容，又怎能包容？调动教师积极性、创造性又从何说起？共同体中确定性与自由的矛盾，关键是如何看待确定性。确定性实质是统一性、规范性，是共同的基本要求和规则。丧失了确定性，共同体就不成其为共同体，共同体就解体了。但是，确定性、规范性、统一性，究竟是怎么产生的？它存在的最大价值是什么？规范、规划应当来自共同体中所有人的内心需求，规范、规则应为教师的自由创造而存在。此时，大家对规范、规则就会有一种敬畏和自觉。还是帕斯卡尔说得经典："真正的道德轻视规范。"北小就是这么去认识和努力实现的。当然，这是一条漫长之路。

三、校长：富有意义的审美世界和道德领导、专业引领与支撑

情智之舞需要领舞者，共同体的形成与发展需要核心人物。北小近两任校长袁浩与孙双金，均堪称优秀的领舞者、名副其实的核心人物。孙双金在袁浩创下的基础上，作了新的探索，有了新的发展。

孙双金新的探索之一，是让北小教师生活在一个富有意义的审美世界中。人是伟大的，人的伟大在于给生活在世界中的自己一个意义，只有居住在、生活在这个富有意义的审美世界中，才会享受幸福。而幸福来自创造，这就需要使生活在校园里的所有教师都成为创造的主体，彰显本体的独特价值。叔本华说："本体不是绝对的实在，不是上帝，而是生命意志。"孙双金正是用情智教育的理念和办学主张，去构筑一个富有意义的审美世界，让教师在这样的审美世界中展现了自己的生命意志和生命活力。北小的教育改革实践生动说明，来自教师生命意志的主体精神是多么伟大。

孙双金新的探索之二，是实行道德领导。所谓道德领导，是用道德来领导，用人格来领导，用学术和研究来领导。难怪老师们称北小的校长不仅是一校之长，更是教师的老师。孙双金的道德领导集中表现在对个性教师的尊重和鼓励，而结果是："学校需要优秀的教师，但更需要一群有着不同个性

与风格，能以自己无可替代的独特性成就学校精彩的教师群体。"

孙双金的新探索之三，是用自己的课堂对教师进行专业引领和支撑。和袁浩一样，孙双金在课堂教学中游刃有余。他发挥这一特长和优势，让教师从自己的课堂里具体学习。于是，"孙校长进课堂"成了一种示范、一种昭示和一种引领。其实，课堂教学的引领，还自然融进了人生价值的引领、思维方式的引领和教学艺术的引领。

孙双金和他的团队，就是这样以丰富的教育行动和较为深刻的教育研究，对学校成为精神家园作了生动的演绎，并坚持不懈地追求，进行积极建构。相信情智之舞将在更广阔的教育舞台上展演与表达。

第四辑　签一份阅读的契约

人文素养会给学科专业一个更广阔的知识背景、文化背景，抑或说，正是人文素养使教师在学科教学中具有更开阔的视野、灵活的思维、自然的拓展、丰富的想象，使学科教学呈现别样的意义和色彩。

快，去签一份阅读的契约

我始终认为，教师专业发展应当有超越的理念和更高的追求，即教师，尤其是优秀教师不仅需要学科专业，更需要人文素养。人文素养会给学科专业一个更广阔的知识背景、文化背景，抑或说，正是人文素养使教师在学科教学中具有开阔的视野、灵活的思维、自然的拓展、丰富的想象，学科教学呈现别样的意义和色彩；囿于学科专业发展的教师，往往在教学中局促、单一、忽高忽低、忽深忽浅，有时难免枯燥和苍白。如何改善这种状况呢？快，去签一份阅读的契约吧！

一、经典与名著阅读：教师专业发展的强大支撑和重要方式

爱因斯坦早在《培养独立思考的教育》中说过："用专业知识教育人是不够的。通过专业教育，他可以成为一种有用的机器，但是不能成为一个和谐发展的人。"若不能给学生以更丰富的教育，包括对价值有所理解并且产生热情，以及对道德有鲜明的辨别力，"他——连同他的专业知识——就更像是一条受过很好训练的狗"。爱因斯坦一针见血的批评，自然让我们想起美国学者帕克·帕尔默的《教学勇气——漫步教师心灵》。显然，教师的教学勇气来自教师的心灵，而教师的心灵的丰盈来自教师的内心生活，来自"不可分离的生活"，否则，教师就会产生恐惧，就会使"真正的教学"降低到技术层面。

可以说"不可分离的生活"离不开阅读生活，也许，阅读，正是帕尔默所说的"伟大事物"——至少是伟大事物之一。歌德曾在书信里说："我要像《古兰经》里的摩西那样祈祷：'主啊，给我狭窄的胸以空间。'"冯至先生在

著名的《十四行集》里，把这句话改变为两行诗："给我狭窄的心／一个大的宇宙"。阅读定会使学科专业发展站到一个制高点上，一定会使教师具有一个大的宇宙。因为阅读尤其是经典与名著的阅读，给教师学科专业一个强大的支撑，并成为教师"不可分离的生活"的基本方面。

二、阅读：教师自愿地签一份契约

教师很忙，也很苦，给阅读带来了时间上的限制。但是，忙与苦不应成为少阅读、不阅读的理由或借口，相反，正是忙与苦，更需要阅读，因为阅读会带来新的意义，带来快乐。从另外一个角度去认识，阅读应该成为教师工作与生活中不可或缺的一部分，阅读应该成为教师工作与生活的一种习惯。若此，教师的阅读就有可能跨越忙与苦的障碍，产生一种超越，形成阅读自觉。

阅读的兴趣、喜好，以至形成习惯，最终成为阅读自觉，有一个自我要求与磨炼的过程，从自我约束走向自主阅读。其实，任何学习都是这样。经济学家哈耶克曾把求学比喻为自愿签一份契约。签约者愿意为了学问而受苦受累，没有这种心态，没有这种自定的规则和要求，再聪明也不能保证自己有所成就。

阅读，也正是这样。加拿大极具天赋的作家、小说家、翻译家阿尔维托·曼古埃尔，在其著作《阅读史》里这么说："阅读乃先于书写。一个社会可以没有书写而存在——很多社会的确如此，但是没有社会可以缺乏阅读而存在。"缺乏书写的社会对时间有一种线性感，他还说，文字社会应使其时间感呈现累积的现象，社会应当在"时间轨道里，借着阅读这个世界所必须提供的各式各样的符号而移动"。他作出一个基本判断："对大部分文字社会而言……阅读是在社会契约的初始。学会阅读便是我的通关仪式。"且不去讨论"阅读先于书写"的命题，单论阅读是一种社会契约，而且是社会契约之始的论点，就让我们提升了阅读的理念和规则。由此，我们不难看出，阅读不仅关乎自己，更关乎社会；教师自愿与阅读签一份契约，更是在与社会签约。于是，你的时间不是线性的，而是累积的，阅读让你在时间轨道里前行。看来每一个教师都应按照契约的规定学会阅读，只有这样才能通向社会。

三、在沉默中阅读：将不在场的人的话语传达给自己

签一份阅读契约是一种隐喻。我们不妨大胆地想象，在契约上我们可以写上些什么。我以为，可以写上阅读的内容、阅读的数量、阅读的规则，也可以写上阅读的方式等。

阅读方式是很重要的，它关涉到阅读者的情绪、习惯，关涉到阅读者的追求与效果。说到方式，无非朗读与默读。有人（比如北京大学的曹文轩）曾说，大声朗读是儿童阅读的开始，是最有效的最好的阅读。那部获奖的电影《朗读者》中，年仅 15 岁的少年米夏每天都要为中年的汉娜朗读，即使汉娜被关在监狱里，米夏都要送去为她朗读的录音。的确，我们需要大声朗读。不过，我以为，日常生活中大量的阅读应当是在沉默中。

在沉默中阅读，就是惯常所说的默读，但细细分析、比较，"在沉默中读"与"默读"还是有区别的。默读，是一种阅读的方式，用眼而不出声，而"在沉默中读"则强调阅读时的情境、氛围，以及在沉默中的思考。这种"在沉默中读"很容易让我们联想到一幅宁静的风景画或是罗丹的《思想者》雕塑。曼古埃尔称这样的阅读者是"一名现代读者"。是的，在沉默中阅读，需要高度的专注和全身心的投入，它让我们体会到阅读的崇高与神圣。随着沉默的延续，在内心的平静中，会有一波波的喜悦出乎意料地突然自内心涌现。同时，借着沉默，读者能够与书本文字建立一种不受约束的关系。对此，曼古埃尔有一段精彩的描述："文字不再需要占用发出声音的时间。它们可以存在于内心的空间，汹涌而出或欲言又止，完整解读或有所保留，而读者可以用其思想从容地检视它们，从中汲取新观念，也可以从记忆或从其他摊在一旁准备同时细读的书来作比较。"

我以为，最为重要的是，在沉默的向往中，使不在场的作者来到我们身边，与我们对话，使我们得到奇特的心灵震动，生成富有激情、带着自己体温的意义和思想。比如，我们会像陈平那样，在《美的历程》中，解读中华五千年的文化密码，否则，"我们依然飘荡在浮华的尘世"。比如，我们也会像孟小冬、乔青云那样，在"扎根于上下五千年的时空里"，在"铺展在千万平方公里的土地上"，寻到自己的文化之根。当然，也会像孙占林那样，

在沉默的阅读中，从水的"上善"与"善下"里，寻找到老子的帮助。

因此，沉默中的阅读是不沉默的——我们需要。

四、让心静下来：精读，使自己"进去"

阅读是有内外之别的，有的人读了很多书，但他始终在"外面"。很多人宁读别人的评论也不愿一览原著。我们并不是否定读别人的评论，而是强调读原著，因为别人的阅读永远代替不了自己的阅读。其实，当下老师的阅读，问题还不在于此，还在于阅读的轻薄与浅近。那种欣赏于时尚报刊的轻阅读，那种习惯于晚报社会新闻的浅阅读，那种沉溺于网络的快阅读，还有那种应付于教参教辅的技术性阅读，往往使教师处于感官刺激的娱乐之中，在"短、平、快"的信息满足中寻找技术性的秘诀。因此，心灵安静不下来，思想深刻不起来，气质高雅不起来，而且，常常在戏说的低俗、轻薄中，产生虚无感、迷惘感、沮丧感，甚至还有教育和生活的恐慌感。带着这样的阅读，怀揣着这样的心情，在课堂里如何向学生展开一本最高尚的书呢？教学中的飘浮感，不能不说与阅读的轻、浅是有关的。

应当在阅读的契约上写下"安静"。真的，在阅读中让心找到安顿的静寂之处，就像《瓦尔登湖》的译者所提醒我们的："你能把你的心安静下来吗？"其实，读一点原著，读一点经典，会让人有一种奇异的安宁，形成经典的情怀。你看，陆平读《古文观止》，结果"我们发现古典看我们很近，我们看古典很远。这种'远'不是时代差异造成的文化距离和语言变迁造成的理解隔膜，而是'路曼曼其修远'的畏途感"，经典阅读最终会给我们一个崇高而又轻松的希望。

所谓读"进去"，是说身心投入进去，是说把阅读中获得的意义"投射"到自己的生命旅途中来，使自己有一个幸福的人生。"面对这样一位平和的智者，你无须上前搭讪，无须仰视他的身影。你要做的，是在这一刻，保持一份不被打扰的宁静与清醒，让灵魂在场，让欲望缺席。然后，合上书本，闭目冥思，试问自己是否超脱。"孙江永读周国平，读出了哲思，读出了人生超越的价值之所在。他也读"进去"了。

五、阅读的累积：在过程中寻找快乐

尽管赵汀阳先生对"快乐"与"幸福"作了严格区分，而且把快乐定义为消费性的。但我仍坚持认为阅读需要快乐，快乐可以推动阅读。因此，阅读的契约上，有一条重要的原则：快乐。

的确，阅读的快乐来自过程。如果自己，或是学校领导，把阅读的目的隐藏，让自己，让教师真正经历一个过程，那么，一定会在快乐中进步。其中十分重要的——读书需要多读，需要反复读，需要不断买书来读，需要藏书以后读，有时候需要回到第一本，回到第一页，回到第一行。土耳其小说家欧汉·帕姆克在《白色城堡》中说："假如你有一卷在握，不管那本书多么复杂或艰涩，假如你愿意的话，当你读完它时，你可以回到开头处，再读一遍，如此一来就可以对艰涩处有进一步的了解，也会对生命有进一步的领悟。"这既是阅读的累积，也是生命意义的累积；这既是阅读的重新开始，也是生命的又一次出发。

在与阅读所签的契约上，我们还可以写上许多。不过，契约在我们心里，契约上的一切也就在我们的心里了。

不过，我还是要真心地说一句：快，老师们，去签一份阅读的契约。

书，是教不完的

陈寅恪先生讲过这样的话："我的书读完了，但是，书是教不完的"。自信又自谦，自信、自谦中似乎有一点狂傲。但仔细想一想，他的真实意思，是讲读书与教书的关系。对此，他自己有个注脚：凡是古人讲过的，我不讲；凡是外国人讲过的，我不讲；凡是自己过去讲过的，我也不讲。这也不讲那也不讲，就只能讲新的；讲新的，就必读新书，就必定要自己写书。所以，书是教不完的。书是教不完的，真实意思是书也是读不完的，只有读不完的书，才会有永远常教常新的书。教书，永远是读书的过程，同样，读书也永远是教书的过程。

回过头来再想想，也只有陈寅恪有资格讲"我的书读完了"这样的话，而我们是不敢讲的，也是不该讲的，当然，至今我们也没有讲，也许永远都不会讲。但是，问题的另一面是，有的人不读书，却把书教完了，这很危险，很恐怖。此话并不过分，当下真的有这样的人，有这样的现象。可以说，读书，永远是教师每天的必修课，否则，他不可能做一个好教师，甚至不可能是教师。马克·吐温说过这样的话：一个有阅读能力的人不读书，他是一个文盲。

有个朋友告诉我，他在读师范的时候，语文老师给他上的最深刻的一课是，把他带到自己的书房。一个偌大的书房里，一张张的书橱，一排排的书，厚的薄的，旧的新的，中国的外国的，横排的竖排的，文学的、艺术的、科学的……他一下子被惊呆了，一下子觉得自己那么渺小，而老师那么高大，一下子就觉得书是读不完的，于是他的愿望是做一个喜欢读书的人。这是他最难忘的一课。看书房，逛书店，坐在书桌前，这是最直接、最生动的阅读课。

还有个朋友告诉我，走进南京师范大学附属中学化学教师的办公室，你会看到不少老师的办公桌上，放的不只是化学、化学教学方面的书，还有哲学著作、文学经典……总之，他们不仅读化学教学方面的书，还读与化学教学"无关"的书。也许，化学教学方面的书读完了，但那些"无关"的书是读不完的，而那些"无关"的书却与化学教学有关，因此，书是教不完的。几本薄薄的教科书的背后是那么多的读不完的书。此时，那办公桌已成了一张书桌，只有当办公桌变成书桌的时候，他的书才会教得好。

有个小学校长到南京来看我，我约他在麦当劳见面，临走的时候，他对我说了一句话：我本想到你家里，看看你的书房的。一丝浅浅的遗憾里，让我在感到愧意的同时，又有些许的暖意。我的书房并不大，书也不多，却让别人有点猜想，有点想看的欲望，我很高兴。也许朋友之间的真情实意是通过书来连接的。

我真的盼望那一天：我的书读完了，但我的书是教不完的。那一天，我才敢说我是一个真正的教师。

那不敲响的钟声

两次去台湾，必去台湾大学；每次去台大，必定在傅亭前久久徘徊。那口古铜色的傅钟，垂挂于亭中，一片静默，但我似乎听到了它那苍老而悠扬的钟声。不过，它每天只敲响二十一下，还有三响，是不敲的。因为校长说，那不敲响的三小时，要让台大的师生安下心来，静静地读书、思考，永远怀想老校长傅斯年的教诲。

回来查询资料，知道傅斯年是抗战胜利后台大第四任校长。他顶住各种压力，大刀阔斧改革，为了把台大建成一座世界水准的学府，殚精竭虑，几乎每天无一刻的轻松。仔细看看，傅钟上刻着八个大字：敦品励学，爱国爱人。这是台大的校训。傅先生身体力行，严格按校训行事。1950年新生入学考试，国文卷由他亲自命题。他选了《孟子·滕文公下》中的一段："居天下之广居，立天下之正位，行天下之大道……富贵不能淫，贫贱不能移，威武不能屈，此之谓大丈夫。"傅钟虽是后任校长命名的，但说到底应该是傅先生用自己的精神和灵魂锻造的。

叙述以上一切，不是想去评述傅斯年这位教育家，只是想说，傅先生给台大留下了宝贵的文化财富，留下了最重要的思想。何为文化？黑格尔早就说过，文化的魂与体是融为一体的。好比洋葱头，剥掉一层皮，就是剥掉一层肉，皮剥完了，肉也就不存在了。傅钟就是台大校园里的一个文化符号，它是"体"，体中有魂，魂也附体。这样的景观才显现文化之意，也充满思想张力。

大学学子的确需要安静思考的时间，同样，中小学的课堂里也一定要有让学生独立思考的时间。毋庸置疑，课堂教学需要温度，需要学生怀着激情去讨论，没有温度的课堂肯定不是好课堂。但是，往深处去想，真正的温度应当是思考的温度，是安心阅读、潜心研究、悉心建构的深度。绝不能把温度只理解为热烈的气氛，甚至追求表面的热闹。当下的一些课堂正是要十分警惕这种情况的发生。我们是不是也要像傅钟所表达的那样，一堂课一定要有那么几分钟，那么十几分钟，规定学生静静地阅读、默默地思考，在安静中倾听自己内心的声音，梳理自己的思想呢？此时，教师只是用期待和鼓励的目光注视他们，不去叮嘱什么，也不去提醒什么，这就是最好的教学、最生动的教育情境。

对教师同样也应如此。教师生活在充满生气的校园，总是在各种各样的热闹中度过，这本正常，但是往往导致无暇去读书，无法去沉思，久而久之，一些教师也渐渐地不深入研究。这是非常可怕的事。校长们，还有教师们自己，能不能规定一天中留出一两个小时，是没有任何"钟声"敲响的呢？

倘若还有机会去台湾，一定还去台大，一定还要在傅钟下静思默想几分钟。在那飘散的思绪中唤起对教育家的怀念，激起对教育、对文化的思想波澜，那不敲响的钟声才是最动人心魄的。

关于"灯火通明，通宵不灭"

著名物理学家吴健雄曾经对什么是世界一流大学有个基本判断：晚上到学校去看一看，如果图书馆、阅览室、实验室里，灯光通明，通宵不灭，那么完全可以说，这所大学是一流大学，至少可以成为一流大学。

这是一种直觉感受，是一种实践判断。但是，在直觉感受和实践判断的背后，是长期观察和深入思考后的凝练、概括，闪烁着理性色彩。我是相信的。因为灯火通明，通宵不灭，是教师和学生们勤奋学习、刻苦研究的象征，是踏踏实实、坚持不懈精神的标志。当下，大学教育需要这样的灯火通明，需要这样的通宵不灭。

近来大家都在谈论"学霸"。报载，复旦大学有四大"学霸"在学校的奖学金颁奖礼上亮相，他们的绩点几乎全是满分。其中被称为"门萨女神"的张安琪，不仅是 5 篇 SCI 论文的第一作者，还是国际顶级智商俱乐部门萨俱乐部的会员。她对"门萨女神"的名号深感不安，她说，"我们做到的一切，都不是轻巧的事"，"我真的很努力"。大二时，她撰写论文，起早贪黑地做实验，每天学习 16 个小时。其他几位"学霸"也都说，是"努力＋坚持"造就了自己，"学习是学生的本职，在大学里，只有态度是至关重要的，而非天赋"。

我想说的是中小学。

一个星期天，南京一位小学教师给我发来信息，我问他在哪里，他说，双休日一般都在南京图书馆，读点书，写论文，再思考一些问题。我听了，真的很感动。教师的发展，需要这样的精神和热情，需要这样的教师，在图书馆里泡，在书店里逛，在夜晚的灯下写。

遗憾的是，当下，这种勤奋、刻苦的精神在逐步淡化，甚至逐步在淡出。当然，我们不希望，更不要求教师都这么去熬夜，整夜地学习。实事求是地说，教师们现在很忙，很辛苦，很不容易。问题的另一面则是，一些教师忙于教学事务，止于经验，也受一些娱乐化的影响，而很少能真正读一点书，做一点关于课程、教学、学生、文化的思考。久而久之，教师的专业水平难以进一步提高，教师的全面素养也难以再提升，这就必然出不了名师，出不了大师。

其实，我们并不提倡一定要夜晚灯火通明，通宵不灭，而是说，需要倡导这样的精神，需要培养这样的品质。教师的勤奋、刻苦，求索、创造，方式是多种多样的，也是因人而异的，不过，各种方式就勤奋、刻苦的精神、品质而言，在本质上是相通、相同的。

说到这儿，要声明的是，这种灯火通明，通宵不灭，决不能迁移到中小学学生身上去。不过有个问题需要澄清，中小学学生学习应该快乐，但是，学习的快乐，绝不意味着不要勤奋和刻苦。在任何时候，在任何地方，对任何人，都要提倡勤奋和刻苦。唯有如此，中国才可能有最好的学校、最好的教师和最好的学生。

人因书而长寿

"书比人长寿"。

这是美国著名学者费正清在给学者、出版人赵家璧先生的回信中写下的话，赵家璧非常喜欢，一直引为金言。我当然也非常非常喜欢。

的确，书比人长寿，这是毋庸置疑的。人已逝去，而书却永远存活于世。但费正清的话是超越物质性理解的，他是说，书的文化意义与价值是永存的，经典之作更是"万寿无疆"的。其实，更准确地说，是书比整个人类都长寿，尽管有了人类才会有书，但是因为书给人类留下来思想、智慧，给人类以纯净的心灵和崇高的情怀，从这个意义上去说，有了书才可以称之为人、称之为人类、称之为社会。

不过，我最终认为，人因书而长寿。

同样，从物理学上来看，书是人写出来的，书因为人才长寿，书的长寿正是人的长寿。这种解释已开始有了文化的阐释，但还不够。往深处说，即使不写书，人读了书，长了灵魂，长了思想，长了智慧，长了尊严，而灵魂、思想、智慧与尊严没有年限，是长寿的，所以，人因书而长寿。

因此，讨论书比人长寿，本质的意义在于人要爱书，人要读书，人要从书中汲取最丰富的养分，唯此，人才会活出意义来，人才会长寿。

卢梭的思想相当深邃。他在《爱弥儿》中这么说："我们，在这个世界出生两次，第一次是为了生存，第二次是为了生活。"生存与生活的本质区别就是，生活是充满意义的。意义从何而来？我执著地认为，生活的意义主要从书中来。没有书而活着，不读书而活着，充其量只能被视作生存，而非生活。显然，如果没有书的陪伴，我们在这个世界永远只有一次出生。

书比人长寿，人因书而长寿，讨论的要旨和深意恰恰是：书与人不可分，人与书不可离；说到底，人的长寿，是在书中获得的。

话得说回来，不是所有读书的人都会比书长寿，这要看你是怎么读书的。德国伟大作家歌德曾在书信里说："我要像《古兰经》里的摩西那样祈祷：主啊，给我狭窄的胸以空间。"冯至先生在著名的《十四行集》里，把这问话改成两行诗："给我狭窄的心／一个大的宇宙"。真正读书，是用心来读的，真正读书是可以开阔胸怀的。一个只把读书当作任务指标来完成的人，一个只为了完成对别人的承诺而读书的人，心胸永远是狭窄的，永远不会在读书里寻找到意义，因而不会因读书而长寿。

如今，读书已成了时代的一个主题词，已成为教育的一道风景线，我们为此而颇感欣慰。但读书不能运动化，不能功利化，不能形式主义，深入其中，读书才会彰显其意义。

买书是为了以后读
——良好阅读心态的养成

家里有好几个书橱，摆满了各种各样的书，有高有矮，有厚有薄，有新有旧，色彩也不同。书们一本挨着一本，像是一家人，好不亲热。我总觉得它们在悄悄谈心。这些不同颜色封面的书，似乎是在讲述"颜色的故事"——那是英国维多利亚·芬利所著的《颜色的故事：调色板中的自然史》的主书名；这些不同国家作者的书，似乎在进行"跨文化对话"——那是乐黛云、法国李比雄主编的《跨文化对话：生态文明专号》的主书名；这些不同内容的书，似乎有一个共同的主题"成己与成物"——那是杨国荣关于对"意义世界"的阐释……不管什么书，它躺在书橱里，我很喜欢它们那种神情，静静的，有点诡秘。

老实说，书橱里还有一些书，我至今还没翻过，有的买回来好久，书名已渐陌生，此时看到它们又顿生新鲜感，有一种立即想读的冲动。它们也好像在对我说："我在等你！"话中当然有些不满，不过更多的是一种期待。望着它们，我心里有愧疚是肯定的，但丝毫不羞愧，因为当初我买这些书不是为了装门面，是为了读，而且早作了准备，有一些不是为了现在读，而是为了以后读的。于是，我对书们的回答是："耐心点吧，我会和你们见面的。"

买书，当然是为了读。阅读的意义不言而喻。唐诺在《阅读的故事》里讲得好：意义最丰饶的生长之地却是在书籍的世界中，书籍是"意义之海"和"可能性的世界"。书籍这一"可能性的世界"，就是美国诗人弗罗斯特说的："阅读，让我们成为移民。"这是一个多开阔、多开放的世界啊！它让我们从古代走来，又向未来走去，让我们从祖国走向世界，在全球留下我们的足印。无限大的可能就在书籍中，一切皆有可能，从某种角度说，是因为阅读才使我们一切皆有可能。

不过，我要补充说的是，不是所有买回来的书都要立马就读的，有的就得让它静静地躺在书橱里，躺上几个月，甚至躺上几年，有的或许买回来一直不会去读它。这，正是我阅读的理念，也是我阅读的方式。好吗？我觉得好。理由有以下几点：

就买书的理由来看，无非两类，一类是因为需要，一类是因为喜欢，当然，喜欢往深处讲也是一种需要。喜欢的书当然会立即翻看，但也常常因为喜欢而不会一下子读完，比如海德格尔的《人，诗意地栖居》，让它放在那儿，天天望着它，天天看一点，似乎像小孩在品味一种最喜欢而又最不易得到的美味食品，又好似买了一件如意的衣服，穿过一两回，挂在衣橱里，待择日穿上亮相一样隆重。这难免有点"孩子味""女人味"。不过实际上这是一种珍惜的心情、呵护的心情。至于需要，也是有两种：立即需要和以后需要。人的一生总有许多憧憬和打算，教师也如此。未来的发展与走向在哪里，比如想研究哪些问题，未来要写些什么文章，等等。因此，从某种意义上说，买书就是一种知识的储备，就是对未来的一种准备。我以为这样的购书是很有眼光的。我的书橱里有一些哲学类的、思想类的书，当时并不是急需的，但今后肯定用得着，于是，当时看到就会立即买来。

就读书的心态来说，阅读是一种心境的寻找与表达，而阅读的最高境界是自由。怀着放松的心情，凭着自己的兴趣，采取自己喜欢的方式，读自己喜欢的书，读为了解决自己问题的书。这就是一种良好的阅读心态。正因为此，买来的书，总归要读，但从自己的需要和心境出发，有些书就是放在以后读，那时候读，才有味，才有效。我又以为，把书搁置在那儿，正是对阅读心态的磨炼。刘小枫的《诗化哲学》《拯救与逍遥》等搁置一段时间后再去读，你的内心感受是不同的。

我已形成了一种习惯，逛书店时买些书，两本三本，带回来，先是堆在书桌上，然后翻一翻，就会归类放在书橱里，然后在一段时间里不断地瞄上几眼。这样，也许好久以后才去读它们。书橱里的书在等着我，我一定会与它们有一次美丽的约会。真的，这很幸福。

意义，在时间的流淌中

《口述历史：一个时代的教育生活》，让我喜欢、感动、难以忘怀。"口述者"我都基本熟悉，读他们的文章，总觉得他们就站在我面前，微笑着与我交谈。我了解他们的历史，但他们生活中的故事却从来没听说过。这次细说了，细听了，我突然领悟到，人性原来如此丰富，心性如此明洁，他们的追求原来早就存活在自己的故事里。

听他们口述，我总是不由自主地与自己联系起来，他们在口述，我在"心述"，他们的故事似乎也是我的故事。这种自然的联系和比照，也让自己"以革命的名义"回忆过去。否则真的觉得就是对自己历史的背叛。

"口述历史"，又让我们在历史中走了一个来回，最后在"现在"停留，由时代的背影转为对未来前景的瞭望、远瞻和期待。于是，从这个意义，我又真切地领悟了"一切历史都是现代史"的深意。我想，要让自己活出意义和精彩来，应当"口述历史"，应当经常去追寻背影。以历史的步态，从"背影"开始迈开永远前往的脚步。因为"人类之所以伟大，正在于他是一座桥梁而非终点！"意义就在"而非终点""而非完成"的时间的流淌中。

一、口述故事：时间的人格化

历史是由一串串真实的故事组成的，口述历史就是讲述故事。讲故事，是生活的需要，有了故事，生活才会有色彩；故事本身就是一种生活，讲故事实质是在寻找生活方式，锻造自己的生活价值观。正因为此，76 岁的特级教师胡百良在讲述自己 50 年代的教育故事后，才会有对生活真谛的深切领悟："人生就是这样，充满着苦辣酸甜，喜怒哀乐，生离死别，但是，一个人，又必须通过挫折才会成熟起来……对于过去，我没有遗憾，只是觉得，还有许多的事没有做完。""没有做完的事"就是将会发生的一个个故事，一个个故事延续着胡百良的教育理想与人生追求。

人总是从故事中走来，故事又陪伴我们走向未来。这样，在故事中的行走，让我们具备了专业身份——教师。随着新中国的诞生，黄书文，这位操着浓重徐州口音的老校长，从"代用教师"成为新中国的教师；自抗美援朝战争开始，他就把星期天作为"写稿日"，在一篇又一篇从小到大的稿件中，探寻并确立了教师这一专业身份的尊严与价值。而沈正元，这位科研型的局长，随着工作岗位的变迁，尤其是他对工作意义的开发，角色的意义也不断变化。语文教师的经历，让他串起了"传达室常客—面授逃课者—朴素研究者"的角色的意义链条；教科室的经历，又让他发生了"忐忑的学习者—幕后的参与者—教育的喇叭"的角色的意义转变；当研究的重点转向教学研究时，他又拥有了以下角色意义：清醒的反思者—编外研究者—作嫁衣裳者。不论哪一种角色，他始终是同一的身份：教师；而每一种角色所诞生的故事，都透析着对教师身份的深刻认同及其意义的深度理解。吴江市实小的管建刚说：要做一个有故事的教师。原来，故事，凸显了教师身份所蕴含的意义张力，因而充溢着"身份魅力"。

《诗学》曾把故事叙述界定为戏剧性的模仿和人类行为的构想，而叙述故事的艺术则给予了我们一个人人可以分享的世界。是的，在特级教师王元的叙述中，我们分享了60年代教师扎实的基本功和多才多艺，尤其是那真诚的心愿："我不愿转移我为当一名出色的小学教师而积累的能量。我要等，等到山花烂漫时。"这一等，他等到了1978年。呵，等是一种执著守望，等是一种信念。在张映春的叙述中，我们分享了70年代教师的"低碳"教学、"友好型"环境、"原生态"业余生活。他说："有一点清苦，有一点寂寞，有一点冷板凳功夫……如果把那个岁月的教育比作风，那是拂过林梢和草尖的，是来自稻穗和麦浪的，挟着野性，裹着醇香，纯粹、清凉、爽身。"呵，那逝去的风，让我们永远怀念与追想。在特级教师沈茂德的叙述中，我们分享了80年代教师那真实的崇高以及燃烧着的激情。"那个年代的教师没有钱，但那个年代的教师不讲钱。"他说，"好教师，好伟大。……不知怎的，目睹着今天物质条件的飞跃发展，却常常怀念那物质苦涩时代的踏实。"呵，教师的智慧、教师的伟大，来自心中那块精神高地。过去的那些人、那些事永远在精神世界里闪亮。

爱尔兰的哲学教授理查德·卡尼曾这么评说故事："叙述故事就是将时间从零碎的时刻与个人无关的消逝向一种模式、情节、神话转变，从而将时间人格化。"接着，他又说：某人某地某时突然想到要说"很久很久以前"，说出这样的话来，就是在听众的想象中点燃了篝火。"故事来自经验的点点滴滴，将过去发生的事与现在的事联系起来，将它们撒入一系列可能性之中。"事在时间中，在时间里发生的故事，都是人创造的故事。讲述故事，回忆过去，就是在故事中发现人格，寻觅意义，进而塑造自己的灵魂。胡百良的生命感悟是："正因为自己失去过自由，所以特别尊重他人发言的权利，总是培养学生独立的人格；正因为自己曾经失去过工作的权利，所以特别珍惜工作的机会，创造性地去完成任务。"——时间，让他领悟了人格的尊严。特级教师高万祥永远记着他从教时的启蒙教师——一位老校长对他的人格影响：1980年农历二月十九日上午，得知妻已临产住进了医院，我在课堂上满怀激情地讲完《水调歌头·大江东去》以后，匆匆地对学生说："我马上去医院，也许，一个小伟人即将诞生！"因为一位"不合时宜"的老校长，曾告诉他一条真理——人生最神圣的行为，就是我们每天在做着的事情！

由此，我们不得不说，口述历史，不只是在凝视一个时代的教育背影，更是在雕刻一个人的心灵。正是伟大的灵魂才会有闪烁时代光彩的背影。我们应当让时间在人格的塑造上定格。

二、时代背影：在变与不变之间

时代的进步来自时代积极的改变。改变了的时代改变了我们，我们的改变也会改变时代。其时，时代的背影投射在人身上，时代的背影与人的背影相重叠，人的背影让我们看到了那个时代，看到那个时代的那些事。因此，口述历史是为了回溯过去，再一次去认识时代，认识时代的变化与进步。

我们生活在当代，但未必认识当代。张齐华说得好："吊诡之处有时往往就在于：你不必从当下去判断其意义之大小高下，因为意义会在时间的流淌中逐渐形成。"这位把读书、思考和创造性实践当作自己生活方式的当代青年教师，把这一代当作"最幸运的一代"。课程改革俨然成了当代教育的重要标志。于是，三年的"试跑"，接着后来的"快速行走"，他掂量了传统经验的理性制衡功能，但他同时坚定地认为，新课程给予了全方位的理念启蒙与范式重构，启蒙就是掀掉遮蔽，让自己成熟。于是，必然的反思让他、让他们"最幸运的一代"有了一种历史的担当："我们的数学教学如何在更多样的教学方式间灵活选择，我们的数学教育如何在更富有中国特色的经验中寻找到一条真正属于我们自己的教育之路。"当然，他还坦然地说："我们这一代实在没理由不感谢网络！"因为网络开启了数学教育的又一新篇章。毫不怀疑，当代的青年教师是敏感的一代，是有更新追求的一代。他们的"变"中有着永远的"不变"：时尚中没忘掉传统，新潮中没忘掉自己的责任。他们对时代的感谢总是写在自己富有诗意、充溢着文化的行动中。

让历史往前翻一页，回到 20 世纪 90 年代。90 年代五彩斑斓，教育也是绚丽多彩。但是，沈正元认为绚烂的色彩中，最亮丽和最厚重的色彩应是教育科研。这是时代的必然，因为江苏、北京、上海等经济和教育发达的地区，普及了九年义务教育，义务教育开始走向了内涵发展。而内涵的丰富与提升，把教育科研推到了教育改革和发展的前沿。"教育科研是教育的第一生产力"，"教师的成长离不开教育科研"，对沈正元的判断我们具有普遍的深刻的认同感。假若这一判断不是针对 90 年代，而是 80 年代，那它肯定是个伪命题，看来教育具有时代的节律，果真是时代的背影。正是教育科研的引领，特级教师刘红才会有发自内心的感慨："我经过它们，经过一个叫作'九十年代'的地方，心里慢慢，慢慢，长出柔软的眷恋。"——那是个叫"年轻"的日子。90 年代，年轻；90 年代，教师年轻。因为有了科研的支撑，年轻才会有分量，这是关于年轻的"变"与"不变"。

我当然忘不了 80 年代。特级教师黄厚江把 80 年代的 10 年当作自己"生命之树的十片叶子"，"从这棵树上的每一片叶子，都可以读出我们生命的基因"。其实，这是时代的基因。80 年代改革开放，才有了春天的故事，才会高讲着春天的故事走进新时代。第一次听课，第一次参加学术会议，第一次发表论文，第一次职称评审，第一次作专题讲座……一个个"第一次"正是改革开放最初的最绿的叶子。这是时代所带来的"变"，但不变的是那生命的基因——对教育的挚爱。

不必一一去回忆 70 年代、60 年代、50 年代。不同时代的人回忆不同时代的事与人，串起了时代发展的线索；不同时代的人各自回忆那个时代的事与人，这样，他们似乎变成了同一个人。"这个人"从上世纪 50 年代到新世纪的头 10 年，串起了"一个人"的一生，串起了"一个人"一生的教育。如果由远及近的回忆，让我们感到时代越来越年轻，那么，由近及远的回忆，则让我们体会到时代的进步如此巨大，现代性如此鲜明。是倒叙，还是顺叙，抑或是插叙，无论是何种叙述方式，都在触摸时代前进的脉搏，都在体会时代的"变"与"不变"。时代变了，我们必定随着时代变，否则是落伍者，是时代的弃儿。但是，有的还不能变，比如，对理想的追求，对学生的热爱，教育的本领与智慧，工作的刻苦与认真。

洪劬颉，这位始终处在思考状态的年轻人，总是能以多情而富有才华的笔触写出自己心底里最敏感的东西。他很刻苦，很努力，常常以自己忘我的工作"度过了跨世纪的喧嚣。在跨世纪的喧嚣之中，仍要保持足够的心境来应对如此复杂琐碎的事务"。校长对他说："我不管你几点睡觉，但你每天早晨八点一刻必须到我办公室汇报工作。"——这样的经历让他在现代生活方式中永存传统的作风与精神，正因为这样，他的生活才会焕发时代色彩。

城市化的进程在加快，在行进的路上我们往往丢弃了心中的一份宁静，浮躁、功利常常侵占心头。孔陶 80 年代的乡村教师生活，使他留下了两个深深的情结：其一，"人都有一种回归自然的情结，毕竟，我们都是从自然中来，最终还要回到自然中去的"。其二，"渴望立于杏坛之上，像圣人孔子那样，为天地立心，为生民立命，为往圣继绝学，为万世开太平"。这两个情结，让他魂牵梦绕，难以割舍。这深深的情结，可以顽强地抵挡和驱赶现代生活的浮躁与功利。

真的，口述历史，让我们在变与不变中，创作并演奏最伟大的时代变奏曲。

三、一生只为一件事：为自己开出伟大的处方

睿智的实质是"认识自己"。柏拉图记录的他的老师苏格拉底的这句名言，至今都应是我们的人生座右铭。口述历史，既是在认识时代，发现时代

的意义，也是在认识自己，发现自己的价值，确定自己前往的方向。但是，只有将伟人的这一伟大思想真正根植于自己的灵魂深处，并且马上去踏踏实实干工作的时候，才是真正地认识了自己——自己，在自己的工作中；自己，在自己的行动中；自己，在自己的事业中。

自己究竟是谁？丘吉尔说："每个人都是昆虫，但我确信，我是一只萤火虫。"萤火虫与昆虫的最大区别就是发光，照亮自己，也照亮别人。但是，发光体在哪里？光源又在何处？从某种角度说，寻找发光体和光源就是在深刻地发现自己。

其实，答案很简单。想起一个故事：黄岳渊先生在宣统元年（1909 年）的时候是一名朝廷命官，斯时年近三十。有一日，他想，古人曰三十而立，他该如何立人。做官要应付人家，从商，又要坑害人家，得做一件得天趣的事才好，才算立了为人的根本。于是，黄先生毅然辞官退隐，买了田，聚精会神种花，整日抱瓮执锄，废寝忘食，果真花园欣欣向荣，奇花异草，声名远扬。每逢花市，众人就会深得启示——花养出了精神，养出了人间知己。黄先生最后写出了《花经》。他说，人生只能做一件事。陶行知也说，人生只为一件大事来，与黄岳渊的观点不谋而合。不过，陶行知更强调"大事"。其实，陶行知所谓的"大事"是为老百姓真正做一点好事，对教师来说，就是教育，就是教好学生。

特级教师李庾南一生就做了一件大事：当班主任，教数学。而这一大事的核心是："爱生如子"。晚上、周日、节假日的家访，麦收秋收，冬季的长跑、拔河比赛，与苏联小朋友通信，如此等等，平凡、琐碎、繁忙、辛苦，但她体味到了教师的幸福。"自学·议论·引导"，数学教学模式的研究与建构，更让她体味到教学研究的价值。李庾南平实的叙述，生动地告诉大家：教学生就像养花，教育就是栽花的事业。她用"爱生如子"的精神与执著研究的品格，撰写了一本"教育经"。

认识自己，是为了做一件大事。能不能做成一件大事，做好一件大事，关键是要为自己的发展开出一张处方。著名的心理学家马斯洛曾经分析过人的"逃避成长"现象，即惧怕自身的伟大之处，因而阻碍了自己的成长，马斯洛将其称为"约拿情结"。众所周知，人的伟大之处是人的可能性。但马斯洛发现，"我们既害怕自己最低的可能性，又害怕自己最高的可能性。在最美好的时刻，在最完美的条件下，在最勇敢的状态下，……面对它们，我们会激动得颤抖，然而也会因为虚弱、害怕、畏惧而直打哆嗦"。可见，伟大之处不是人人都认可的，更不是人人都可以将伟大之处转化为伟大现实的。认识自己的伟大之处，勇敢地面对，克服约拿情结，为自己开出一张伟大的处方吧。

还是那个不愿转移当教师能量的王元，他自信，自信自己有最高的可能性，能做一个最优秀的教师："我觉得我具备的各种能力都是为未来的小学生准备的。我非小学莫属，我非小学校园莫属！"他不服气，踌躇满志，在讲台上自由驰骋。这位多才多艺的小学教师为自己开出了在小学教育岗位上成为名师的伟大处方，终于在"文革"后崭露头角，为小学教育界所称颂。

还是那个具有文学青年气质的孔陶，血液里永远涌动着澎湃的激情，从上"处子课"开始，首次提出"同题课"概念，进行语文教学研究，在柳树绿了、桃花红了的时候，学生的文学社、戏剧社结出了丰硕的果实，乡村青年教师"部落"也已成型、强大。孔陶为自己开出了一张在乡村田园里耕耘文学阅读和创作的伟大处方，终于为同行与学生所钦佩。

沈茂德为自己开出的处方是：让心里有永远的大自然的宁静，永远的旷野的清澄，永远的大海的辽阔。黄厚江为自己开出的处方是：形成自己语文教育的主张——"用和谐的教育培养和谐发展的人"，建构自己比较系统的语文教学理论——语文本色教学。刘红为自己开出的处方是："我的班，我的学生，我的语文，我的研究。"洪劬颉为自己开出的处方是："寻找一条可以前行的路，朝前走，前方是天亮。"张齐华则想在"后课程"时代、后现代中开始新的试跑和快速行走……

口述历史，在时间的流淌中，让我们有了历史感，让我们有了自我意识的觉醒，形成了一种共同的历史记忆，形成了永远向前的时代姿态。口述历史，好！

学习的标杆　精神的高地

——再读吴天石先生《谈谈我国古代学者的学习精神和学习方法》的体会

再次捧读吴天石先生的《谈谈我国古代学者的学习精神和学习方法》（以下简称《学习》），感慨万千，但诸多感悟最终聚焦在一句话上：我们必须补课。吴天石先生的这本书，是一个读书人、教育人必读的一本书。补读这本书，就是补上关于"学习"这一课，就是补上民族优秀传统文化这一课。说到底，就是补上读书做人这一课。

一、《学习》一书的重大意义和价值

天石先生的《学习》，是本"小书"，因为体量小，篇幅不长，字数不多，但我始终认为这是本"大书"。其大就大在内涵相当丰富、厚实，而且研究的含量和学术含量很高，留给我们研读的空间也很大。

《学习》一书首先让我们想到，天石先生对"传统"的尊重。天石先生怀着对传统、对传统文化认识的高度自觉，怀着对传统、对传统文化的温情和敬意，重温古代学者的学习，从他们的学习中梳理出古代学者的学习精神和学习方法，进而形成对我国优秀传统文化的认知和尊重。读着这本书，你从字里行间都能感受到天石先生对古老文化的虔诚和发自内心的温情。其实，天石先生的《学习》本身就具有强大的感召力，具有无限的创造力、想象力，其本身就是一种文化力量，能规范今人的学习行为，引领人们从书中汲取培养道德的力量，并勇敢地去创造。想知道什么是中华民族传统文化，就读读这本《学习》，要明白应以什么态度对待自己的民族传统文化，还是要读读这本《学习》——它教会我们的是真正的学习和思考。

天石先生的《学习》是一本难能可贵的文献，具有丰富的资料性，为后人研究提供了一个宝贵的文献库。天石先生在这本书里涉及了太多的文献经典、古代学者，摘录了大量古代学者的名言名句，叙述了众多古代学者的故事。这说明天石先生为写这本书进行了海量阅读，或者说，这是他海量阅读的必然成果。从这个角度看，天石先生又为我们树立了榜样。养成阅读习惯，让阅读成为一种生活方式，持之以恒地阅读，必然了然于心中，写作时随手拈来，这是其一。还要养成边阅读边摘录的习惯，我猜想天石先生有无数的读书卡片、文献卡片，对卡片的整理，就有可能梳理出线索，形成写作框架，这是其二。其三，天石先生阅读的过程就是思考的过程，对所提及的古代学者作评述，对所引用的话语进行适当的评点。我以为，天石先生本身就在践行古代学者的学习精神和学习方法，他已把古代学者的学习精神和学习方法融入到自己的学习中去了。

《学习》这本专著具有重要的现实意义。当今，国家要求我们建设学习型社会，而首要的是学校应当建设学习型组织。《学习》为我们建设学习型组织作出了榜样。天石先生是江苏省教育厅的老厅长，他以身作则，率先垂范，自觉学习、勤奋学习、刻苦学习，在教育厅营造了读书、学习的好风气。当今，阅读、学习已成为一种核心发展力。所以，我们不妨把天石先生的《学习》当作一种潜在的生产力、发展力。我们应该以读此书为开端，去建设学习型学校、学习型机关、学习型社会。

我把《学习》这本专著当作天石先生为我们树起的一根标杆，不仅是学习的标杆，更是人生的标杆。我们学习《学习》，就是眺望标杆，而且在自己心中树起标杆。

二、《学习》的核心思想和崇高立意

天石先生谈的是读书、学习的精神和方法，但实质谈的是如何做人，谈的是古代学者如何读书、学习，旨意是今天的学者如何做人，今天的教育工作者如何做人。总之，《学习》的核心思想是读书做人，是把做人的思想、品质、方法自然渗透在读书之中，又以如何做人的思想、品质、方法来引领我们如何读书。天石先生的这一核心思想在书中是通过以下两个方面来展开的。

第一个方面：读书，做一个真正的人。

什么是真正的人？何为真正的学者？天石先生在书中引用了诸葛亮的《诫子书》。虽只引用了其中一句"非学无以广才"，用意还在劝诫真正的人应当"静以修身，俭以养德"，应当"淡泊明志，宁静致远"，应当"励精冶性"，而不能淫慢，不能险躁。这是一种境界，又是普遍的基本要求。与其说古人，不如说天石先生，因为他本人正是严格要求自己励精冶性的人。而他的这些品格是在读书、学习以及实践中冶炼而成的。

天石先生还介绍了南宋学者吕祖谦读历史书的方法，启发我们，"观史如身在其中"，"读书如身在其中"，让自己走进书里，把自己与书中的人与事自然联系起来，身临其境，"掩卷自思"，"当作何处之"，读书与做人"合二为一"了。如此学习，处事的知识可以高，做事的学问亦可以进。

接着，天石先生又讲了朱熹读书的方法，引用朱子的话"渐渐向里寻到那精英处"，强调读书如此，做人亦如此。当下，我们读书往往缺乏"渐渐向里寻到那精英处"的功夫和精神，处在"急阅读""浅阅读"的层次和状态。这种状态投射到为人处世上，就是浮躁、浮夸、浮华，就可能急功近利，淫慢而险躁。

做一个真正的人，其品其行常常体现在交友上。天石先生专门以"虚心交友、审慎择友"为节，对交友、择友进行阐释。其中先用墨子的比喻谈交友：交友好比染丝，"染于苍则苍，染于黄则黄，所人者变，其色亦变"。接着引用《论语》的话来谈择友的标准："益者三友，损者三友。友直，友谅，友多闻，益矣。友便辟，友善柔，友便佞，损矣。"天石先生说，"直"是正直，"谅"是信实，"多闻"是见闻广博，"便辟"是谄媚奉承，"善柔"是当面恭维，背后毁谤，"便佞"是夸夸其谈，华而不实。这些解释正是他读书以后关于做人的领悟、提炼和概括。

第二个方面：读书，做一个真正的学者。

谈古代学者的读书方法和精神，是为了通过读书和研究，也使自己成为今之学者，以传承和发扬中华民族古代学者的优良学风和优秀文化传统。天石在书中强调以下几点：

一是学者的品德修养。天石先生说："古代进步学者把学习目的归结于切切实实地做人，做有益于世的人，强调学以致用，强调言行一致，重视自我修养。"读书获得教益，自我修养成为学者的首要标准和特征。

二是学者的知识广博。首先，天石先生用"浩如烟海"来形容我国文化典籍的丰富。其次，概括了古代学者博览群书的特点：既要知今，也要知古；要纵观百家之言，不为一家之说所限；知己知彼，对"异端邪说"也要明其究竟；在专攻一门学问的同时，对于其他学问也要有较广泛的涉猎。再次，用简洁的语言提出博极群书、由博返约，其路径是奠基—博览—专精。没有知识的博约，就谈不上学者。

三是学者独立思考的品格。独立思考是学者重要的品格。他强调读书要疑，强调读书时要批判接受。当今的学者更需培植自己独立的精神、自由的思想。

四是学者的"笃行"精神。天石先生指出，古代学者不仅重"知"，而且重"行"。更为重要的是，他对"笃行"有自己的视角，即分别从学习目的、学业标准、道德标准等方面来阐明，这是很有见地的。

三、《学习》对教师专业发展的启示和召唤

第一，再次强调和倡导教师的专业使命。

天石先生认为，"传道、授业、解惑"应当是教师的专业使命。可贵的还在于天石先生又总结了古代"传道、授业、解惑"的好传统。他梳理了三条：重视因材施教；严格要求，重视以身作则；热爱学生。这三条从不同角度提炼了"传道、授业、解惑"的理念要义，也可视作操作要义。

第二，再次强调和倡导师生关系的改善是教师专业发展的基础和前提。

师生关系是教育中最为基本也最为重要的关系。天石先生对此予以关注，并以自己开阔的眼界、专业的敏感以及广博的学识，在《学习》中作了阐释。他的概括与阐释有以下要点。

"三人行，必有我师"，这是先进的师生观。天石先生对这一论述作了通俗的解释："在这门知识上老师高于学生，在另一门知识上，学生也可能高于老师；今天老师高于学生，明天学生可能高于老师。……凡是闻道在先，攻有专业的人都可以成为自己的老师。"这种对师生关系互动、互变、互易的观点，我以为是永恒的。请注意，这是我们中国人提出来的。

"教学相长""教学半"，天石先生的阐释是："教与学是相互发生作用的。学生的学习，虽然必须依靠老师的诱导，但是老师的作用仅仅占了一半，其余的一半还要靠学生自己的努力。而老师虽然以教人为主，但是遇到困难时还要补修学业以求精进，所以老师也是教人和学习各占其半。"至今为止，对教与学的关系，对教师和学生的关系，阐述得最深刻、最准确而又最简洁、最浅近的还是我国古代学者。天石先生强调"教学相长"，倡导"教学半"，可以解决当前课改中的困惑，指导教学的深度变革。

第三，再次强调和倡导教师专业发展从读书、实践始。

天石先生开篇就说"人不学，不知道""好学近乎智"。读书对做人是重要的，对教师更是重要的。我们不妨这么理解教师专业发展的起端读书。

教师专业发展还必须从实践始。天石先生强调行万里路，倡导游历。他说，游历可以发现新的事与物，可以寻访可资学习的人，可以开阔眼界、丰富知识。此外，天石先生强调实践中的思考，反思中的领悟，以及调整和改进。

所以，我想，当下的教师专业发展，是否应该把天石先生的这本《学习》作为必读书呢？

姜树华迈出的重要一步

姜树华，这位特级教师，终于跨出了重要的一步：把自己对语文教育的理解进行淬火，凝练成一个核心概念——言意共生，形成自己的教学主张——言意共生教语文。

这是从感性经验走向理性思考、概括的一步。姜树华有丰富的教学经验，他没有丢弃，但也没有止于经验。对经验的超越，使他走向了理性思考的深度。这一步意味着提升了学术研究的含量，他已从实践者逐步走向实践家。

这是平面描述走向立体建构的一步。平面描述，往往只有一个维度，单一，不断重复，没有实质性的进展；立体建构，开发了其他维度，把握了其他的向度，因而有了立体感、厚重感，这也是一种超越。这一步，让姜树华成为一个语文课程的建构者。

这是从引用名家名言走向综合研究的一步。我们很少关注同一话题的文献，即使关心，也只是摘取一些名家名言，而很少进行综合、梳理，从中生发自己的见解，因而，有时候，我们很难准确地知道：现在，我在哪里。姜树华对言、意、言意等作了很好的爬梳，这是很大的进步。这一步，让姜树华开始成为文献研究者。

言意共生，是对语言与意识、与观念、与思想关系的准确概括。马克思在论述"语言是思想的直接的实现形式"以后，还说："语言与意识有着同样久远的历史。……语言和意识一样，正是由于需要，由于有了和他人交往的迫切性需要才产生的。""观念从一开始就不可能离开语言而单独存在。""同样久远的历史"，"不可能单独存在"，其实是言意共生的一种含义。言意的确是共存的，从来就没有脱离思想的语言，也没有脱离语言的思想。言意共生教语文，建立在语言与思想关系深刻联系的基础上，是语文教学特性的一次重返和强调。

不仅止于此，言意共生还是对言意兼得的提升和超越。兼得，说的是二者不可偏废，都要关注、都要追求，这是一种并存、平行的关系，更多的是接受、得到。言意共生则不同。它不仅强调了言意的互存，更强调了共生，从发生学上阐明了言意是哪里来的；不仅告诉我们，对言与意要认真接受，更为重要的是要创造，要发现，要发展。

姜树华还大胆地指出"文以载道"的欠缺。他说："'道'不能代表全部的'意'，'意'却包含了'道'。"这一观点能否站得住脚，关键是对"道"的理解。在我的阅读视野里，学界对"道"的理解有很大的差异，如果将"道"解释为路径，那"道"当然不能代表全部的"意"。如果将"道"解释为规律，解释为生命的创造力，解释为哲学上可生一、可生二的那个"一"呢？很难说"道"不能代表全部的"意"了。但是，我想说的是，姜树华是经过一番广泛的阅读和深入思考的，不是随意提出来的。他有勇气，也很有实力。正是这样的勇气和实力，姜树华才能超越。我们也需要这样的勇气和实力，学术才能不断繁荣和发展。为此，应对姜树华表示敬意。

共生的理论开拓了姜树华的视界，而且他作了很好的迁移和嫁接。言意共生，从另一个角度来看，这是言与意的对话，用巴赫金的话来说，这是语言的狂欢。巴赫金对狂欢有个解释："严格地说，狂欢也不是表演，而是生活在狂欢之中"，狂欢式的生活，是"脱离了常规的生活"，"某种程度上是翻了个儿的生活"。言意共生，产生了新的语言、新的意境，产生了新的语文生活。而这一切都在对话之中。言意共生提示了语文教学的本质特征和核心任务。

姜树华在追求学术性的同时，没有丢弃自己的实践。相反，学术研究改善了他的实践，提升了他的实践，实践丰富了他的见解，校正了他的一些想法。可以说，在他那儿，实践行动与理论探索也是共生的。实践与理论的共生，让他对言意共生的语文教学有了大体的框架建构，包括价值追求、实施策略、操作路径，以及理想状态。这一框架的建构与展开很不容易，而且很多地方写得很精彩。此外，他深入到对不同文体的言意共生教学，作了具体的探索，初步概括出不同文体教学的共同特点，这就将言意共生教语文具体化了，可操作，也可推广了。研究与实践到这个份上，难能可贵。

这几年，姜树华的进步很大。这固然与他的天赋、勤奋分不开，也与如皋、南通的教育环境、文化环境分不开，与南通名师导师团朱嘉耀团长以及唐铁生、施建平、许友兰、袁炳飞等老师的指导分不开。希望姜树华永远不要忘了这些，不要忘了他们。

教学研究与实践上的一步，意义很大，有时候一步意味着一个阶段，甚至意味着一个新时代的开始。教改实践上，学术研究上，人生之路上，还有很多的"一步"要走。姜树华，你的下一步在哪里？怎么走？希望姜树华不断地去走好每一步，永远走向前去，前面的风景会更美好。

李建成的兴奋点与他的"成长教育"

一、李建成的兴奋点

认识李建成大约是上个世纪 90 年代的最后几年。说"上个世纪某某年代"总有遥远的历史意味。不过，在我的记忆中，我与李建成的交往确有很久的感觉，这种感觉来自他对某一项教育改革研究与试验的持续，以及其中所表现出的执著与踏实的品格。

记得当时是应邀参加他所主持的省级课题"自问自探"的研讨会。会上，李建成以翔实的资料展示课题研究的成果，对问与探、自问与自探作了深入的阐述，既有实践经验，又有理性思考的深度。我没有想到，一位苏北农村地区的县级教科室主任竟然有如此的功底，心中暗自钦佩。

后来，他到县实验小学担任校长，事务当然繁忙，但他仍然把教育教学研究列入重要的议事日程，并且循着"自问自探"研究的思路，提出新的课题，形成新的见解，比如智慧教育、成长教育。他的思想似乎像水一样流淌，一浪又一浪，一波又一波。

和李建成的接触并不多，但每一次印象都很深刻。一次是夏天，酷热难当。他邀请我们到他兼任校长的外国语学校讨论智慧教育。记得是在一个大教室里，我们和老师们交谈，教室里没有空调，只有风扇。在呼呼飞转的风扇下，大家讨论着。李建成既是提问者，又是回答者。他所问的与所说的都涉及智慧及智慧教育的本质问题，但他并没有定论，而是以问探的口吻表达着。也许，这正是他的智慧所在。就这样，大家的智慧像是红红的火焰，燃烧着。李建成似乎并不在意天气的酷热，甚至也不考虑我们对酷热的感受，而陷入完全自我的状态，忽视了与讨论无关的信息。他心中似乎也有一团火，在"火"与"火"的对燃中，心中反而宁静下来。

又一次，省教育学会要在李建成所在学校举办名校长论坛，讨论的正是李建成关于成长的教育思想。事前，他打来电话，希望先与我作一次讨论。我赶了过去，他已拿出了一份稿子，洋洋洒洒不下万言，从理念到行动，从观察到分析，从设计到实施，作了较为完整的建构。既然是讨论，我就谈了不少自己的看法，提了不少修改意见，他的表情是凝神思索，认真，严肃。我想，他记录的不全是我的意见，大概已融进了自己新的想法。他的这种表情至今仍显得那么生动，不时在我眼前浮现。结果正是如此，那次会议，他的发言是一种新的建构。李建成，就是在研究中开发自己的潜能，以自己的方式和行动诠释着成长的意义。

还有一次，那是在金色的十月。他主持的省级课题"成长文化建构的校本实践研究"开题。会后，北京来的一位专家去洪泽湖中一个小岛游玩，我们则在学校里休息，约定下午一起回南京。李建成没有休息，仍沉浸在上午的论证研讨中，不时地来和你讨论，那么急切，那么真诚。可惜，我们没有时间与他对话，他若有所失，不过，看上去仍在沉思中。有意思的是，他用车把我们送到湖边，又返回原地，然后出发去南京。那一趟湖边的往返，完全是无意义的，我们只要在学校等候就行了，而他把我们如此这般"折腾"了一番。这就是李建成的特殊之处，也是他的可爱之处——心里想的还是他那课题，已把往返的不合理性全忘了。

由此，我总结了李建成的工作状态：他时时刻刻保持着一种兴奋点。他为着教育的理解而兴奋，为着教育的理想而兴奋，为着自己的新发现而兴奋，为着自己的新主张而兴奋。在朴实、儒雅的外表下，他藏着一颗永远不安分的心。兴奋点，透析着他的所思所想，表达着他对工作重点的理解与把握，体现着他的激情与理性。

抑或说，兴奋点是人工作状态的一种标志，更是思维状态的一种标志。从这个意义来说，兴奋点实质是人的一种追求，是对意义或理想境界的渴求与探寻。

当然，不同的人有不同的兴奋点，不同的时段有不同的兴奋点，不同的工作有不同的兴奋点。但是，李建成的兴奋点似乎是持续的，而且是不断深入的，那就是：对小学教育、对儿童教育的执著追求。他脑海中翻滚的波浪总是与教育有关，与儿童有关，与成长有关，与智慧有关，与文化有关。正因为如此，李建成的生活总是那么充实，工作总是那么有激情，总是用美好的憧憬去引领现实的教育。

也许，兴奋点是校长们一个重要的命题。

二、李建成的成长教育

近几年来，李建成一直关注人的生命成长，努力建构"成长教育"，探寻"教育让我们一生幸福成长"的路径。从此，李建成与"成长教育"牵手，"成长教育"成了李建成的追求，李建成也在"成长教育"的研究与实践中成长。

（1）"成长教育"是对教育本质与终极意义的深刻理解与准确把握。

当下提"××教育"的不在少数，比如成功教育、和谐教育、人格教育、愉快教育、情境教育、智慧教育，等等。有人质疑：这是不是在"制造概念"？是不是对教育的窄化以至造成教育的异化？质疑不是没有道理的。的确，教育要警惕心态的浮躁，应去浮华，去刻意的雕琢，不要轻易给教育命名。此外，确实也有"××教育"造成了对教育理解的片面，把内涵十分丰富、充满各种不确定性的教育收缩在某一方面，使之狭隘化。但是，从研究的实践来看，"成长教育"还没有发生我们所担心的现象。"成长教育"有其深刻的意蕴，有其创新的意义。李建成不是在制造概念，而是促使教育的生成与创新，因为教育永远需要创造。

"××教育"往往是从某个角度或某个侧面对教育进行独到的观察与发现，以此为切入点，进而予以突破，推动教育目标的全面实现。这是研究教育的一种策略，更是一种对核心理念的聚焦。"成长教育"正是这样。李建成曾对成绩、成功、成长三个概念作过辨析，并作了一个排序。他认为，成功比成绩重要，成长比成功还重要。因为成绩只代表着学业上的进步，有时甚至成了分数的代名词；成功固然可喜可贺，但成功可能是一时的，有时囿于一域；成长则是人存在的价值、教育的价值，亦即教育的终极意义。由此，他认定教育是促进学生成长的教育，这是教育的原义和真义。

其一，"成长教育"具有强烈的针对性。应试教育框架下的教育，追求的是以分数为核心的成绩，追求的是一时的成功，更为严重的是以成绩和所谓的成功，妨害了学生的成长，代替了学生的成长。由此，"成长教育"是对应试教育的反叛，是对素质教育的一种诠释，它生动地告诉我们，素质教育可以"成长教育"来推进和突破。其二，"成长教育"揭示了教育的深刻意蕴。人的成长既要依靠教育，又要依赖人自身的成熟。从这个角度去认识，教育应与人自身的发展相契合，并适时地促进人自身的发展。这样的教育才是真正的教育，才是最好的教育。正如雅斯贝尔斯所说：教育是一棵树摇动另一棵树，一朵云推动另一朵云，一个心灵唤醒另一个心灵。"成长教育"旨在唤醒人的生命力量。其三，"成长教育"揭示了教育的终极目的与意义。美国学者丹尼尔·科顿姆提出了一个批判性命题："教育为何是无用的"。他说："如果我们全面彻底地思考教育的本质，那么，我们就必须想想教育的无用。……必须承认这样一条真理，即教育不得不教会我们绝望。"之所以说"绝望"，是因为教育背离了人的发展这一终极目的而毫无意义地存在着。我们应"以正视这种绝望而不是在绝望面前屈服的方式展开"。可以这么判断，"成长教育"是以对应试教育的不屈服的方式，追求教育的终极目的，即人的终身发展，若此，教育才会使"我们一生幸福成长"。

（2）"成长教育"致力于"成长教育文化"的研究与实践，构建学校的核心理念。

学校应是学生和教师发展的文化栖息地，学生和教师在文化中才有可能诗意地栖居、幸福地成长。"成长教育"追求的正是一种新型的文化，而这一追求正是学校教育文化转型的过程。

文化何为？恩格斯明确指出：文化上的每一次进步都让我们向自由迈进一步。教育要迈向自由，进入教育的理想境界，必须有文化上的进步。何为文化？康德说："唯有那能够成为最终目的的东西才是文化。"当代著名文化学家阿诺德认为"最终目的"应该是对于"完美的追求"。文化的关键是什么？在于文而化之。于丹说："'文'这个东西容易。……但是什么是'化'，它是生命气质的养成，它是文化超越我们的血液变成举手投足的习惯，它升华为社会共同的信念。"

"成长教育"遵循着以上文化的基本理念，追寻着"成长文化"。首先，这是指向主体成长的文化。其实，这正是教育文化的本质。德国文化教育学派领袖斯普朗桥说："教育也是一种文化活动，这种文化活动指向不断发展着的主体的个性生命生成。它的最终目的，是把既有的客观精神（文化）的真正富有价值的内涵分娩于主体之中。"教育的对象是学生，"成长文化"更把学生的成长作为主语。李建成说得好："'成长'是教育的起点，是教育的过程，也是教育的目的。让'人'得到'成长'是教育的真正使命。……关注成长，就是关注人的生命，促进生命自然、全面、和谐、健康的发展。"其次，"成长文化"追寻的是人的灵性。"灵性"这一概念与智慧一样，几乎是无法界定的。但是李建成从人的四个方面的特性对灵性作了解释，并且概括了灵性的特质——"聪明智慧"，灵性的表征——"幸福愉快"，灵性的意蕴——"发展成长"。他的概括需要推敲，表述应更严谨。我以为，灵性实质是人的聪明才智，是一种智慧，但它指向人的精神世界。奥地利哲学家、科学家、艺术家斯坦纳认为，这是一种灵智。显然，灵性是人的心灵的敞开、智慧的开发、灵感的突至。这既是一个有关精神哲学的命题，又具有重要的现实意义。当下的教育，知识至上，分数第一，驱赶了智慧，遮蔽了人的灵性。"成长文化"正是主张用富含着灵性的文化陶冶和提升人性，创造"生成灵性的文化"。我以为，这点到了"成长教育""成长文化"的精髓。再次，"成长文化"更强调"化"。这包含两层意思：一是从长期以来的固守的知识教育转变为"成长教育"所追求的"成长文化"，这是教育文化的重要转型。二是成长的理念，教育的灵性文化将"穿越我们的血液变成举手投足的习惯"，升华为一种人生的信念。也许，这正是对完美的追求，是康德所说的"最终目的"。

（3）"成长教育"寻求教育的策略和方式，使校园、课堂、家庭成为"成长的场所"。

"成长教育"应当有自己的策略和方式。"成长教育"的策略与方式来自成长的策略与方式。李建成在这方面有几个很好的做法。

第一，"成长教育"的起点在课堂教学的"自问与自探"。教育的主体是人，但人不一定是主体；只有当人成为问题的发出者、成为活动的参与者时，才可能成为主体。李建成所探索的"自问自探"教学模式，正是让学生变问题的回答者为问题的提出者，变教师告诉为学生自己主动探究。他说："从师问为主向自问为主转变，在自问的前提下进行师问；师问不是问问题，而是以问促思，以问拨难，以问促问。""问"以后怎么办？学生从问出发了，再向哪里出发？途中的问题怎么解决？力求通过学生的自探解决："自探是对自问的探究，自探是双重的，一方面解决自问的策略，找到自问的答案，一方面探究自问的策略，不断地自探新的问题。"学生就是在主动地问、主动地探索中成长起来的。这是"成长教育"最基本又最重要的策略与方式。

第二，"成长教育"旨在让学生获得自由的成长状态。生命成长有其特有的状态，那就是自由、自在、舒展，像是阳光下花朵悄悄地绽放，像是田野里禾苗在雨露中潜滋暗长。"成长教育"就是让学生获得这种最美丽的成长状态。李建成认定学生有一种发展的"可能起点"，这是很有见地的。"成长教育"提醒我们不仅要关注学生的"现实起点"，更要关注"可能起点"，不仅关注学生的现实发展水平，更要关注可能发展水平。自由是创造的保姆，"成长教育"解放儿童，就是解放儿童的创造力。

第三，"成长教育"关注环境的创设。在洪泽县实验小学校园里，你会感受到一种特有的文化。这种特有的文化不仅体现在文化标识上，更体现在人际关系上，校长与教师的和谐，教师间的合作，学生与教师之间民主的氛围，都会让你有感触，让你感动，让你感受到这儿还在营造学生和教师共同成长的文化栖息地。其实，环境比教育技能更重要，教师人格力量超过知识的力量。环境育人的策略在"成长教育"中得以体现和升华。

李建成为我们创造了一个案例，让我们不断地解读和学习。

第五辑 青春，也向我致敬

人，总是要长大的，但人的眼睛不要长大；人，总是要变老的，但人的心不要变老。于是，我束紧了背带，跟随年轻人，再来一次远行——青春的，激情燃烧的。此时，我向青春致敬，青春也会向我致敬！

青春，也向我致敬

年逾七十了，还是向往青春。

赛缪尔·厄尔曼在《青春》一文中开头就这么写："青春并不完全是人生的一段时光——它是一种心理状态。它并不完全指丰润的双颊、鲜红的嘴唇，或是伸屈自如的腿胫，而是意志的韧度、理想的特质、情感的蓬勃。在深远的人生之泉中，它是一股新鲜沁凉的清流。"是吗？是的，我坚信。

的确，青春不是年轻人的专利，年轻，有时并不意味着拥有青春。当然，老年人并非没有青春，年老，也可能有美好的青春。青春，与年龄有关，但更与人的精神、思想、情感有关。假若不断地去追求、超越，青春一定会返回到我身上，洋溢在我的生活中。这种超越，既是对年龄的超越，更是对精神的超越，说到底是对自己的超越。在我看来，追求、超越应当是青春的主题，青春一定会在追求与超越中闪光。

全国文联主席孙家正先生发表了一首诗——《青春在微笑》。我可以背诵其中几小节："夕阳 / 点燃晚霞 / 用绚丽 / 抚慰我的寂寞 / 可我知道 / 衰老 / 趁着朦胧的夜色 / 正在 / 悄然走来 // 其实 / 青春并未远去 / 它羞怯地 / 躲在我的心里 / 眯着眼睛 / 像是小憩 / 又好似在等待 // 我用初衷 / 慢慢地滋养 / 我用好奇 / 轻轻地呼唤 / 青春醒来 / 青春醒来"。青春会在年龄上老去，在人的衰老中远去，唯一的办法是用不老的初衷，用永远的好奇，用纯真的心灵去唤醒。青春会醒来的，只不过，青春会用调皮而神秘的眼睛向我们微笑，这样的微笑其实是一种等待。于是，我们"不必 / 打点行装 / 只需 / 束紧些背带 / 跟随 / 浩荡的队伍去追寻 / 那伟大的梦想 / 参与并见证 / 那无可比拟的 / 崭新境界"。我常常问自己，退休十多年了，行装打点了？堆放在一边了？我十分肯定地回答没有，行装之于我，是我前行的压力，更是动力，总是背负行装不懈地向前，向着那条地平线——尽管那地平线永远到达不了，但我知道，它存在的最大价值就在于让我向前，向前，再向前。我更知道，地平线不在遥远的天边，恰恰就在自己的心中。我深悟心中有地平线的人，永远有青春，永远会写出闪烁时代色彩的人生地平线报告。

但，很遗憾，当下有些人不这么去对待青春，于是生了一种病——初老症——人还没有变老，就说老了。有的男教师一过40岁，常会说"我奔五了"。有的女教师一过30岁，也常说"我老了"。他们的话语中固然有种调侃，不过，那种青春渐远的感觉总是在潜意识中滋长。一些年轻人认为，青春是一场远行，回不去了；青春是一次相遇，忘不掉了；青春是一种伤痛，丢不开了。其间，有忧虑，有纠结，还有对未来的忐忑。我喜欢年轻人，羡慕年轻人，也不反对年轻人用自己的话语和方式去解读、演绎青春，更不会以此就否定年轻人。但实事求是地说，这样的解读和演绎我是不认同的。

王蒙先生的《青春万岁》序诗："所有的日子，所有的日子都来吧，让我编织你们，用青春的金线，和幸福的璎珞，编织你们……所有的日子都去吧，都去吧，在生活中我快乐地向前，多沉重的担子我不会发软，多严峻的战斗我不会丢脸……"这样的青春怎会不万岁？我认同，我赞赏，我践行。

蒋勋先生说："'美'的最大敌人是'忙'。"换句话说呢？"美"的最大敌人是自以为"老"。西谚云：有三岁之翁，也有百岁之童。作家陈祖芬说得好啊：人，总是要长大的，但人的眼睛不要长大；人，总是要变老的，但人的心不要变老。于是，我束紧了背带，跟随年轻人，再来一次远行——青春的，激情燃烧的。此时，我向青春致敬，青春也会向我致敬！

青春，行走在人生的地平线上

一、从电影《青春万岁》《致我们终将逝去的青春》到日常生活中"青春的样子"

诞生于20世纪50年代的长篇小说《青春万岁》至今都让我们这一代人记忆犹新，激动不已。80年代改编成电影后，王蒙还写了一首序诗："所有的日子，所有的日子都来吧，让我编织你们，用青春的金线，和幸福的璎珞，编织你们……所有的日子都去吧，都去吧，在生活中我快乐地向前，多沉重的担子我不会发软，多严峻的战斗我不会丢脸；有一天，擦完了枪，擦完了机器，擦完了汗，我想念你们，招呼你们，并且怀着骄傲，注视你们。"青春的豪情，奋斗的勇气，幸福的向往，在"都来吧"中闪现，又在"都去吧"中兑现；所有的日子都是青春的呼唤、青春的旋律、青春的舞蹈。我从50年代走来，青春的回忆是真实的，青春的勇气至今犹在。

现在，又有一部关于青春的电影——《致我们终将逝去的青春》。电影里有一些台词，流行得很广："青春是一场远行，回不去了；青春是一场相逢，忘不掉了；青春是一场伤痛，来不及了。"的确，青春是一场远行，必须向前，不能回去；青春是一场相逢，难得、快乐、美丽，你和我，我和他，都不能忘怀；青春真的有伤痛，那是因为青涩，因为不成熟。与《青春万岁》相比较，《致青春》多了一份伤感，以怀旧的姿态，向后看，难免困惑、焦虑，还有对未来的忐忑。有人说，这是一种"初老症"——还没长大就已衰老了。不过，当下的年轻人喜欢，这究竟是为什么？

其实，日常生活中的年轻人，不完全是《致青春》中台词说的那样。他们既相信青春是远行、是相逢、是伤痛，但仍然更相信：多沉重的担子、多严峻的考验，他们都会擦亮自己的青春，时刻准备着。向青春致敬，就是向生命致敬，向理想致敬，向未来致敬。我总觉得，日常生活中"青春的样子"，更可爱更可敬。有了日常生活中的"青春的样子"，才会有影视作品中的"青春的样子"。让我们把目光投向生活中的青年人吧，向他们致敬，从心底里呼唤：青春万岁！

二、青春：精神明亮的人——我所知道的"地平线读书社"

我听说有个年轻人的读书社——"地平线读书社"。我常想起它，常想起那些年轻人，每当想起，心里总是充溢着感动和温暖，会默默地向他们致敬。

"地平线读书社"在南京师范大学附属中学。几个年轻的教师因为读书走到了一起。至今有十五六位，有语文教师、数学教师、化学教师……每个星期半天的时间，也常常利用星期天。不是学校领导的授意，更不是学校领导的组织，"纯自发""纯民间"。每次活动，一杯清茶以及几本书，还有读书札记；没有程式，自然地展开又自然地结束；没有任何客套，永远是真诚地交流、讨论；没有结论，永远是在思考中；也似乎没有什么结束，只有"下一次""下下一次"的约定。他们读的不是语文、数学、化学等教科书，读的是文学经典，读的是哲学、社会学……那些练习册、考试秘笈更是与读书社绝缘。除了读书，他们还会举办教育咨询，当然，仍是"纯义务""纯民间"的。当听说是南师大附中的老师，是读书社举办的，是免费的，一下子来了那么多人，有家长，还有学生，校长也悄悄地坐在下面倾听，他心里荡起无限的自豪。

读书社的王雷、周春梅、保志明、许琴等人说，他们是"个体的阅读者"。是的，读书一定是"个体的"，不是个体的阅读就不会有真正的阅读，但个体的阅读需要精神的交流、思想的碰撞、智慧的分享。"个体的阅读者"让我们想起了"个体的思想者"的概念。冯骥才先生去法国参观，法国朋友领他去先贤祠。先贤祠里安放着雨果、左拉、卢梭等这些伟人，而始终没找到巴尔扎克、司汤达、莫泊桑和缪赛，也找不到莫奈、德彪西。冯骥才的感悟是："这里所安放的伟人们所奉献给世界的，不只是一种美，不只是具有永久的欣赏价值的杰出的艺术，而是一种思想和精神。"比如，对雨果生平的介绍，特别强调他由于反对拿破仑政变，坚持自己的政见而遭到迫害，流亡 19 年后回到法国，还拒绝拿破仑三世的特赦。比起雨果、左拉，更早地成为这里的"居民"的作家是卢梭和伏尔泰。卢梭的生平说明上写着：法兰西的"自由、平等、博爱"精神是由他奠定的。他们是真正的"个体的思想者"，用福楼拜的话来说，他们是"精神明亮者"。青春，就应这么让精神、思想明亮着。

值得深思的是读书社的名字：地平线。地平线，有着丰富而深刻的意象：辽阔，在远方，闪着异样的光彩；当你向地平线迈进两步的时候，地平线向后倒退两步；你再迈十步，它又向后倒退十步。地平线永远够不着，永远到达不了，可总有一些人永远瞭望它，永远追逐它，因为他们知道地平线存在的最高价值，就在于让自己不断地向前、向前、向前……南师大附中这批年轻人心中有这条地平线，因为他们心中有理想，追求一种精神，关注民族，关注社会，关注时代，关注未来。他们说，教育不能再这样下去了；他们说，大环境是很难改变的，但一定要首先改变自己；他们还说，环境能改变多少就改变多少，改总比不改好。王栋生老师这么对我说："南师大附中有这么一批人，十五六人够了，南师大附中就是南师大附中。"当然，他所说的十五六人，代表着南师大附中的所有教师。我想说的是，有"精神明亮的人"教育垮不了，中华民族永远有希望。青春，应当有更多这样怀揣"地平线"的读书社。这就是日常生活中"青春的样子"。

"地平线读书社"，我们向您致敬！

"精神明亮者"，我们向您致敬！

三、青春：百步的爬坡，完整而多彩生活中的闪光——我所知道的拉萨路小学教师团队

凡是到过南京市拉萨路小学的，尤其是参加过这所小学举办的教师专业发展日活动的，都会由衷地赞叹：拉小，真棒！拉小教师特优秀！活动结束好几天了，还有人在赞美拉小教师团队的优秀。他们甚至说，用"优异"来形容也并不为过；他们还说，在拉小不是一小批教师，而是所有教师，是这

个学校教师团队都优秀、优异。赞美发自内心。一所学校，一所学校的教师队伍能得到大家一致的认可、赞美，真的非常不容易。拉小以自己的成功，证明了一个不断被证明的真理：谁赢得教师，谁就赢得了教育；教师——学校发展的制高点。问题在于，怎么才能登上这一制高点？抑或说，这一制高点是怎么造就的？拉小人是这么回答的：用百步的精神，用智慧的创造，用"大家一起学"的核心理念。他们最终的结论是：向上，永远最美。

向上，是青春的姿态。我说的是青春，而不是年轻。赛缪尔·厄尔曼在《青春》一文开头这样说："青春并不完全是人生的一段时光——它是一种心理状态。它并不完全指丰润的双颊、鲜红的嘴唇，或是伸屈自如的腿胫，而是意志的韧度、理想的特质、精神的蓬勃。在深远的人生之泉中，它是一股新鲜沁凉的清流。"大概麦克阿瑟将军所说的"老兵不死，只是凋零"也正是这个意思。所以，在拉小，中老年教师也是年轻人，他们都有自己的青春，因为他们也天天"向上"。之所以说向上是最美的，是因为席勒对美作了最平实然而又是最深刻的阐释："真正美的东西一方面与自然一致，另一方面跟理想一致。"向上，让人有意志的韧度、理想的特质、精神的蓬勃，像是一股清流，新鲜、沁凉，理想，教育的理想在年龄中闪光。

教师的生活只是在职场？只是专业的生活？不可否认，教师有职场的、专业的生活是多么重要，否则，哪有专业发展可言？但是教师的生活应该是完整的，不只是职场的，还有非职场的；教师的生活应当是整体的，职场生活与非职场生活不能割裂。归根结底，人是完整的，所以生活是完整的，生活的完整才能让人完整。于是，得出以下结论大概并不困难：单一的、碎片化的专业生活恰好不能促使教师的专业真正得到发展，不能使专业得到最好发展。

拉小人深谙此道。他们向上、向上，但并不是苦行僧似的生活。他们很平淡。老教师说：感谢生活，生活就是这么简单、这么平淡，我们尽力。"我们尽力"，多质朴，又多感人。他们很有爱心。学生把班主任叫作"超级老班"，那种师生之情溢于言表，那种爱心沁入心灵深处。于是，拉小是"爱"的摇篮，而不是另一种传说；于是，怀着爱心向上，才是快乐、幸福的。他们有才情。吹拉弹唱、琴棋书画、朗诵、舞蹈、表演，让你满心欢喜。于是，才情向课堂迁移，教学有了魅力；于是，才情给专业添上了亮丽的色彩。这就是日常生活中"青春的样子"。

诗人雷抒雁写过这样的诗句——有人对农民说：给你一粒良种，它能长出一片黄金。农民笑着回答：谢谢，能不能发芽，先请泥土去辨认。呵，青春的良种只有在青春的土壤里才能长出一片黄金。拉小，一片深情的青春的土壤；拉小，完整、多彩的生活，让青春向上，永远美丽。

应当对向上的青春致敬！

应当向完整、多彩的生活致敬！

四、青春：共同体中的承诺和坚守——我所知道的青年物理教师专业发展共同体

2011年，一位青年教师想办法找到我，他叫朱文军，南京师范大学附属中学树人学校的物理教师。他告诉我，他要组织一个青年教师读书班，进而建构专业发展共同体，同时，还要凭借课题进行研究。我当然支持他。就在南京鼓楼麦当劳店里，我们俩讨论了一个多小时，没喝任何饮料，没吃任何东西，沉静、恬淡、真切，然而却深入，课题申报方案形成了，而且经专家评审通过了。后来，朱文军来过好多次电话，邀我晚上去参加他们的活动。他说："已经有了十多人，都是在下班后，在晚上，各人买盒饭，边吃边讨论，或是在路边匆匆吃一点干粮。""半个月一次，已经有了近百次了，人数也已有30多了。"……不巧的是，每次我都在外地，不能去参加，但心里总是惦记着这一批年轻人。

5月26日，朱文军又来了电话，并发了信息，再次邀我去参加30号晚的活动，我答应了。其实这一天我挺累的，上、下午都在与教师学习、讨论。他们约的是6点半，我想，会在那儿吃晚饭吗，又不好意思直接问，发了一个意思暧昧的信息：你们都是吃过晚饭去吗？他回：是的。吃了晚饭，我赶去了，在福建路，在八中，在二楼的一间普通的会议室里，十五六个教师，还有一些教师陆续赶来。这些教师平均年龄33岁左右，最大的一人，1968年出生，还有两个90后的。他们中有来自树人学校的、宁海中学分校的、金陵汇文学校初中部的、二十七中的、育英外校的、致远外校的……最远的来自梅山高级中学。一位姓赵的老师说：我们刚下班乘大巴来，要一个

小时，白天工作很累，结果在大巴上睡着了。但是，他们很认真，一脸的真诚，一杯清茶，一个笔记本，围坐在一起，像是同一个学校的，更像是一家人，没有拘束，你一言我一语。他们有时会观录像课研讨，有时会读书交流，有时会进行论文点评，有时会听专家报告，有时会向外展示，有时还会看电影，大概看了5场。可以说，我从来没参加过这样的会，心底里的感动自然在流淌。

这就是青春，是青春的聚会，没有任何功利化的色彩，没有任何领导去检查，完全自发、自愿、自觉。他们把这叫作专业发展共同体。是的，这就是共同体，真正的共同体，优质的共同体，用《共同体》的作者鲍曼的话来说，共同体像是港湾，像是冬天下雪时家中的壁炉。鲍曼又说，真正的共同体是不存在的，因为在这样的团队中，自由与规则总是矛盾、碰撞着。不过，我倒觉得，在朱文军、梅亚林老师所倡导、组织的共同体中，似乎不存在自由与规则的冲突；相反，他们正在建构一种新的规则，这规则就是萨特对波伏娃说的，两个"你"就创造了一个"我们"。这个"我们"彰显了草根的力量、民间的力量、青春的力量。好多事，行政与体制内是办不成的，民间和草根却可以办得到、办得好。这就是日常生活中"青春的样子"。

三毛有一首歌《梦田》："每个人心里一亩、一亩田，每个人心里一个、一个梦。一颗呀一颗种子是我心里的一亩田，用它来种什么？用它来种什么？种桃种李种春风，开尽梨花春又来，那是我心里一亩田、一亩田，那是我心里一个不醒的梦。"这首歌唱响在共同体中。

向青春的共同体致敬吧！

向青春的梦想致敬吧！

五、海峡两岸的青春：对学生爱的承诺——我所认识的台北复兴实验高中的教师

斯宾诺莎对幸福有两个诠释："幸福不是美德的报酬，幸福是美德本身。"亚里士多德有过类似的定义："幸福是一种合于德性的现实活动。"青春，要与幸福相遇，当青春与幸福相遇的时候，青春会更美丽，而幸福呢，会更有光彩。如果解答这样一个题目：用什么来敲开幸福之门？青春的回答一定

是：用美德、用爱敲开幸福之门。

前几天，由中华文化促进会与台湾太平洋文化基金会联合主办的"2013两岸人文对话——学生品德教育活动"在江苏省南通中学举行。南通中学、台湾复兴实验高级中学的校长与老师们进行了对话，这是一次青春与青春的对话，是青春携着文化的对话，对话中有交流、有讨论，当然也显现了一些文化的差异性。会议的主旨很鲜明："深入认识在社会转型期间，文化价值受到的挑战和冲击，道德调控的弱化与失当、道德导引的错位与困境，以及道德评价多元与良莠杂成的倾向，以中华文化传统为共同基础，更好地传递社会正能量。"在对话中，可以看见两岸年轻人是怎么对爱作出承诺、追求教育幸福的。

论坛中有个细节特别令人寻味。

复兴实验高中主张通过教养对学生进行品德教育。他们说，教养是风，弥散在校园里，教养是一种素养，也外化为行动。因此，复兴实验高中对学生的品德行为要求很严格。与会的不仅有教师，还有一些学生。在提问阶段，一个学生勇敢地举起手问："老师们，你们今天讨论对学生进行品德教育，为什么不在会上对自己进行品德教育呢？"会场一片寂静，此时大家心里几乎都有两个相同的答案：是的，你说的对，教师首先要有师德；我们学校教师对学生永远充满着爱。这种存于内心的答案是一种预设，说出来没错，学生大体上也会满意。可台湾年轻的国文科教师蒋若虹却这么对学生说："同学，谢谢你的提醒，我会向你，向所有学生保证，保证以最真诚的爱对待你们。"蒋老师用保证来回答，会场上无不感动，这是爱的承诺，是庄严的爱的宣言。都说年轻教师以自我为中心，缺少爱，但蒋老师用自己的话语和行动来证明，年轻教师同样有博大的爱。说完这句话后，复兴实验高中的校长补充说："我们把爱唤回来。"

把爱唤回来，不仅是在和风细雨的教育中，还表现在对学生的严格中。学生犯错，复兴实验高中会让学生写检讨，不过，那是在校园的一角，绿树浓荫之下，桌上一盆盛开的鲜花，红艳艳的花朵遮掩了学生的脸。这是在写检讨吗？是的。不过，这个学生写下的不只是检查，而是一种"暖记忆"——未来快乐的回忆、幸福的体验，此时，检讨已转化为一种爱。青春啊，在教学中，永远是爱的承诺，永远是把冰冷的美丽化作温暖的认知以及幸福的行动。青春，用爱来支撑，就会永远带领学生走向幸福的彼岸，就会永远让青春在爱中闪光。

这么多的记忆，我最想说的是日常生活中的"青春的样子"最美，因为：青春行走在人生的地平线上。我们向青春致敬，就是向地平线瞭望，就是向理想致敬。于是，在我的理念中，青春与地平线是同义的。

教师应当成为伟大的人

日常生活中，尤其是教师的生活中，很少谈及"伟大"。因为总觉得伟大离我们很远很远，教书育人者一定要脚踏实地、谦虚谨慎，少谈伟大为好。

不过，有人大谈伟大。

美国教育学者帕克·帕尔默谈伟大。他说，教师一定要寻找到教育中的伟大事物。伟大事物是事物本身，是"视作主体的那些事物"。伟大事物就在教育中，就在生命中。伟大事物让教育伟大，也让教师伟大。我以为，只要发现、创造了伟大事物，每一个教师就应该是伟大的。

伏契克没用"伟大"，而谈"英雄"。他在《论英雄与英雄主义》里说，只要在重要关头，做了人类利益所需要的事的人，就是英雄。中华民族需要英雄，需要发扬英雄主义。教师，为了祖国的明天、民族的未来，辛勤工作，创造性地劳动，应当是英雄。教师应当有英雄主义情怀。

罗曼·罗兰既说"伟大"，又说"崇高"。他说，伟大的人有伟大的胸魄，犹如高山峻岭，不怕风雨吹荡，不怕云雾包围。他又说，不要求每一个普通的人都有伟大的胸魄，但每年至少有一次登上高山之巅，那时，肺中的呼吸被换掉，脉管中的血流也被换掉，再回到大地上时，就会获得迫近永恒的力量。这是一种崇高感，教师应当有，教师应当成为有崇高感的人。

新的一年，教育和教师是不是应该有一个关键词："伟大"？

我想，是的。

优雅的闲情诗意的劳动

《江苏教育》在炎热的夏季，给我们送来了满眼清凉的风景：呵，满眼的"活泼泼的水"，让我们无牵无挂，淋漓尽致，似乎有了风行水上的舒畅；满眼的"清冷秀逸的水草"，让我们从心底冉冉升起一轮明月，似乎有了撑一支长篙，向青草更青处漫溯的醇醪……

满眼的风景，就是满眼的情，那是"一人一竿的闲情"，那是"逝去的闲情"最终归于心的真情，那是在"电影一天天变老"中年轻的心慢慢放松重新获得的更为深刻的激情；我们在"春的光艳中交舞着变"，而不变的是对教育的情怀，我们在廉价的衣物中拥有真正的爱，由此而"安守朴素，独自沉欢"……

就这样，那满眼的风景里渗着满怀的情，那满怀的情里有满眼的风景。这景、这情，《江苏教育》叫作优雅的闲情。闲情一旦优雅起来，就幻为人的优雅的生活，进而幻为人的优雅的气质。

于是，优雅的闲情成为江苏教育人的一种追求，这种追求成为苏派生长与发展的滋养和气质特征：教育就在生活中，气质就在优雅中。苏派名师的字典里，不仅写上"温馨的亲情"，也不仅要写上"美丽的爱情"，还应写上"优雅的闲情"。这一切，似乎都和教育无关，似乎都和教育的意义相去较远，其实不然。亲情、爱情，还有闲情，与教育有着内在的自然的逻辑关联。也许，不谈教育，恰恰是最深刻的教育，不谈怎么当教师，恰恰是教师最好的专业成长方式。这样的主题和方式才是优雅的，才最能触动教师的心灵，也是最有深度的。

一、优雅闲情的美好意蕴：过一种优雅的非职场的生活

人总是要生活。可是，究竟什么是生活，生活的目的、意义究竟是什么，我们常感困惑。这很正常。人生是个谜，生活之谜常常很难解。优雅的闲情却在帮助我们解开这个谜。

卢梭讲过这样的话：人来到世上，实际上获得了两次出生的机会，一次让我们获得了生存，第二次让我们拥有了生活。生存是物质性的，几乎是技术性的，它不可能优雅；而生活却是有无限意义的，内涵更为丰富，它可能是优雅的。这第二次出生，实质是文化中的诞生，是生存向着生活的演进与提升。在演进与提升的过程中，生活变得丰富起来，深刻起来，优雅起来。因此，我们不难理解，优雅的闲情来自对生活意义的认知与提升，来自文化对生活意义的丰盈。可以十分肯定地说，离开文化就无优雅可言。

优雅的闲情，还涉及更深层次的人生意义。《古丽雅的道路》中这样说：人的一生不能是冒烟，而应燃起熊熊的火焰。可以这么理解，只是冒烟的人生充其量是生存，而燃起熊熊火焰的人生才是生活。就在熊熊的火光中，人生的意义闪亮，人生的光彩闪亮。但是熊熊的火焰，绝不只是指生活的轰轰烈烈，火焰也可以温情，也可以充满敬意，也许"优雅"的火焰才会更有魅力；一味的轰轰烈烈，倒可能会失缺应有的美丽与精彩。

优雅的闲情是另一种生活的享受。蒙田就这么认定："把享受生活的恩惠作为生活的目的。……我赞赏那些具有多样性格的人，这种人既能够张也能够弛，既能够上也能够随遇而安，不管命运把他摆放在什么地方；他可以和他的邻居聊他的房子，他的狩猎情况，以及他和别人的纠纷，也能够兴致勃勃地和一个木匠或园丁谈论天气……"这是悠闲的生活，透溢着优雅的闲情——这就是享受生活的多样性，享受生活给予的恩惠。

我们要关注的这种优雅的闲情，往往是在教师非职场的生活中。非职场的生活是教师生活须臾不可离的生活，而且，在很大程度上，非职场生活会影响职场生活。遗憾的是，我们的生活框架里常常缺失非职场生活，因而缺失了丰富、多彩和优雅。

还是记住一位教授的话吧："一个失去优雅的国度，无论她的人民多么富

足，却免不了总带着俗陋、野蛮的气息……"还是记住一位小说家的话吧：是死还是活，不是问题，怎么活才是问题；怎么活也不是问题，怎么活得像人才是问题；活得像人也不是问题，怎么活得像自己才是问题。怎么活得像人、像自己？答案是两个字：优雅。

二、优雅闲情的本义与深意：诗意的劳动、心灵的自由散步

闲情，绝不是简单意义上的"空闲"，也不是"穷闲"，更不是无所事事的"游手好闲"。讨论与追求优雅的闲情要回到其本真的意义上去，进而探寻其深意。

其一，优雅的闲情是心灵的自由。泰戈尔写过这样两句诗："不要试图去填满生命的空白，因为音乐就来自那空白的深处。"生命是短暂的，短暂的生命过于拥挤。你看，我们把日程表排得满满的，把太多的光阴抛洒在繁忙的工作上和喧闹的市场上，太热心做事和交际。所以，周国平说，人的一生应当有一点无聊，而且人生难得无聊，人在空地上只思走出，"走啊走，纵然走不出无聊，走本身却不无聊，留下了一串串深沉的脚印"。据说，湘西凤凰城有一茶馆，茶馆里摆着两张椅子，一张椅子上写着："请留步，坐下歇会儿，好让灵魂跟上"；另一张椅子上写着："老公、老婆寄存处，免费"。有幽默和调侃，但不乏深刻。杨霞说得好："几年来，大大小小的事填满了生命的空白。……穷忙与瞎忙中，累与不累，都在重复地进行着。"因此，"闲情是混乱之中的领悟，是矛盾之后的释然，是回忆之余的感念……闲情是心底冉冉升起的那轮明月"。顾文艳说得好："给心灵放个假吧，我们可以慢下脚步，看看一路风景。"这样，诗意、创造，就来自那空白的深处。

其二，优雅的闲情是用诗意的眼光观照生活。当你用诗意的目光去观察、审视平凡、琐碎、繁杂的生活的时候，就会在平凡中发现意义，在琐碎中透视生活完整的图景，在繁杂中体验鲜活和创造的冲动。荷尔德林诗云："劬劳功烈，然而人诗意地栖居在大地上。"何为诗意地栖居？海德格尔的解释是："人被允许抽身而出，透过艰辛，仰望神明。"这就是跨越，"人之为人，就仅仅在于他始终处于这一跨越之境中"。不难理解，优雅的闲情，是另一种劳动，这是诗意的劳动；是另一种创造，是跨越的创造；是人的一种

形象，是具有内在尺度的神明的形象。这是一种诗意的目光，用这种诗意的目光去观照生活和世界，当然会优雅起来、高尚起来。

其三，优雅的闲情是一种美学散步和精神的闲逛。人认识社会、认识事物有两种方式，一种是理性的方式，讲逻辑，下定义，求严谨；另一种是感性的方式，即用想象的方式，运用比喻尤其是隐喻。雨果把想象比作"伟大的潜水者"，并且十分肯定地说："想象就是深度。"由此，想起了美学家宗白华，他创立了散步美学。散步，是生活的方式，也是研究的方式，其间充满着审美意义；散步，自由自在，用心灵去体验，这是生命的自由；散步，用诗的眼睛去发现，用诗意去表达，这是生命的感悟。人的确要散步，优雅的闲情正是在散步中生发的。从另一角度说，人需要闲逛，这是精神的闲逛。在闲逛中，无拘无束的心灵敞开了，精神获得解放了，思想把我们带到了无限大、无限远的地方去了。

三、优雅闲情之于教师发展的意义：在成长的方式中注入优雅

写这些评述文字的时候，我一直在想：写水写花，写电影写品茶，写钓鱼写昆曲，写古诗写风景，即写闲情，怎不直接写教育呢？难道教师就要追求这样的闲情吗？显然，这一问题背后的潜台词是：闲情究竟要不要讲述教育的意义？究竟要不要触及教师成长的方式？

不觉想起了杜威，杜威强调教育的目的就在教育中，意思是目的不是附加的，目的也应隐蔽起来。他又说，教育即生活；陶行知进一步说，生活即教育。他们都在传达一个理念：意义就在生活中。如果过于强化教育的目的意义，就有可能使目的意义刻板、僵化，使生活本身丧失光彩和魅力，也必然缺失优雅。

其实，休闲本身就是学习，就是接受教育。而且，休闲的方式更具广阔和深邃的意义。因为这是诗意的劳动。

休闲也不仅仅属于某一类人，即绝不是说退休的人才有休闲，才有优雅的闲情。不是的，只不过不同的人有不同的休闲方式。蒙田就这么认为："让年轻人去玩刀剑、骏马、狼牙棒、网球、游泳和赛跑吧，把他们的那些丢弃不要的骰子和骨牌留给我们老年人。"不同的休闲方式有不同的优雅，

而不同的优雅都会影响人的心灵，影响人的发展。这些都是另一种劳动：诗意的劳作。不过，休闲的方式也可以与教育发生联系，与教师的成长产生关联。陈芳的"一人一竿一闲情"道出的正是这种竿、鱼、钓与人的关系：儿时，钓得一份亲情和乡情；少女，钓得一丝自得、一点自怜、一份自在；而今，钓得一份儿童情结、一种教育的启发。即使是正儿八经地读书、思考、研究、写作，也应该让它们优雅起来、诗意起来。凌龙华正是这么去演绎的：我曾用三个词总结过我的教育生涯——读书、教书、写书；也曾化用一个诗句来表达我的书生意气——没有什么比自由的阅读与自由的表达，更能把人带向远方……

有一个身体哲学，我没有专门研究过，但我执著地认为，这是个重要的命题和思想。休闲的生活，优雅的闲情，用身体哲学的观点去检视，我以为就是用身体去经历、去体验、去思想，就是放松自己的神经，让身体获得解放，让思想获得解放，而教师一旦获得解放，创造力就会生长起来、成长起来。优雅的闲情，是让我们回到现代都市的田园去，回到心灵的田园。在心灵的田园里，有一种诗意的劳动，在这诗意的劳动中，生发出优雅的闲情。闲情不闲，在不闲的闲情中，教师的专业成长、名师的发展，悄悄地，向上，向上。这是多好的姿态啊！

心灵的证据与意义的生发

——读《做教师的心情》的心情

一、心情：开启教师发展的另一个视角

像是田野上的小花，多彩，并不柔弱；像是蓝天中鸣叫的小鸟，婉转，并不矫揉；又像是心田里流淌的泉水，清亮见底，并不肤浅……这是我读《做教师的心情》时的感悟与心情。

读完这些文章，我才更懂得什么叫心情，也才更懂得什么是教师的心情。我甚至有一种冲动，想告诉大家：你心情不好吗？快来读读这些文章吧，采一朵小花带回，与小鸟一起鸣叫，掬一捧清泉啜饮。这样，你同样可以生长起好心情，走进教室，然后回家。心情可以"传染"，于是，你的课堂、你的家里一定会漾起快乐的涟漪。

读完这些文章，我更坚信，每个教师都是一种可能性，独特的见解、深刻的哲思、美妙的文字、智慧的表达，都会在教师身上发生。问题在于让他们有一种好心情，一切皆有可能，似乎应当是好心情才让一切皆有可能。我坚信，教师，草根，绝不是"沉默的人"，让他们发声，首先要让他们表达内心的情，以言语抵抗烦忧，以好心情创造好教育。

不难理解，心情是内心真实的体验，是心灵的证据，它来不得任何虚假，有什么样的心情就有什么样的表情。不过有什么样的表情不一定真有这样的心情，因为表情有时会欺骗心情，唯有心情是可靠的，是可以信赖的证据。所以，教师最美的表情是他有最为真实的心情；让教师的表情美丽起来，让校园的表情美丽起来，首先要让教师的心情美好起来。正因为此，学校的管理不应满足于脸上的表情，而是要走向心情，走向教师心灵的证据，这样就走向了深度。

不难理解，心情是情感的导航仪。情感绝不仅仅是喜欢不喜欢，道德感、理智感、审美感这三个维度规定了情感的三个层次。应当说，心情是情感的具体化，是道德感、理智感、审美感的统一和整合，同时也折射出教师的道德感、理智感和审美感。心情，犹如导航仪，引导教师的情感发展，也引导教师的教育行为，当然，这必然会影响学生的心情和行为，影响教育教学的效果。一个优秀的校长，应当敏锐地观察到教师的心情，以人文的方式引导教师转变心情，引导他们培育、建构起健康、快乐的好心情，以良好的行为教育学生。

不难理解，心情是驱赶"野兽"的武器。《少年派奇幻漂流记》，导演李安在诠释时说过这样的话：每个人心中都有一只老虎。每个人可以非常善良，也可能非常残忍；可以自己单独做某件事情，也可能去支配另外一个人，原因是那只心中的"老虎"。儿童更是这样，他们心中也有一只"野兽"，赶跑"野兽"就是驱赶自己坏的念头和坏的心情。但，这需要武器。一个充满爱心的教师，一个智慧的教师，就是以好的心情作为武器，驱赶一只只"野兽"，驱赶心中那坏的心情。

正因为以上的"不难理解"，我们才不难理解，促进教师专业发展，首先是促进教师素养的全面提升。无论是专业发展，还是素养的全面提升，不能就"专业"谈发展，也不能就"素养"谈素养，关注、研究、改善教师的心情，让教师拥有心灵的证据，把握内心的武器，发挥教师"心情"这一导航仪的作用，倒是一种独特的视角、一条十分有效的途径和方式，因为这是对教师真诚的人文关怀，一定会从根本上给教师以积极的情感，激发教师的生命潜能。因此，我的基本判断是：开发教师的好心情，开启了教师发展的另一扇明亮的窗户，让灿烂的阳光洒进教师的心灵。

二、教师的心情：自我的深刻认知、内心意义的生发

教师的心情与所有人的心情一样是很复杂的，可以有不同的描述和概括，不同的描述和概括固然和方法论有关系，究其实质是与自我认知和意义认同有关系。不过，尽管复杂，教师的心情也有普遍认可的特性。

常州市武进区星韵学校的蒋惠琴用三个字来描述：漫、慢、曼。所谓

"漫"，她说是"把心放下"，心，没有限制，没有约束。她认为教师的心境是"不需要为了让学生接受我的建议而想方设法地说服他们"，"没必要事事要向学生证明自己比学生高明"，这样，教师的心就真正放下来了，教育的"漫生活"也许已经开启。所谓"慢"，她说，就是"我愿意等待"，就是"愿意等上一辈子的时间，让她从从容容地把蝴蝶结扎好，用她五岁的手指。孩子你慢慢来，慢慢来"。所谓"曼"，她说是"曼妙""柔美""美好"，有时虽然不轻松，有时还很烦恼，但一定要曼妙、美好。这样的描述具有教师好心情的普遍性，而这也正是教师心情的独特性——道出了教师的文化特征和教育特性。所以，教师的心情实质上是对教育意义的深刻认同，是对教育特性的具体演绎。一个对教育意义及其特性缺乏深刻理解和准确把握的教师不可能有真心情、好心情。他会急躁，不会放下；他会催促，所谓的"超前"，不会等待；他会纠结、烦恼，如满地鸡毛，不会那么柔美，那么阳光，那么美好。

仅是对教育意义的认知还不够，还要对自我有深刻的认知，那就是要有哲学式的提问："我是谁？"南通师范学校第二附小的丁伟就常常追问自己。她的理性思考之深、见解之独到、文字之成熟，是相当可贵的。对"我是谁"的回答，她引用了萨特的话："没有什么东西能支持我对抗我自己，我被虚无割断了我与世界之间以及与我自己的本质之间的联系，我只能自己来实现世界和我的本质的意义，我单独地作出决定，无可辩解，也毫无托辞。""我是谁"，是在与他人的关系中，在与工作的关系中，在与世界的联系中。这种关系不能割断，只能联系。她有两个"奇怪"的见解：一是工作不是目的，应该是达到生活境界的手段——她要建立新的"工作哲学"，教师应当是"生活家"；二是教育要离教育远一点，真正的教育恰恰是在"非正规教育"中，"非正规教育"可能是真正的教育、好的教育。丁伟的个性、创造性正是在这样的自我认知中，又正是这样的自我认知，让她一直以"我行我素"的好心情去工作、去生活。

自我的深刻认知究竟意味着什么？意味着"成为我自己""成为最好的自己"——这是海门东洲中学陈铁梅的回答。她用了一个概念来表达自己的认识与心情：执念。"生命成长过程中，总会遇见很多路可供选择……充满未知、充满挑战。选择哪一条路，赶赴哪一个目的地，靠的是执念——执念于对职业与事业的理解，执念于对生命成长和自身价值的定位。一旦执念形成，即使波澜不惊地行走，都会流光溢彩；即使是平淡无奇的结果，也会风生水起。"没想到一个美术教师有这样的表达，不过，现在的美术教师可能也是最优秀的语文教师，是"审美语文家"。这样，陈铁梅怎么可能没有好心情呢？执念下的心情：庄严、豪迈、自信、快乐、幸福，因为她选择了世界，而不是世界选择了她。

三、教师好心情：不是管理出来的，是自然而然产生的，是"长"出来的

南师大附中的保志明始终怀有哲学的又是现实的目光。她首先反思了管理："如果在心情差的时候都能'管理'住自己，表现出愉悦、兴奋、情绪高昂来，那恐怕只有神仙才能做到吧。即使你努力克制，做到了满面笑容，恐怕学生们雪亮的眼睛也能看出那是装出来的。"她的结论是：心情不是"管理"出来的，而是自然而然"产生"的。

那么，好心情产生于哪里呢？

好心情产生于"深刻"中。保志明有两个重要观点：其一，"学科教师对所教学科的理解掌握越深刻，就越能在课堂中游刃有余、举重若轻地处理各种学科问题。他的放松与陶醉将感染学生，使学生也沉浸在学科的美感中，身处这种课堂中的学生都有好心情"。其二，"教师对教育的本质理解得越深刻，就越能以宽容的心态对待未成年人，不仅能引导得法，还有慧眼看到孩子身上的闪光之处。即使是品行顽劣的孩子，在他们眼中也是未经雕琢的珍宝，这样的教师怎会不好？"引用时没舍得删节，因为她论述得严谨，让你一口气读下来。保志明所说的好心情的产生，是基于学科本质的和基于教育本质的。确实，这是教师好心情产生的土壤和关键。

好心情产生于"因为……所以……"中。南京市下关第二实验小学的"长辫子老师"郭学萍，她认为好心情在一系列的"因为……所以……"中："因为被数学老师轻视，我立志上了师范"；"因为被斯霞老师感励，我梦想成为特级"；"因为不愿墨守成规，我常常'不务正业'"；"因为一场网络'口水战'，在一度的彷徨中坚定，目光不在教学艺术和设计技巧，而在学生学

习这一很朴实、很简洁的过程"。"因为……所以……"道出的因果关系，好心情是"果"，而一系列的"因为"是"因"。这是常识，问题在于你有没有从"因为"中悟出什么，否则，不是所有的"因为"都能引导出"所以"来。郭学萍"悟"出来了，"长辫子"见识不短，相反，很自然、很朴实，也很深刻。她把握了好心情的"逻辑链"。

好心情产生于身体辗转后心灵的远游中。扬州市梅岭小学的赵庆林常常"辗转于教育"的纠结中，每次辗转都会产生一个"背影"，而辗转的结果，从纠结中解放出来，产生了好心情。他牢记台湾学者傅佩荣先生的话："最使人困扰的迷失，是个人丧失了值得献身的价值和理想，俗化的浪潮淹没了一切。"于是，赵庆林"在尝试过身体的辗转离开之后，选择了一次又一次的心灵远游"。于是，他有心灵的呼唤：希望在哪里呢？"除了在我们跋涉前行的脚下，还会在哪里？"是的，好心情在哪里呢？不言而喻，在辗转以后跋涉前行的脚下。

好心情产生于安分与不安分之中。吴江的张菊荣，这位江苏省高新技术产业开发区实小的校长，是一个很安分的人，又是一个很不安分的人。他的安分是因为他"从来就不大相信学校教育改革可以依靠'大动作'一蹴而就"。但是"只要条件允许"，他又是一个不安分的"家伙"。其实，安分不安分，是一种不断地转换，是不愿意重复。他说："不愿意过一种让今天与昨天'相似'、让今年与去年'相仿'的生活，总是处于'求变'、'求新'从而'求进'的思考与实践之中"，"安分是坚定的守候"，"不安分是热烈的追求"。

当然，好心情也在失败中。失败并不是坏事，不仅如此，"一个羞赧的失败，比一个骄傲的成功还要高贵"——林春曹这位特级教师如是说。在他看来，每一次"失败"实质上蕴藏着一个成功的机遇；每一次在学生面前的"失败"其实是学生又一次成长，如此，心情怎能不好呢？南通市开发区实小的李小琴也有一些失败的经历，她认为很正常，"有些事，在遇到后第一次，就注定要羁绊一生，像一棵树一样，生长在心理"，但是，"你会发现，坦诚面对自己失败的人往往走得更远"。

还可以写出很多，不多说了，因为生长是无限的，是说不完写不完的，让好心情尽情地去生长吧！

四、教育的心情：源头在儿童，在对儿童无限的、真诚的爱中

说心情不能不说儿童。心情好也罢，不好也可，都和儿童紧紧联结在一起，好的心情是为了儿童，儿童会让教师有好的心情。儿童成了教师好心情的源泉，儿童成了教师开启心情的阀门，抑或说是一根闪亮的神奇的钥匙。

儿童是谁？是"敌人"。南京市清水亭学校的边晓宁就是这么认为的。但是她很爱这些"敌人"们，而且要致亲密的"敌人"们："他们每一张面孔都深深地印在我的脑海里，他们的每一种表情都那么清晰、明亮，仿佛他们都是属于我的一部分，我也属于他们。"原来，不是"敌人"，说"敌人"是因为学生对教师构成了挑战；迎接挑战，"敌人"就会变得可爱起来。

爱是什么？南通市城中小学的宋晓丽说，"用爱看见儿童"。爱是一种目光，是一种发现，爱让儿童真实起来、鲜活起来。看见了儿童，儿童就成了"每天迎接我新的教育生活的 65 只号角，催促我，激励我"。

爱是什么？南通市崇川学校的柳小梅说，爱是一种投入，是一种让成人世界认为的"优秀"真正得到儿童认可的情感，不过，"爱，必然包括严格要求，甚至包括必要的惩罚"。

教师是谁？那位离开教师岗位，来到市教科所的洪劬颉，认为教师的"存在成为学生最美好的校园记忆"。他曾和学生数次"斗智斗勇"，最终，教育成了一种吸引，"语文在语文之外"，"一切好玩的不好玩的都变成好玩的记忆留存"。当我读到他写的，"我现在不做老师了，但是我可以很自豪地跟我的学生说：我把最美好的时光给了你们。你们没有在课堂上看到我老态龙钟，也不会看到我病歪歪的，因为我付出了青春"，我几乎掉下了眼泪——做教师心情太复杂了。

当然，教师也是泰州朱庄中心小学的宫凤华所说的"幸福的芦苇"；最后，教师成了淮阴师范第二附小的吴玉国所说的"与孩子一起长大"的人。

以"心淡方入妙"的心情，"推开那扇窗远远地望"，望到"那一树一树的花开"，在"平凡里生动"中，在"用科研撑起一片教育的蓝天"上，似乎有人在说："但是这条鱼在乎啊！"这就是教师那"路过的心情"。曹玉辉、吴兴红、许露、陈惠芳诉说着自己的心情，这心情好美好！

云南泸西县金马职业中学的张学亮说得好啊："心干净了，才能来当老师！"因为校园是圣洁的，孩子的心是干净的，教育的天空是蔚蓝的。干净的心是美丽的，美丽的心才会有美好的心情。其实，浙江省宁波市惠贞书院的梁玉萍作了一个概括：洒脱、自由而快乐的教师，定会有永远的好心情。这样，无论是"最好"的时代，还是"最坏"的时代，教师的心情一定是最好的。

让校长、教师安静一点

　　说到对未来的展望与期盼，自然想到学者、哲人对未来的论述。比如，未来不是找出来的，而是走出来的，是创造出来的。朝着未来的行走，不仅仅改变了我们的目的，也改变了我们自身。比如，2011 年诺贝尔文学奖得主特兰斯特勒默，中国将"诗歌与人·诗人奖"授给了他，他未出席，写了答词："诗歌是禅坐，不是为了催眠，而是为了唤醒。"

　　的确，未来是我们前行的地方，我们必须去"走"，必须去创造，而关键是首先改变我们自己。我以为，改变自己，相当重要的是让自己学会"禅坐"，当然不是为了催眠，相反的是在禅坐中反思，在反思中唤醒自己，激励自己——如果把未来比作一首诗的话。这样的隐喻极具深刻的哲理。

　　引用以上的一些隐喻，阐发自己的想法，是因为这几年校园里太闹腾了，校长们、教师们太忙碌了，太疲累了。我们要让学校安静下来，让校长们安静下来。总之，我们需要"禅坐"。

　　有人写了一本书，书名为《童年的忙碌》，说的是当今的儿童太忙了，一是"钟表忙碌"，二是"日历忙碌"。无论是哪种忙碌，盖因成人们，包括教师寄予过高的期望，尤其是家长把拔苗助长的心态投射到儿童身上。实事求是地说，学生忙碌，校长、教师也忙碌。但应该作这样的判断：学生的忙碌与校长、教师的忙碌完全有关，校长、教师忙碌是学生忙碌的原因之一。让学生从忙碌和恐慌中解放出来，必须让校长、教师从忙碌和疲惫中解放出来。

　　问题是，谁让校长、教师如此忙碌？解决他们忙碌问题的关键在哪里？

　　教育行政部门是让校长、教师们忙碌的重要原因。一次又一次的检查、验收、评估、评选，一次又一次的总结、汇报，填写不完的表格，数不清的数据，制作不完的展板，摄制要求越来越高的视频……校长、教师要花费多少时间，多少精力，多少人力，多少财力？不能说这些都毫无意义和作用，但是完全有必要吗？能真正解决问题吗？触及学校发展的核心问题了吗？有关文件几次三番地要求、重申对学校的检查、验收、评比要统筹、压缩、控制、综合，但为什么至今不能做到呢？难道教育行政部门的"撒手锏"就是检查、验收、评比，而无其他办法吗？改变思维方式，转变工作作风，寻求新的管理方法，如此迫切，如此重要，2013年能有显著的进步吗？我们期待着。

教研部门、培训部门也要让校长、教师安静下来。我们不反对赛课、评课、研讨、论坛、展示，问题是活动太多了，说老实话，有的品位不高、效果很差。问题还在于，从省到市到县（区）到乡镇到"片"，层层级级，有多少部门啊！深入到学科教学研究有多少学科要如法炮制呀！可以说，赛课、评课、研讨，把层级与学科加起来，是以乘法的数量在增加、扩大。学校、校长、教师还不敢不参加，有意见不敢说，因为学校发展、教师发展的"命运"很大程度上掌握在他们的手上，学校有难处啊！我们教研部门能有一点改变吗？教研培训部门要真正以学校发展为本，端正身份，摆正位置，能不能作些统筹、优选，一切从学校出发，真正以教师为本，重在对校本教研的指导和帮助，让教师基于学校，在学校中自己学会研究。办法是有的，关键是理念、宗旨和方式。对此，我们期待着。

学校也必须改进，尤其是校长。校长要有准确的判断力，对诸多上级的要求加以辨别，学会选择，作出准确的判断。校长要有足够的勇气，从学校实际出发，从教师的实际出发，学会拒绝，学会整合和优化。校长要抵制诱惑，把学校的利益、教师的利益、学生的利益放在首位。如果校长不抵制、不拒绝、不选择，"来者不拒"，学校怎么可能安静下来呢？表面上的忙，实则是乱。乱了正常的教学秩序，乱了学校工作的节奏，乱了心态和心绪，也乱了各种关系。有位校长说了真话：我们不堪重负。现在校长能有多少时间真正走进教师日常的课堂？有多少精力真正放在学校的文化建设和现实的研究上？有多少空间与教师合作、交流、分享？即使有，也在表面上，在所谓要亮相的公开课上，在少数教师身上。学校乱不起啊！校长，安静下来吧。我们期待着。

真正让校园安静下来吧，真正让校长安静下来吧，真正让教师安静下来吧！让校长们从容一点，让教师们放松一点，让大家的心态平和一点，让大家的精力集中一点，让学校按自身的节律运转，让我们遵循教育的规律来管理、改革和发展。这就要"禅坐"。禅坐，安静、沉思、谋划、布局、建构、唤醒内在的力量，形成一种自觉。这样，我们就能"走出未来"，创造希望。也只有这样，学校才像学校，教育才是真正的教育，才会有文化，有品位，我们也才有智慧，才会走出名师、名校长，走出专家和教育家。

冲动与心静

　　人，应该有冲动。冲动，是一种燃烧着的激情，一种强烈的欲望，也是一种"非常"的表达。

　　新的一年来临了。当新年灿烂的阳光，抚摸着你的身体，温暖着你的心灵的时候，你怎么可能无动于衷？你一定会觉得新年的阳光是新的，从而冲动起来。于是，阳光下，你有了美好的遐想，有了乐观的憧憬，也会在心底里默默地描绘着自己的未来：总想永远站在春天里。你以这样的冲动，告诉大家：我想有新的追求。

　　其实，在哲学家的理念里，冲动不只是人的本能，更是人的内在动力，它往往和萌芽、生长联系在一起。席勒，这位著名诗人、哲学家、历史学家和剧作家，尤为关注人的冲动，"游戏冲动"就是他研究的重要命题。因为他认为，"游戏冲动"会使自由"显现"，会带来创造。用歌德在《浮士德》中的诗句来说，冲动会让我们"强烈地超脱尘寰／奔向那往圣先贤的领域"。冲动，是美好的。

　　但是，冲动毕竟和人的本能、欲望联系在一起，而且不少人的冲动还没有升华到其应有的内在动力，这样的冲动难免让人心浮气躁，难免让人此一时彼一时，而无持久、稳定的健康心态。我们所见到的，常常是冲动消退后的"疲软"，接着逐步归于平淡、平庸，以至于消极而郁闷。所以，在新的一年开始的时候，更要让自己的心真正静下来。

　　"静以修身"，是人生经验的概括，是人生修炼后的一种境界。而且，从外表看是静的，实则内心涌动着一种志向和抱负。这样的静比冲动更有内涵，因而也更为可贵。值得注意的是，当下一些年轻教师，被消费时代的娱乐主义裹挟，放逐自己，追逐所谓的热闹。往往在热闹中，淡去了青春的意义，褪去了青年时代思想的锋芒和崇高的追求，而在表面的快乐中忘却了教师的伟大使命和自己追求。

还是让自己的心真正静下来，好好回首一番：过去的一年，我做了什么，哪些是有意义的，我的价值高度在哪里；还是让自己的心真正静下来，认真地"独上高楼，望尽天涯路"：站在价值高度上去瞭望，去期待；还是让自己的心真正静下来，实实在在地描绘一下自己的远景：时刻准备着"衣带渐宽"，为理想而"憔悴"。这样，在新的一年过去的时候，你会"蓦然回首，那人却在灯火阑珊处"——有了新的发现、新的抵达，然后，又开始了新的出发。

冲动与心静似乎是矛盾的，但在一个真正有理想、有激情、有理性的教师身上，却是和谐、统一的。也许，教师的职业生涯规划，或曰教师的专业发展计划，倒可能是冲动中的心静，心静中的冲动。这样，你才会不断向前。

年轻的教师们，在新的一年开始的时候，赶快制订或者修订你的人生规划吧。

"二"与"两"的隐喻

我们都看见了，看见周小燕，站在全国教书育人楷模颁奖大会的舞台上。高雅的气质，发自内心的微笑，光彩照人。94岁了，还是那么年轻。也许是赛缪尔·厄尔曼说得对："青春并不完全是人生的一段时光——它是一种心理的状态。它并不完全指丰润的双颊、鲜红的嘴唇，或是伸屈自如的腿脚，而是意志的韧度、理想的特质、情感的蓬勃。在深远的人生之泉中，它是一股新鲜沁凉的清流。"

是的，周小燕像年轻人那样充溢生活的情趣，为了看巴西队足球赛，熬夜到凌晨三四点钟。不，她就是年轻人，她永远年轻，因为青春的主题是：追求。她说，90岁时已踢完了上半场，还有下半场。下半场还踢吗？回答是：踢！下半场还想进几个球？回答是：再进两个球！一个球是创造一个中国原创歌剧，另一个是再培养一两个德艺双馨的、为祖国服务的演员和音乐人才。全场为之动容，以最热烈的掌声向她表示敬意。

我们是小学语文教师，有的还很年轻，有的已逾不惑之年，有的也已知天命，但与周小燕相比，我们还很年轻，真的很年轻。我们有的还在上半场，还有不少人在预热，有的还没有进入赛场。可是，我们的心中有踢完全场的信心吗？还有再进几个球的渴望吗？

我总觉得，教师的专业发展，我们关注技术太多，关注教师的内心太少。自主发展、更高发展的动力问题没有真正得到解决。孟德斯鸠一语中的："别人的建议或意见永远替代不了发自内心的呼唤。"我们心里应该永远回响着自己的呼唤，这呼唤就是：我——一个语文教师在专业发展上也要踢下半场，还要进两个球，要走得更远，走得更好。

周小燕说要进两个球，丘吉尔说过两只虫。他说确信人是一只昆虫，但他是一只萤火虫。都是虫，都很渺小、脆弱，但萤火虫发光发亮，哪怕微弱，不仅照亮了自己，也照亮了别人。

周小燕说进两个球，卢梭讲人的两次出生机会。他说，人来到世上有两次出生的机会，一次让我们获得了生存，一次让我们获得了生活。生活和生存的最大区别就在于生活充满意义。

这些"二""两"，无非是说，心中要有目标、要有理想。人一定要有追求，这就是我们语文教师勃发的青春。

还有一个讲"二""两"的，那就是陈望道。他说："我们语文研究，应该屁股坐在中国的今天，伸出一只手向古代要东西，伸出另一只手向外国要东西。"似乎这也可以理解成语文教学研究及改革要进的两个"球"。这两个"球"连接着昨天，通向今天；连接着国外，通向世界。但千万别忘了"坐在中国的今天"——中国的，民族的，现实的，田野的。我们追求具有中华民族风格和品质的语文教学。

说"二""两"是一种隐喻。隐喻把我们引进一个想象的世界，隐喻也让我们在通达、深刻中建构语文教育哲学的深刻意义。我始终认为，语文教师不能囿于语文教学的小圈子，否则会变得狭隘、封闭，甚至可能会褊狭到技术主义的胡同里去。去看一看教师节的颁奖晚会，去听一听周小燕风趣又充满哲理的话，让我们心里永远回响着强烈的呼唤：下半场，再进两个球！

老师的眼睛

　　无论是听日常课，还是听公开课，我特别注意教师的眼睛。我凭直觉，那些眼睛亮亮的，带着温暖四处扫视的教师，一定是会上课的教师，一定会成为优秀的教师。

　　想起儿童文学理论家蒋风先生的故事。因家庭生活困难，直到三年级他才有机会插班入学读书。他非常喜欢教数学的斯紫辉老师，因为他有一双会说话的眼睛。斯老师每星期用一节数学课给学生读《爱的教育》这部小说，整整一个学期读完。最后一节课，用小说中人物的名字，命名班上的同学，这多么光荣！可是，蒋风一直没有"被命名"，好不伤心。斯老师在走出教室时，总要习惯地"转身"，再扫视教室。正是在转身回眸间，斯老师用她那双明亮的眼睛发现了蒋风的伤心与期盼，正是那双会说话的眼睛把蒋风请到办公室。斯老师在诚恳地自我批评之后，送给蒋风终生难忘的礼物——《爱的教育》。此后，这《爱的教育》犹如一双眼睛总是提醒他、鼓励他。

　　席慕蓉也忘不了她数学老师的眼睛。初三毕业前，老师给他们上数学辅导课，讲到一半，在黑板上留下四道题目，让学生分小组讨论。席慕蓉专注于讨论，偶尔间抬眼，看到数学老师看着她，眼光里充满信任、鼓励和期待。在同学的帮助下，她做会了其中三道题。最终，她毕业考试得了 75 分，顺利毕业了。席慕蓉后来常常这么描述：每当我写诗、作画、读书时，总觉得有一双眼睛看着我，那就是数学老师的眼睛，那么慈祥，那么温暖，那么动人。

　　我读中师时，最喜欢到一位姓羌的老师的宿舍去。宿舍墙壁上挂着羌老师的照片，那时他指定不到 30 岁，微斜着头，一条羊毛围巾一头甩在脖后，一头轻轻挂在前面，那么帅气。尤其是他的眼睛，在镜片后，显得沉着、深邃，似乎要看透你心中的一切。他没给我上过一堂语文课，但他却给了我最具体、最生动的语文教育，因为生活中所聊的一切，都会沁入我的心灵深处。每讲完一件事，他总是用眼睛来探寻我的想法。几年前他辞世了，但我常常想起他，我总觉得一直到今天，他还是用那深邃的目光注视着我，似乎想告诉我一切，提示我去思考一切。

于是，我始终认为，教师必须有一双明亮的眼睛，勇气、智慧、关怀、启发、鼓舞、提醒，一切的一切都在眼睛里。反之，那种无神的、恍惚的、不关注的、缺少爱意的、轻蔑的、漠视的眼光，给学生带来的可能不是真正的教育，更不是好教育。做老师，从练一双眼睛开始，这也许是最重要的基本功。

作家托马斯·沃特曼曾这样描述过他母亲的眼睛："她需要一双能透过紧闭的房门洞察一切的眼睛，然后她才可以胸有成竹地问'孩子们，你们在里面干什么？'另一双眼睛将长在她的后脑勺上，用来专门看那些她不该看到而又必须了解的事情。当然，在前额下面也有一双眼睛，当孩子有了过失或麻烦时，这双眼睛能够看着他，而不必开口，就能够明确地表述出'我理解并爱你'的意思。"

老师，你有这样的眼睛吗？

"我们"意义的想象

　　我们常常谈起严清。谈起严清，自然就想到了他的才情、才气、才华，当然还有他那十分可贵的真诚。我经常向严清请教，在和他的聊天中，我学到了很多。他给我很多启发和建议。

　　当今谈起严清，又增加了另外一些内容，那就是他和他的徒弟们。他的徒弟们，和他一样，有朝气，有活力，有才智，为我们展现着特殊的美丽，也为他们自己展现着无限的可能性。向严清学习的同时，我也向他的徒弟们学习。

　　严清和他的徒弟在一起，他称之为"我们"。如今的"我们"，已超越了一般意义上的人称代词，成为一个十分现代的，乃至后现代意义的社会学概念和哲学概念。"我们"，亲切、温暖、自豪，孕伏着精神价值，彰显着团队力量，十分温润，又有一种思想的张力。"我们感"，实质是责任感、使命感，是集体感、力量感。用"我们"做严清和他徒弟们故事集子的名字，特别有意蕴。这一书名，我们喜欢。我们要让"我们"流入每一个人的心灵深处，大家都应该这么介绍自己：我们。

　　我自然应该称严清和他的徒弟们为"他们"。不过，我说的"他们"就是"我们"，我和"他们"也应该是"我们"。这就是"我们"这本书给我们的价值启示和意义想象。

　　"我们"——共同体。齐格蒙特·鲍曼在《共同体》一书的"序曲"中说："'共同体'给人的感觉总是不错的；……'有一个共同体'、'置身于共同体中'，这总是好事。……我们认为，共同体总是好东西。"共同体好在哪里？好在志同道合者的聚焦。这一聚焦是自然的，而不是强制的；是草根式的，而不是行政式的；是发自内心的，而不是貌合神离的。严清的徒弟们对这共同体的共同感觉是：开心，快乐。鲍曼的研究结果亦是这样："它所传递出的所有含义都预示着快乐，而且这种快乐通常是我们想要去经历和体验的。"正如鲍曼所言，在这一共同体中，严清和他的徒弟，总是互相倾听，总是有人紧紧地握住我们的手，总是不会要求我们用东西来抵押和如何报答，"我们的责任，只不过是互相帮助"，而且"帮助"总是及时到来。

"我们"——一个学习和交流的平台。我领悟，"我们"在一起实际上获得一次又一次的机会。教师在发展过程中，有没有机会是不同的。当今具有影响的教学论专家，美国哈佛大学的达克沃斯教授就这么说，一个人是否有创新，就在于这个人是否有精彩观念的诞生，而精彩观念的诞生"在很大程度上依赖于拥有精彩观念的机会"。严清给他的徒弟许多机会：上课的机会、讨论的机会、聊天的机会、写作的机会，这些机会聚焦在学习上。他们离不开对书的阅读，对作品的讨论，对生活的意义阐释。学习者在很大程度上是一个阅读者。严清本身就是一个读书人，他可以随时背诵名家的名篇名句，他可以随手拈来经典的话语来佐证他的观点，阐释其中的深意。这是一个很高的平台。平台的一边是尊重，平台的另一边是倾听。站在平台上，我们才会成为真正的"我们"。

"我们"——反思性的实践家。我不能说严清是思想家，但他肯定是思考者；我也不能说他的徒弟们只是实践者，他们肯定是实践家。正是严清和他们在一起，把思想和实践统一起来，把理论与实践结合起来，在理论观照下，以反思为主要方式，研究课程、教材、教法，研究教学特色、教学主张、教学风格，研究儿童、儿童文化、儿童精神。他们渐渐成为反思性的实践家。往深处讲，他们实际上是在创建一种实践性理论，这是一种实践智慧；他们也是在建立一种研究范式，这是一种个性化的，但有普遍意义的、可行的，又有深度的研究范式。教育专家、教育名家、教育家往往从反思性实践家开始。我相信，"我们"中会出现我们期盼的神圣景象，尽管这一期盼的实现还有一个较长的过程，但我们满怀希望、满怀信心地期待着。

无疑，严清是"我们"的核心，他是师父，是导师，是领袖式的人物。他把大家凝聚在一起，不断引领、提升他们，靠的是什么？除了才情、才气、才华还有什么？除了真诚、热情还有什么？我以为是方式。软实力的提出者约瑟夫·奈说，文化应该以一种谦卑的方式去联系人，这种谦卑的方式是吸引人的方式，是影响人的方式。这就是文化。严清深知文化的力量，也自然地运用文化的方式，去建设"我们"这一共同体。这种文化的方式，首先是道德的方式，其次是学习的方式和研究的方式。这样的方式最终凝练在魅力上：人格魅力与学术魅力。

在写这篇小文时，我眼前常常浮现出严清那神采飞扬的形象，常常浮现出他的徒弟们一张张生动智慧的脸庞。这是一张张照片，会定格在某一个节点。在这一张张照片上叠印的是两个大大的字："我们"。"我们"不会淡化，更不会淡出，只是向远处推去，又向近处拉来。这某一个节点可能在课堂，可能在论坛，可能在写作，可能在对话，总之，"我们"到处都有节点，因为"我们"是真诚的，是温暖的，内心是强大的。

和成先生在一起

薛法根

一

有人说：去哪里不重要，重要的是和谁在一起。和成尚荣先生这样的智者在一起，不知不觉就会变得聪慧起来，寻常的日子便充满了教育的意义。第一次见到成先生，大约是1992年的秋季，一个阳光灿烂的下午。在宜兴实验小学的校园里，趁"我的追求"征文颁奖活动的间隙，我像一个教育的追星族，请成先生签名留念。先生淡然一笑，在我的笔记本上写下这样一句话："争取更大成绩！"20多年来，这六个字深深地印刻在我的脑海里，我一直不敢懈怠，唯恐辜负先生的殷殷期望。

后来的日子里，我和先生见面的机会并不少，但总是匆匆，极少有促膝长谈的时候。更多的是在电话里作简短的交流。我在这一头，他在那一头，话不多，但总是那么温暖。先生像极了我的父辈，不止一次地关照我要注意身体，叮嘱我要不断学习。有时会很高兴地告诉我，他在哪里又听到别人在夸赞我的语文课。听得出来，对那些夸赞，他比我自己还要在乎，还要高兴。一个人如果连自己的名声都不爱惜，要么特别孤傲，要么特别糟糕。成先生爱惜名声就像鸟儿爱惜自己的羽毛一样，对自己的一言一行，似乎有些苛刻，但并不孤傲。记得在苏州大学的"东吴讲堂"上，成先生作了《文化隐喻：重构语文教育》的报告，从曹文轩获得国际安徒生奖讲起，一直讲到成长小说与成长语文，千人礼堂不时响起赞叹的掌声。晚上，在和先生作短信交流时，他问今天的报告老师们有什么反响，哪些地方讲得还不够透彻，有没有讲得不妥的地方。我惊叹于先生严谨的治学态度，以及低到尘埃里的那种谦逊。我从未遇到像成先生这样的学者，在报告之后还会听取观众的意见。如此精彩的报告，成先生自己却并不满足，他在乎的是老师们的所得所获，在意的是他的思想和观点是否让老师们行走在语文教育的正道上，所以，他还在不断地检讨和完善。

在我们的心里，成先生这样的人才称得上真正的学者，对己负责，对人负责。无论哪所学校请他"搭脉诊断"，他从不敷衍了事，从不说那些不着边际、似是而非的大话、套话。要说就针对学校的现实问题，一是一，二是二，句句切中学校发展的脉搏，每一回都会让人眼前一亮，茅塞顿开。我们常常好奇地想，成先生的脑子里究竟装了些什么？怎么会有那么多鲜活的思想？怎么会有那么多绝妙的点子？我想，绝不仅仅是博学多才，还有对人对己的那一份责任使然。当你把别人的事当作自己的事来思考的时候，才会有最好的思想，才会出最好的思路。做学问，其实就是学做人。和成先生在一起，你学到的不只是学问，更重要的是如何做人。做有品质的学问，做有品质的人，过有品质的生活，那就不能没一点讲究。看先生那一头白发，总是梳理得那么柔顺，那么整齐，没有一根是翘起来的，这是讲究的结果。没有讲究，就会得过且过，生活难免就会邋遢。生活的品质是讲究出来的，做人做事的品质也是讲究出来的。

其实，讲究是对自己的一种态度，而不是对别人的一种要求，否则就变成了挑剔。和成先生在一起，你或许会有点敬畏，但绝不会产生畏惧。他的眼神里，流露出来的是一种真诚的和善，让人感到温暖而舒适。先生特别善解人意，在你尴尬的时候会为你解围，在你技穷的时候会为你支招，在你难得糊涂的时候会为你点亮一盏心灯。在论坛现场，成先生常常会将别人含糊其辞的说法梳理出个一二三来，说出别人想说又说不清的想法。成先生过人的记忆力、敏捷而深刻的思考力，几乎无人能及。一次论坛上，三个老师发言后，成先生一一点评，不时引用发言者的原话，连发言的老师都记不起刚才说了什么，先生却能记得那么清楚，就像录了音一样。更别说整段整段引用教育家的精辟论述，先生常常脱口而出，就像自己写的那样。不知道成先生的好记性是一种天赋，还是努力阅读的结果。但我相信，一个70多岁的老人，凭的不是先天的记性，而是后天的努力。当你将一本书读深读透的时候，那些话就像出自自己的大脑，再也忘不掉了。

二

在很多人的眼里，成先生对我很是偏爱，看到别人眼里的那一丝丝炉意，我真的有那么一点点得意。能得到成先生一如既往的关心和扶持，是莫大的幸运和荣耀。细细想来，我在语文教学中的每一个进步，都和成先生的悉心指导分不开。在我的电子文档里，存有成先生为我写的5篇文章，凝聚着先生的厚爱，让我难以忘怀。

2010年，我在多年语文组块教学实践的基础上，申报了"智慧解放理念下的组块教学研究"课题，第一次旗帜鲜明地提出了自己的语文教学主张：为发展学生的言语智能而教。然而，什么是智慧？什么是智慧解放？智慧解放理念的内涵是什么？言语智能的概念如何界定？为何要以发展言语智能为语文教学的核心目标？组块教学如何实现言语智能的发展？一连串的问题，让我不知所措。尽管那时我在全国小语界已经小有名气，但缺乏足够的理论功底，无法回答这些深层次的追问。我只能求助于成先生，请他为我指点迷津。令我感动的是，成先生看了我的课题方案及相关论文，写了一篇近2000字的文章《让言语智慧在语言的屏障上爆发、生长》，对我的语文教学主张从理论和实践两个层面作了深入浅出的评析，充分肯定了"为言语智能而教"的观点，并对智慧解放理念作了这样的阐释："儿童有慧根，即有着巨大的潜能，但这些潜能常常被压迫着，教育必须解放这些潜能；解放潜能须用智慧的方式，而不是用外压式的、强制的方式。……智慧解放，说到底，就是解放儿童，促进儿童生长智慧，这是薛法根语文教学的儿童立场，是'为发展言语智能而教'的理论内核和基础。"这一番论述让我有了前行的勇气，因为我找到了"靠山"。

与成先生虽不常见面，但每次见面，他都要问我最近在看些什么书，研究些什么问题，写了些什么文章。我暗自惭愧，有段时间忙于学校管理，快一年没发表像样的论文了。成先生语重心长地说："你还是要把精力放到语文教学中来，多写点东西。"我暗下决心，无论多忙，每天都要坚持看两个小时的书，每周都写一篇教学心得。2011年，应《语文世界》的约请，我写了一篇《为言语智能而教》的专稿，同时要约请一位专家写个点评，我再次请成先生帮忙。先生知道后非常高兴，不几日就发来了《清简，文化人格上生长起来的教学风格》

的评论稿。读完这篇5000多字的评论，我惊讶地发现，成先生比我还要了解我自己。只要看一看这五个段落的标题，你就知道成先生对我的了解究竟有多深：讨论薛法根的风格必须追寻他的人格；童年农村的生活体验，在薛法根人格中沉淀下朴素，让他把教育和田野、庄稼自然联系起来；与儿童一起过快乐的日子，在薛法根的人格中沉淀下真正的爱，让他的语文教学像儿童世界那样充满简单之美；与专家、学者零距离的学习，在薛法根的人格里积淀了感恩品德，让他的语文教育追寻大师之道，追寻大道至简的深刻哲理；读书、思考、写作，在薛法根的人格里积淀了研究的品质，让他以研究的方式去建构、去实践、去创造，他的清简是研究的结晶。魏书生先生说，人的眼球往外凸出，所以看到的常常是他人，而不是自己。成先生让我从他的文字里看到了我自己，确切地说是看到了一个未来的自己。我知道，先生那充满欣赏的评论，是对我的一种期待和鼓励。"朴素、爱、感恩、研究"这些人格中的美好品质，是先生寄予我的厚望，让不够完满的我能够沿着理想的境界而不断前行。那一年，我发表了30多篇文章。

2013年，在成先生的鼓励下，我将25年的语文教学经验整理成三本小书，交付教育科学出版社出版。其中有一本小书为课例专辑，选录了20个有代表性的课例。编辑建议，每个课例约请一位专家作点评。我第一个想到的就是先生，尽管很少听到先生讲课，但是以先生的学识和视界，定可以透过课例的实践描述，推断背后的思想根基，并为我的课堂教学指明努力的方向。我试着打了个电话，没想到成先生愉快地答应了。很快，《"一株柳"的教学特色和联想》一文的电子稿就发到了我的邮箱里。我知道，成先生习惯在稿纸上写作，这一篇电子文稿肯定是托了其他老师录入电脑的，为的就是不耽误小书的出版时间。对于写作，我是一个出手很慢的人，而且还有拖拉的毛病，不到最后一刻，似乎总也写不完。我常常想，在成先生的案头，不知有多少重要的稿约，而他独独先写了这一份课评，这究竟是怎样一份心思呢？我顿时觉得电子文稿一下子变得沉甸甸的了。

2014年，我的组块教学研究成果荣获江苏省基础教育成果特等奖，成先生一得知这个消息，便打电话来向我表示祝贺。从电话里，我似乎看得到他的喜悦，看得到他为我的成绩而备感欣慰的表情。那一年，先生又为我的组块教学写了一篇专稿《组块教学：语文教学的一种重要变革》，他说，组块教学有崇高的育人立意，有深刻的结构思想以及简约的实践范式。从此，我站在用语文教人的全新视角，从人的发展出发，定位语文教学的功能和属性，逐渐形成了"言语性、言语智能、板块课程、联结学习、统整实践"等组块教学话语系统。2016年春天，我应一本教育期刊的约稿，将最新的研究成果写成《促进言语智能发展的教与学》一文。文中第一次清晰地界定了"言语智能"的概念及结构要素，努力建构起组块教学的理论框架，但毕竟缺乏学理论证，是一种自以为是的主观臆断，既兴奋又忐忑。每逢左右为难的时候，我总会想起成先生，请他看一看评一评。于是，我再一次求助于成先生。先生在外奔波忙碌，但也只隔了三天，就回复我说，基本同意我的观点，并提出从美学的视角来重新审视组块教学。不久，《言语智慧的生长——美学精神引领下的组块教学》的文稿就快递到了我的手里，我真的无法用语言来形容那一刻的心情。读完6000多字的文稿，我看到成先生用他深邃的思想为我指明了一个全新的美学研究领域，让组块教学迈向更为深刻而广阔的美学境界。

俗话说，人生有三幸：出生时有一个好妈妈，读书时有一个好老师，工作时有一个好领导。在我的生命中，不识字的母亲给了我生命，也给了我勤劳朴实的品格；在我的语文生涯中，庄杏珍老师给了我语文的种子，让我走上了语文教学的正道；在我的研究历程中，成尚荣先生给了我前行的勇气和转弯的智慧，让我始终向着最高的境界飞翔。

三

其实，成先生用父辈一样充满欣赏与期待的目光，看着我们成长。即使我们已不再年轻，但在他的眼里，永远像孩子一样，给予我们所有的关爱与扶持。凡是和我一样，在先生悉心关怀下成长的老师，都会对先生心怀敬意和感恩。虽不能常常与先生见面，但会时时放在心里。成先生的足迹，遍及大江南北、长城内外，他几乎走遍了吴江的每一所学校，常常给我们雪中送炭。

2014年，成先生担任苏州市基础教育改革项目"苏式课堂"的导师，引领我们盛泽实验小学的课堂教学改革。对"苏派教育""苏式课堂"的提法，有人认为要谨言慎行，不能为了标新立异而忽视了基础教育的"普适性"，更不能像追求GDP一样做教育。很多一线教师也都感到很迷茫，分不清"苏派"与"闽派""海派""京派"的差别，也说不清"苏派"与"苏式"的不同，抱着无所谓的态度，你说你的，我做我的。在一片怀疑声中，成尚荣先生慧眼识真，一语中的，他说：基础教育无非"大同小异"，教学实践也应"和而不同"。我们倡导"苏式课堂"，就是在这个"不同"上推陈出新，就是在这个"小异"上有所创造，有所贡献。这不禁让人想起诸葛亮在江东舌战群儒的场景，成先生站在教学改革的前沿，用思想的旗帜召唤着我们勇敢地前行，探索一条具有苏州特色的课堂教学之路。在他的指导下，我们界定了"苏式课堂"的基本概念，明确了"不教之教、学了再学"的核心理念，形成了"课程观、教材观、教学观、师生观、评价观"等教学的观念体系，并建构了课堂教学实践的基本范式与多种样式。我常常想：一个年过七十的老人，何以不老？秘密就在于他有教育的大情怀、大担当，他把国家的教育改革当作自己的使命和责任，把他人的研究任务当作自己理所当然的分内事。他的奔波和忙碌，丰润了自己，快乐了自己，也成就了别人，快乐了别人。这样的老人，心态不老，思想不老，精神不老，气质不老。他，是一个真正的智者。他用智慧丈量教育的大地，把自己的教育智慧写在一所所学校的中央，写在一个个教师的课堂里。

依稀记得，在一次作文论坛活动之前，一位女教师写给成先生的一段真情告白："每次看到成尚荣先生，白发总是梳理得那么自然，便装总是显得那么素净，站在哪里都是那么风度翩翩、神采奕奕，看不出他的年龄，只看得到他的魅力，令人为之倾倒……"如果教师也可以追星，那成先生无疑就是老师们心中敬仰的"智慧之星"。他的教育思想，让人富有智慧；他的教育情怀，使人变得崇高。

先生与我的短信故事

江苏省南通师范学校第二附属小学　陆红兵

　　最早了解成先生是在与同事们的交流中，他曾是我们敬重的老校长，后调任省教育厅工作。大家常常会讲起他上课时的才情横溢，会说起他会议上的滔滔不绝，会念起先生对学校、对珠媚园深厚而绵长的情意……

　　先生每年总要回校几趟，尽管常是一脸的和善，而我因为心中的敬畏，常敬而远之。但每每遇见先生，他总是关切地询问最近读了什么书，写了什么文章，有什么样的打算。我却常是支支吾吾。确实，刚毕业那段日子，自己对未来总缺少一种明晰的目标。2008年上半年，一天家里的电话响了。听筒里的声音温和而亲切，又似乎是那样的熟悉。不过，我怎么也没有想到的是，电话竟然是成先生打来的。当时，心中的忐忑与激动，让我无法记住他的原话。他说，在《小学教学》杂志上看到我的一篇文章，很高兴，说我写得很不错，也希望我能够早给自己确定目标，不要懈怠，继续努力。那篇文章的质量，我心中还是有几分自知之明的，而先生，一位老校长，竟如此地关注我，关心我！挂上电话很长时间，先生的那份真诚与热切，仍让我久久不能平静。

　　此后，我们的联系也开始逐渐增多。再后来，从一堂课的设计到个人的教学主张，从一篇论文的构思到鼓励我出一本专著，从读书的选择到课题的申报，先生总是不厌其烦地给予我鼓励、引领、指导。从专业到生活，我们的交流变得更加频繁，有时连学校教育的难题、家庭生活的琐事、个人发展的困惑，我都会从他那里寻求帮助。一开始，电话是我们交流的重要方式，因为先生不会发短信。也许是出于某种"私心"，我主动教先生发短信。其实，也就几次见面的机会，先生拼音输入已经十分娴熟。从那以后，短信逐渐替代了电话。

我保留了2010年9月之后先生与我短信交流的一部分内容，每每翻看这一条条短信，学习、工作、成长之路上的一个个路标，就会越来越明晰，仿佛一个辽远而洪亮的声音在召唤着我，不能懈怠，努力前行。摘录部分短信，与大家分享，更是聆听一位长者对后辈的示范、教导、督促、鼓励。

一

◎据说《马克思传》里提到，恩格斯年已七十仍有童稚之心，当下，不少成年人，比如铁凝，喜欢过儿童节，收到不少节日的祝贺，实际上是怀念童年的干净、纯真、明亮。所以，以后教师自己一定要过六一节。——早上阅读的随感。

◎在读《人：游戏者》，荷兰胡伊青加著。他说，"所有的诗都诞生于游戏"，"我们要做的第一件事就是要放弃这样的看法，即诗歌只具有审美功能，或诗歌只能按审美的方式来加以解释"。我改变了原有的认识。

◎歌德说：内容大家都知道，含义少数人明白，而形式是秘密。语文正是这样。

◎你要记住黑格尔的话："密涅瓦（雅典娜）的猫头鹰要等到黄昏到来才会起飞。"不能过快过急起舞，否则会摔跤。

读书、思考，是先生始终的审美情趣与精神追求，更是先生的一种生活态度和存在方式。先生曾给我们全体老师作过关于读书的专题报告，也多次到学校参加我们的读书俱乐部活动。先生的阅读不仅涉猎很广，更重要的是他总能够把阅读与自己的研究联系起来思考，将阅读的收获纳入个人的知识框架。后来读《人是如何学习的》，才明白专家的阅读与一般人的阅读，最大的区别正在于此。先生还会定期翻阅《文汇报》《光明日报》《读书》《新华文摘》等各种报刊，而且总能敏锐地捕捉最前沿、最重要的信息。因此，在我们的短信中，还有不少是先生给我推荐的文章或者书籍。在这个数字化的时代，一个几乎不接触电脑与网络的人，却总能够把最新的信息"一览无余"。由此看来，工具与路径并不是获取信息的关键，学习与思考的意识才是至关重要的。先生的阅读，成为通往世界的另一个入口。

二

◎刚完稿，6000字，不是给你压力，而是与你分享，也可能是给力。开始下一篇，永远都是下一篇。

◎一天的收获如何？我已动笔，3000字，感觉尚可。第二部分拟写校长、教师、学生的文化人格，第三部分拟写课程教学，你看好吗？

◎第二部分完成，3000字。开始第三部分，课程教学。这部分不容易写出新意，你提提建议。

◎不仅看忙什么，更重要的是在忙这些的时候，思考着什么样的问题，感悟到什么，联想到什么理论和学术。这叫心的指南针，心灵的秩序。

先生很忙，会议、讲学、研讨、督查占据了他大部分时间。但让大家都十分惊讶的是先生的写作却从来没有耽搁。他成了不少核心杂志的常客，先后在多个报刊开辟专栏，同时还应约撰写各类专题的点评，教师专著的序言，每年先生完成的写作达数十万字。而且，先生都是手写。有时，我会有幸成为"第一读者"，并且他都会说："提提你的意见。"其实，读他的手稿真是一种特别的享受，酣畅淋漓的文字中彰显着理性的深邃。我们不禁要问，这些写作时间是怎样挤出来的呢？走近先生，你会发现，思想来自思考，他总在思考着。记得先生跟我说，实在太忙，可以一段时间不写作，但不能不思考。因为有了这样不停的思考，任何一点零碎的时间，报告的间隙，机场的等候，都可以成为先生写作的时间，而且一旦动笔总是那样行云流水。如此想来，常以"琐事太多"为借口而懒于提笔的我们怎能不心有惭愧。

三

◎早点休息，养精蓄锐，充满信心，放松心态，从容大气，彰显理念，体现特色。结果无所谓。

◎不管风吹浪打，胜似闲庭信步。我在远方祝福你！

◎在飞驰的火车上，我祝福你，当你走进教室的时候，心里充溢的，是激情与从容的牵引。当你开始第一句的时候，是来自天穹的暗示。我，祝福你。

2011年，我有幸代表南通参加江苏省小学语文教师课堂教学观摩评比活动。当时正值新版课标颁布，备课、磨课过程中，先生一次次给予关心与指导。我执教的《姥姥的剪纸》是我曾经比较成熟的一个课例，但先生追问最多的就是如何体现"语言文字的运用"这一独当之任。正是在先生的指引下，我在原有的基础上不断改进，在感受文字情意的同时，抓住课文的表达，在语言的品味中体会人物，取得了很好的教学效果。后据此写成的《动词开发：实现语言与情感的相互"邀请"》一文发表于《教育研究与评论》。更让我感动的是，先生在我上课之前一次次的鼓励与祝福，让我在课堂上更加自信、从容。

四

◎灵性是一种诗性。什么是诗性呢？灵性中渗透着理性。灵性与理性是什么关系？灵性需在文化的土壤里生长。文化中的什么支撑着灵性？

◎语文的灵性：语言文字的灵性，文章作品的灵性，学习者的灵性，而这一切，需要教师的灵性。语文教育的灵性说到底，是在儿童的心灵里植下智慧的种子，同时，用语言文字激发、唤醒灵性的基因，智慧地表达自己的见解。

◎倘要下定义，散步是在熙熙攘攘生活的边缘处或空白处自我放逐一回，直白地说，散步好似自己给自己放风。窃以为，此解甚妙。散步原本就是有意无意地与现实拉开一段距离，跳出自我来，朝自己和他人的生活作一次观望。梭罗说："我爱我的生命留有更多余地——这样做不是从我的生命中减去了时间，而是在我通常的时间里增添了许多，还超出了许多……"窃以为，此解也甚妙。

类似的短信还有很多，读来总有醍醐灌顶的感觉。2013年，我的拙著《寻找路标》由江苏教育出版社出版。实话讲，在大师如林的小语界，我没有资格出版一本专著，发出属于我的声音。没有先生给予我的鼓励与指导就完全不可能出这本小册子。忘不了书稿完成过程中，我们一回回的促膝谈心，一次次的电话交流，以及这一条条的短信。先生饱含期待的目光、循循善诱的指点，给了我无限的信心与勇气。这些短信，记录下散发这思想的光芒，更是一盏明亮而温暖的航标灯，始终在我的前方，一次次点亮我前行的路。

没有征询过先生，以这些短信来讲述与先生相处的点滴是否合适。这一条条短信的背后，有着一个个令人感到美好而温暖的故事。每一句话、每一个字，无时无刻不给予我春风化雨似的润泽，拨云见日般的启示。

在我的那本书稿后记中，我这样写道：这些年来，先生与我是师徒，似朋友，胜父子。朋友看过，曾和我讨论这样的表达是否妥当。现在想来，我与先生之间，其实不仅仅"是师徒，似朋友，胜父子"。先生鼓励我说：记住，在路标的指引下，一直前行。而我，愿意做坐在路边为你鼓掌的人，也愿意与你同行。我想说：有先生带我前行，真好！

致 谢 》》

　　早上五点多就起床了，准备写文丛的致谢。每次写东西前，总喜欢先读点什么东西。今天读的是《光明日报》的"光明学人"，写的是钱谷融先生。

　　钱谷融先生是我国著名文学批判家、文艺理论家、教育家。那篇写他的文章，题目是:《钱谷融:"认识你自己"》。文章写出了钱先生性格的散淡和自持，我特别喜欢。文章写到在 2016 年全国第九次作代会上，谈及当下的某些评论，钱先生笑眯眯地吟出杜甫的《绝句》:"两个黄鹂鸣翠柳，一行白鹭上青天。"看提问者似懂非懂，他便说:"黄鹂鸣翠柳，不知所云;白鹭上青天，离地万里。"提问者恍然大悟，开心大笑。

　　自然，我也笑了。我笑什么呢? 笑钱先生的幽默、智慧、随手拈来，却早就沉思于心。我还联想到自己，所谓的文丛要出版了，要和大家见面了，是不是也像钱先生所批评的那样，看似好美却不知所云，看似高远却离地万里呢? 我心里十分清楚:有，肯定有。继而又想，没关系，让大家评判和批评吧，也让自己有点反思和改进吧，鸣翠柳、上青天还算是一种追求吧。

　　回想起来，我确实有点追求"黄鹂鸣翠柳、白鹭上青天"的意思，喜欢随意、自在，没有严格的计划，也不喜欢过于严谨。我坚定地以为，这并没有什么不好，文字应当是从自己心里自然流淌出来的，有点随意，说不定会有点诗意，也说不定会逐步形成一种风格。我也清楚，我写的那些东西，没有离地万里、不知所云，还是来自实践、来自现场、来自思考的。不过，我又深悟，大家大师的"随意"，其实有深厚的积淀，有缜密的思考，看似随意，却一点都不随便，用"厚积薄发"来描述是恰当不过的。而我不是大家，不是大师。所以应当不断地去修炼，不断地去积淀，不断地去淬化，对自己有更严格的要求。

我也有点散淡。总希望写点单篇的文章，尽管也有写成一定体系的论著的想法，但总是被写单篇文章的冲动而冲淡；而且单篇文章发表以后，再也不想再看一遍，就让它安静地躺在那儿，然后我会涌起写另一单篇的欲望。所以，要整理成书的愿望一点都不强烈，在家人和朋友的催促下，我不好意思"硬回绝"，只是说："是的，我一定要出书。"其实是勉强的、敷衍的。说到底，还是自己的散淡所致——看来，我这个人成不了什么大事。

好在有朋友们真诚的提醒、催促、帮助。非常感谢李吉林老师。曾和李老师同事了23年，她是我学习的楷模，我的思考和研究，在很大程度上是在她的影响和提醒下进行的。清楚地记得，我从省教育厅到省教科所工作，李老师鼓励我。她又不断地督促我，要写文章，要表达自己的思想。非常感谢孙孔懿先生。孙孔懿是学问家，他著作丰厚，是我学习的榜样。他总是温和地问起我出书的事，轻轻地，悄悄地，我在感动之余，有一点不好意思。非常感谢叶水涛先生，水涛才华横溢，读书万卷，常与我交谈，其实是听他"谈书"、谈见解，又常以表扬的方式"诱发"我写书。非常感谢沈志冲先生。沈志冲是高我一届的同学，他的真诚和催促，成了我写作、整理文丛的动力。非常感谢周益民老师。周益民是我的忘年交，是知己。他一次又一次地提议并督促。他还说：我和我们学校的老师可以帮助你整理材料。不出书，真是对不住他。非常感谢校长和老师们，他们对我的肯定、赞扬和期盼，都是对我的鼓励。在徐州的一次读书会的沙龙上，贾汪区一所学校的杜明辉老师大声对我说：成老师，我们希望看到您的书，否则是极大的浪费。杜老师的话让我感慨万千，他的表情一直在我脑海里浮现，他的话语一直在我耳边回响。非常感谢华东师范大学出版社大夏书系的李永梅社长、林茶居先生、杨坤主任及各位朋友、编辑，真心实意地与我讨论，有一次他们还赶到苏州，在苏州会议结束后，又与我恳切交谈，让他们等了好长时间。他们的真诚，我一直铭记在心。当然，我也非常感谢我儿子成则，他常常用不同的方法来"刺激"我，督促我，他认为这应是我给他留下的最宝贵的财富。

在整理文稿的过程中，翟毅斌默默地、十分认真负责地为我做了大量的工作：文字输入、提供参考文献、收发电子文稿、与有关老师联系，事情繁多，工作很杂。他说，我既是他的老师又是朋友，他既是我的学生又是秘书，而且是亲人。我谢谢他——毅斌。

在与窦桂梅老师谈及文丛的时候，在鼓励之后，她又有一个建议：在书后附一些校长和老师的故事。这是一个极好的创意，我非常赞赏。窦校长亲自写了一万多字的文章，有一天她竟然写到深夜，王玲湘、胡兰也写了初稿。我很感谢她们，感谢清华附小。接着我和有关学校联系、沟通，他们都给予真诚的支持和帮助：孙双金、薛法根、祝禧、王笑梅、李伟平、周卫东、曹海永、冷玉斌、陆红兵等名师、好友给我极大的支持和真挚的帮助；南京市琅琊路小学、力学小学、拉萨路小学、南京师大附小等都写来带着温度的文字；名校长、特级教师沈茂德也写了《高度的力量》——其实，他才拥有高度的力量。

出书的想法时隐时现，一直拖着。去年春节期间，我生发了一个想法：请几位朋友分别给我整理书稿，大夏书系李永梅社长说，请他们担任特约编辑。于是，我请了江苏教育出版社的周红，南京市琅琊路小学的冯毅、周益民，江苏教育报刊社的蒋保华，南京市教研室的杨健，南师大附小的贲友林，还有翟毅斌，具体负责丛书各分册的编辑整理工作。他们花了大量的时间和精力，在九月底前认真地编成。这是一项创造性的工作，他们给我以具体的帮助，谢谢他们。

书稿交出去以后，我稍稍叹了一口气。是高兴呢，还是释然呢？是想画上句号呢，还是想画上省略号呢？……不知道。我仍然处在随意、散淡的状态。这种状态不全是不好，也不全是好，是好，还是不好，也说不上。"两个黄鹂鸣翠柳，一行白鹭上青天"，是我所向往的状态和心绪，也是我所自然追求的情境与境界。但愿，这一丛书不是"不知所云"，也不是"离地万里"，而是为自己，为教育，为课程，为大家鸣唱一首曲子，曲子的名字就叫《致谢》。

2017 年 2 月 15 日